河南省社会科学院哲学社会科学创新工程试点项目

中原学术文库 · 青年丛书

跨国并购中知识治理对技术创新的影响机理

RESEARCH ON THE IMPACT OF KNOWLEDGE GOVERNANCE ON TECHNOLOGICAL INNOVATION IN CROSS-BORDER M&A —WITH MEDIATION OF SOCIAL CAPITAL

赵中华 / 著

经济管理出版社
ECONOMY & MANAGEMENT PUBLISHING HOUSE

图书在版编目（CIP）数据

跨国并购中知识治理对技术创新的影响机理/赵中华著 .—北京：经济管理出版社，2020. 12

ISBN 978 – 7 – 5096 – 7815 – 2

Ⅰ. ①跨…　Ⅱ. ①赵…　Ⅲ. ①知识管理—影响—技术革新—研究—中国　Ⅳ. ①F062. 4

中国版本图书馆 CIP 数据核字(2020)第 163711 号

组稿编辑：申桂萍
责任编辑：魏晨红
责任印制：黄章平
责任校对：陈晓霞

出版发行：经济管理出版社
（北京市海淀区北蜂窝 8 号中雅大厦 A 座 11 层　100038）
网　　址：www. E – mp. com. cn
电　　话：（010）51915602
印　　刷：唐山昊达印刷有限公司
经　　销：新华书店
开　　本：720mm × 1000mm/16
印　　张：14. 75
字　　数：282 千字
版　　次：2020 年 12 月第 1 版　　2020 年 12 月第 1 次印刷
书　　号：ISBN 978 – 7 – 5096 – 7815 – 2
定　　价：78. 00 元

目　录

1　导论

在经济全球化带来更多机遇的大背景下，中国企业可通过跨国并购在全球范围内配置资源，获取先进的技术和管理经验以增强创新能力，推动创新发展。跨国并购实践表明，知识治理在促成双方协同创新中发挥着关键作用，对其中成功的治理实践进行总结和提炼，并在理论层面得出规律，可为企业在跨国并购中实现既定的技术创新战略提供指导，且具有重要的理论和现实意义。

1.1　研究背景

1.1.1　现实背景

当今世界，全球化竞争日益激烈，创新对国家的发展与企业的生存越发重要，如何提升中国企业的创新能力（尤其是技术创新能力），是国家宏观战略与企业管理层面共同关注的焦点。面对人才短缺、技术“瓶颈”以及淘汰速度不断加快的竞争格局，企业单纯通过自我积累进行创新与突破，不但需要较长的周期，还很难实现对发达国家企业的赶超。随着近些年国际化进程的加快和“走出去”战略的持续推动，中国企业加强了对外部创新资源的获取。越来越多的国内企业通过对发达国家企业实施跨国并购，实现了知识、人才等创新资源向内共享或转移，使企业创新能力在短时间内得以迅速提升。在当前的复杂经济环境下前，跨国并购已成为中国企业实现创新能力跃迁的重要途径。2016 年，中国企业海外并购交易总额约 3318.74 亿美元，较 2015 年增长了 94.28%，虽然 2017 年这一规模有所下降（2961.09 美元，降幅 10.7%），但交易总额三年间平均增速仍高达31.7%[①]。总体而言，我国企业海外并购的发展势头依旧强劲。

获取目标方的技术和人才等创新资源是企业实施跨国并购的一个重要动机（Wagner，2011；Cefisa 和 Marsili，2015），而中国企业跨国并购的创新资源获取意图越发明显，具体体现在以下三个方面：

（1）中国企业海外并购目的地显著趋向欧美市场。目前，中国在发达国家（美国、欧洲与大洋洲等）的企业并购规模，占中国海外并购总规模的2/3左右。根据《中国对外直接投资统计公报》数据，2013～2016年，美国已经连续四年位居中国海外并购规模榜首。2016年，中国海外并购目的地国前十名中，多是来自美国、德国、英国等发达国家。此类国家企业创新能力突出，创新资源更丰富（Deng 和 Yang，2015）。

（2）中国的跨国并购向创新活跃的产业集中。近三年，中国企业跨国并购行业规模排名前三位的是制造业、信息业、软件行业。它们均是创新最活跃的产业，也是集中了较多创新资源的产业[②]。2016年，中国不同行业跨国并购交易规模前三名也均为知识密集型产业，制造业、信息、软件行业占据了当年总规模的52%，增长率分别达到119.5%、214%和756.5%[③]。

（3）中国企业跨国并购向价值链高端发展趋势明显。近年来，中国企业在全球价值链低端的并购活动明显减少，更多地集中在欧美产业中的价值链高端项目，注重产生高附加值的欧美企业创造性资产。这些欧美企业也是创新实力较为雄厚的企业。如2016年中国海尔并购全球著名企业——美国通用电气（GE）的家电业务。美的并购“全球四大工业机器人制造商”之一的库卡集团，直接推动了与德国“工业4.0”的深入对接。

当前，中国企业的创新资源寻求型跨国并购正风起云涌。从企业战略管理视角出发，知识作为技术创新的核心要素，是企业通过跨国并购提升技术创新能力、推动技术创新发展的关键。对企业而言，知识尤其是隐性知识，多由知识员工个体所掌握。在跨国并购中，目标方知识员工[④]是重要的知识载体和知识源泉。因此，对目标方知识员工进行激励，促使其留任、提升其知识共享与创造的

① 《中国对外直接投资统计公报》（2016～2017）。

② 综合分析《中国企业创新能力百千万排行榜（2017）》所得，该榜单由中国人民大学中国经济改革与发展研究院和经济学院联合发布。

③ 《中国对外直接投资统计公报》（2016）。

④ 管理学大师彼得·德鲁克早在1959年就提出了知识员工的概念，指“那些掌握和运用符号与概念、利用知识或信息工作的人”。罗宾斯（1997）对这一概念进行了不同的拓展，被学者们广为接受，本书采用他的定义：知识工作要求员工具备智力输入、创造力和权威来完成工作，而知识型员工主要包括专业人士、具有深度专业技能的辅助型专业人员、中高级经理。

积极性，对企业跨国并购战略的实现极为关键。然而，因目标方知识员工大量流失、在跨国并购整合中不愿意配合等，导致技术创新无法实施，进而引发并购失败的案例比比皆是。

目标方知识员工离职问题，几乎是所有后发国家①企业在并购发达国家企业中均会面临的难题（Lebedev 等，2015；Deng 和 Yang，2015）。以目标方管理人员为例，研究显示跨国并购后的第 1 年有 25% 的高管离职，5 年之后仅有 40% 的高管留任（普莱斯·普利切特，2017）。另有研究结果显示，并购第 3 年，目标方流失了 75% 的原有管理人员（陈丽哲，2018）。除离职给知识转移带来困境之外，另有张珣和徐彪（2017）的研究认为，目标方知识员工还会对并购产生抵制，甚至与并购方发生冲突。此外，并购中知识员工可能产生的不利行为还包括员工敬业度不高、工作效率下降、对管理层信任度降低等（陈菲琼，2013）。可预见的是，在后发国家企业对发达国家企业的创新资源寻求型跨国并购中，一方面，目标方知识员工会因对并购方认同度低，产生更高的离职倾向，这些离职行为将伴随知识流失；另一方面，并购双方知识员工间缺乏必要的联系途径、理解及认同，使双方无法充分进行知识共享，难以协同创造新知识，最终导致企业创新战略无法实现。

面对上述困境，国内企业也在积极探索应对策略，力求实现既定的技术创新战略。知识治理正是通过正式与非正式的组织机制及组织实践，激励与塑造知识行动者的动机和行为，以促进组织知识活动的过程（李维安，2007；王健友，2007）。在跨国并购实践中，一些企业的知识治理在促使双方人员之间形成认同、理解与信任方面发挥了重要作用，助推双方顺利进行知识共享，并创造出新知识。例如，吉利完整保留了沃尔沃（Volvo）的管理和研发团队助其发展，通过多种文化情感交流与知识治理措施，Volvo 知识员工与吉利知识员工建立了稳定的联系，并形成了充分的信任和认同，Volvo 知识员工的满意度达到有史以来最高；他们与吉利方面积极开展知识共享，协同创新，使吉利的利润增长率连续 5 年超 10%②。中国化工集团对安迪苏充分放权，得到了知识员工的充分认可，使安迪苏在并购后第 3 年，以绝对优势摘取了中国企业最佳海外（欧洲）子公司奖——“欧洲之星”③。

可见，在实践中，并购方知识治理在激励目标方知识员工、促使双方人员之间形成社会资本的过程中发挥了重要作用，在创新资源寻求型跨国并购中形成了

① 后发国家（Backward Countries）即后发展国家，是源于西方经济学理论的概念。它是与发达国家对应的概念，主要指那些起步相对较晚，跟随发达国家步伐而发展的发展中国家。

②③ 企业访谈资料。

诸多富有借鉴价值的案例。实践表明，企业知识治理的实施，能够助推并购方在创新资源寻求型跨国并购中实现“双赢”，不但并购方的技术创新能力得到增强，企业创新发展得以推动，目标方也焕发出新活力。知识治理为企业在跨国并购中实现既定的创新战略带来新路径的同时，也给学术界带来了富有研究价值的新议题：创新资源寻求型跨国并购中的知识治理过程及知识治理机制，以及基于社会资本视角探讨知识治理对并购中技术创新的影响机理。

1.1.2 理论背景

企业技术创新包括封闭式、开放式创新。封闭式创新是指企业依靠企业内部资源的投入、依靠自身力量来推动创新；而开放式创新则指企业同时借助内部和外部资源推动创新发展（周立群和刘根节，2012）。目前，开放式创新已成为企业提升创新能力、推动创新发展的主要方式。跨国并购可以使企业在全球范围内配置创新资源，当前，已成为中国企业越来越重要的开放式创新路径。然而，通过跨国并购获取创新资源、推动创新变革，不可避免地受到诸多因素的影响，因此，跨国并购中的技术创新得到了创新管理、知识管理、人力资源管理与企业战略管理等诸多领域学者的广泛关注。

从企业组织情景视角出发，跨国并购中的文化差异、地域距离、员工认同与信任缺失等问题增加了企业跨国并购的不确定性，继而导致技术创新研究的复杂性。在影响跨国并购中技术创新的因素方面，部分学者已对环境因素——文化差异、地域距离（Bartels 等，2006；Sarala 等，2016；高振明等，2016）；并购方因素——并购动机、并购方吸收能力、投资成本、国际化经验（Deng，2010；张学伟，2015；Nadolska 和 Barkema，2014；吴建祖和陈丽玲，2017）；目标方因素——知识员工留职意愿、知识转移意愿（Junni 和 Sarala，2012；孔德议，2017）；关系因素——知识关联性、沟通程度、整合方式（Lubatkin 等，2001；Cloodt 等，2006；蒋瑜洁，2017）等进行了理论分析与实证检验。

虽然现有研究已从多视角寻找不同因素对跨国并购中技术创新的影响，但从制度视角展开的研究仍相对较少，尤其针对企业在跨国并购中应如何设计正式和非正式的制度，也即组织机制，来保障技术创新推进的分析不足，尚未发现有关正式、非正式组织机制（制度）如何影响跨国并购中技术创新的研究（魏涛，2017；谢洪明等，2017）。事实上，跨国并购整合是较为复杂的阶段性过程，即在并购整合的不同阶段，需要企业采用不同的组织机制（制度）来确保各个阶段任务的顺利推进，并最终保证企业跨国并购战略的实施。因此，从制度视角对创新资源寻求型跨国并购中的技术创新问题展开研究，具有一定的理论价值。

从战略管理视角出发，技术创新本质是一个知识过程。而知识治理正是通过正式和非正式的组织机制（制度）来影响企业内外部知识创造、分享以及转移的过程，也是组织知识活动的机制保证（李维安，2007）。因此，知识治理可对企业技术创新产生重要影响。现阶段，知识治理对企业创新（封闭式、开放式）的影响均已得到学者关注，大量研究集中于检验知识治理是否增强了企业员工的技术创新行为或提升了企业技术创新绩效，且得到较为一致的结论，即知识治理与两者均显著正相关（Husted 等，2012；赵旭和刘新梅，2015；曹勇和向阳，2014）。然而，目前有关知识治理企业技术创新影响机理的研究尚较为少见。而知识治理对技术创新的影响机制，是知识治理与技术创新关系研究的重要方面。此外，现有研究还缺乏对影响两者关系的中间变量的探讨（曹勇和向阳，2014）。事实上，并购双方的社会资本，作为双方嵌入于关系网络结构的组织资源，从关系、结构和认知三维度均影响着并购双方的融合与协同，进而影响跨国并购中的技术创新（Aklamanu，2016）。而知识治理机制作为跨国并购中的正式和非正式制度，可以通过促使双方间社会资本形成与积累，并最终影响跨国并购中的技术创新。作为当前战略管理研究的热点理论，社会资本在知识治理与技术创新中发挥的作用，仍待进一步分析探究。

基于以上分析，笔者认为创新资源寻求型跨国并购中的知识治理与技术创新关系研究具有较高的理论价值和实践意义。因此，本书将对创新资源寻求型跨国并购中的知识治理与技术创新展开深入、系统的分析，并从社会资本的视角出发，探究知识治理对技术创新的影响机理，通过探索性案例研究，以更实际的、具有参考价值的真实多案例分析，力求系统探索三者间的作用路径，为中国企业跨国并购的技术创新实践寻找最优路径与可复制典范。

1.2 研究问题与研究意义

1.2.1 研究问题

面对国内外越发激烈、复杂的竞争局势，企业唯有提升自身创新能力，通过创新取得、维持竞争优势。当前，跨国并购已成为中国企业在全球范围内获取创新资源、进行协同创新的重要方式（吴先明，2016）。但这是一条风险和机遇并存的道路，企业如何应对才能最大限度地降低风险、实现既定的创新战略，是当前理论研究和跨国并购实践共同关心的重要问题。

首先，在当前的竞争形势下，创新尤其是技术创新，是企业竞争优势的重要来源。无论从国家、行业层面，还是从企业层面来看，跨国并购都被视为后发国家推动企业技术创新的重要方式。根据技术创新理论，技术创新包括渐进式、突破式、探索性和开发性等不同类型（毛凯军，2005）。由于这些多样的技术创新从不同方面构成了企业竞争优势来源。一方面，在资源有限的情况下，企业需要在不同的创新中进行平衡，以实现协调发展；另一方面，不同的技术创新特点的差异化，造成了创新过程的差异化，而这种技术创新过程的差异化又决定着企业组织和管理技术创新方式选择的多样化。换言之，企业想要通过跨国并购提升企业技术创新能力、推动企业创新发展，就要首先回答企业可以在跨国并购中实施哪些技术创新，如何实现这些技术创新的问题。

其次，就后发国家对发达国家企业的创新资源寻求型跨国并购而言，知识是关乎技术创新成败的关键要素。然而，知识尤其是隐性知识，多由具体员工所掌握。随着知识经济时代的到来，知识员工在企业中的地位与作用发生了深刻变化，命令式、支配式控制方式已不能有效约束知识员工，企业高效管理更多依靠协调方式，促使知识员工自愿的连接、交互与主动承诺，通过正面引导与激励，提升知识员工的知识创造和共享水平（杨开峰，2004）。然而，在技术创新中起决定作用的知识多为隐性知识，这使企业与知识员工间形成一种信息不对称，企业很难监督、评价知识员工的知识活动，并由此产生了技术创新代理问题，最终对激励系统的设计造成诸多障碍（王健友，2007）。而为避免信息不对称困境，企业需要通过相应的治理机制得到知识员工的“青睐”，即知识员工对企业知识治理越认同，知识治理对知识员工激励和引导的效果越佳。此外，根据知识治理理论，在不同情境与过程中，组织需设计差异化的知识治理机制，才能有效地促进组织内部以及组织之间的知识转移、整合与创造等活动，并最终提升组织的技术创新水平。对进行创新资源寻求型跨国并购的企业而言，无论从情境因素出发，还是从技术创新过程出发，都要求企业决策者设计适合跨国并购特征的知识治理机制以实现既定的技术创新战略。因此，本书还将对成功企业知识治理过程、治理机制进行探索、总结和提炼。

此外，社会关系是知识传播或共享的重要途径，无论是组织内还是组织间的知识活动，总贯穿于社会关系之中。社会资本更是嵌入于社会管理网络中的一种资源，它代表了人与人之间关系的紧密程度、关系的质量等（Nahapiet 和 Ghoshal，1998）。在技术创新过程中，组织成员可以通过这种资源获得其他组织成员的知识，通过知识转移、分享与协同，完成技术创新全过程，提升创新绩效。许多学者采用社会资本理论对组织中的技术创新进行了研究，并形成了以下共识，即社会资本的存在对组织间的封闭式或开放式技术创新大有裨益（Wu，2008；王璐等，2018）。在跨国并购中，企业的知识治理行为将有助于目标方知识员工对并购方组织、并购方员工产生信任，建立良好的关系，形成共同的语言；并购方知识治理将有助于并购双方知识员工间社会资本的形成，而这种社会资本正是企业进行技术创新的重要人力资源或内部环境保障（Rottig，2011）。不难看出，对创新资源寻求型跨国并购而言，社会资本会在知识治理与技术创新之间产生一定的作用。然而，梳理既有文献，尚未发现有研究系统揭示社会资本在其中的作用及作用机理，更鲜有学者深入探讨三者之间具体影响路径。因此，本书从社会资本的视角出发，对知识治理与技术创新之间的影响机理和作用路径进行探索和提炼。

基于以上分析，结合前人的研究成果，本书聚焦于跨国并购中的知识治理过程、技术创新过程以及两者之间深层次的作用机制，通过探索性多案例研究，力求回答以下问题：①在中国企业对发达国家企业的创新资源寻求型跨国并购中，企业应进行哪些技术创新？如何进行技术创新？②为更好地激励目标方员工，实现既定的技术创新战略，跨国并购中企业应如何设计知识治理机制？③基于社会资本视角，在跨国并购中，知识治理是如何影响技术创新的，知识治理、社会资本与技术创新之间的影响路径是怎样的？

1.2.2 研究意义

1.2.2.1 理论意义

（1）知识治理理论是对现有知识管理研究的补充和拓展。

随着知识经济时代的到来，知识管理问题成为组织管理和战略管理研究关注的重点。虽然知识管理与组织学习形成了广泛的组织实践，但相关理论不完善以及理论与实践之间的严重脱节，使知识与组织之间的关系没有得到深刻理解（李维安，2007；王健友，2007）。知识管理实践的挫败推动学者们探索新的理论工具，以提升组织知识实践的成效。随着研究的推进，知识治理的概念被提出，并成为知识管理领域的一个新的研究方向（王健友，2007）。知识治理是跨组织经济学、知识管理、治理理论、组织行为以及人力资源管理等多个学科的理论，是知识管理的制度保障，在组织机制方面对当前的知识管理研究形成了的补充和拓展。知识治理理论的提出和发展，夯实了知识管理的理论基础、丰富了知识管理的研究视角。

（2）为中国企业跨国并购中的整合、知识管理、创新管理问题研究提供新视角。

当前，针对中国企业创新资源获取型跨国并购问题的研究较为稀缺，使中国企业在跨国并购中缺少必要的理论指引，最终对企业并购整合带来较大挑战。在这样的背景下，分析跨国并购中的知识治理问题显得尤为重要。一方面，中国企业创新资源寻求型跨国并购成功率依然难以令人满意，其中的整合问题、知识管理和创新管理问题，成为影响企业实现既定创新战略的重要障碍，企业缺乏有效的组织机制来确保跨国并购的成功。而传统的知识管理理论以及并购整合理论等，难以为企业就并购整合中的机制设计问题提供指导。另一方面，在实践中，有一部分企业借助知识治理在跨国并购中实现了既定的创新战略，不但并购方获得了所需的知识、提升了创新的能力，目标方也焕发出新的活力。这些成功案例说明，知识治理是企业在跨国并购中实现既定创新目标的有效手段。因此，基于成功案例，着眼于技术创新与知识治理实践，总结、提炼出适合我国企业创新资源寻求型跨国并购情景的治理机制，十分必要。

（3）从知识视角出发，重新审视了后发国家企业跨国并购中的技术创新过程与机制。

一方面，知识经济时代，知识取代原材料、资本等要素，成为决定企业成败乃至影响宏观经济的最为关键的因素。从知识视角出发，企业技术创新过程本质上是知识活动过程。由于知识，尤其是隐性知识多由知识型员工个体所掌握，员工间的知识创造、知识共享以及知识转移对企业的技术创新有着关键的影响（张子刚等，2004）。另一方面，与一般企业组织情形不同，跨国并购中的技术创新贯穿于两个组织的融合过程，建立在并购双方间知识互动的基础上。对后发国家企业并购发达国家企业而言，这种知识的传递往往是目标方向并购方进行知识输出。因此，在后发企业对发达国家企业的跨国并购中，技术创新过程必然与一般组织情形不同。然而，当前鲜有文献从知识视角探索并购中的技术创新问题。因此，基于知识视角，本书对并购中企业进行了哪些创新，如何对创新的问题进行探索，具体对并购中的创新创新类型、过程以及组合展开了探讨，并对企业选择不同技术创新组合的原因进行了分析，从而刻画出企业并购中的技术创新机制。

（4）基于社会资本的视角，重点探索了知识治理机制与技术创新的影响路径，打开了两者作用机制的“黑箱”。

因在技术创新管理实践中有着突出的效果，知识治理得到了学者们的普遍关注。当前，学者们就知识治理能否以及在多大程度上影响企业技术创新，从多个层面展开了研究，研究成果包括对知识治理与员工层面的技术创新行为之间的关系、与企业层面的技术创新绩效，以及与企业集群层面的技术创新行为之间的关系进行了检验，实证研究结果大多表明，知识治理能够显著提升企业的技术创新。然而，这些研究未能解释知识治理如何影响企业的技术创新。梳理已有研究，鲜有文献对知识治理与技术创新的影响机制展开研究，对两者之间的影响路径的探索是当前理论研究的薄弱环节。因此，在现有研究的基础上，本书从社会资本的视角出发，对知识治理不同维度与社会资本、技术创新不同维度之间的影响路径进行了系统探索，并构建了三者间的关系模型，从而打开了知识治理对技术创新作用机制的“黑箱”。

1.2.2.2 现实意义

（1）有助于企业重视创新发展，积极践行国家“双创”号召。

企业的技术创新是国家技术创新体系的核心，推动企业积极进行技术创新直接关系到国家创新体系建设的进度和创新成果的质量。为此，从企业技术创新的微观视角出发，深入研究企业的创新方式及不同方式的特征，可以为企业积极践行国家“大众创业、万众创新”的“双创”号召，这不但在国家层面具有一定的实践意义，更对行业创新发展有着重要的引领作用。

（2）有助于企业降低整合并购风险，提升创新效率，实现既定的创新战略。

通过跨国并购，获取发达国家企业的人才、管理经验、技术和硬件设施等创新资源，可使企业在短期内提升创新能力，取得创新成果。当前，越来越多的中国企业通过跨国并购获取创新资源、推动创新发展。但是，受到文化差异、人员认同、地理距离以及整合不确定性等诸多不利因素的影响，企业在并购中实现既定的创新战略并非易事。在过去相当长的一段时间内，我国企业并购整合的成功率一直难以令人满意。通过探索跨国并购中企业技术创新的类型和过程，可使企业对并购中的技术创新规律与特征有更深层次的理解把握，从而更好地指导并购中的技术创新实践。

（3）为后发企业的创新资源寻求型跨国并购提供知识治理机制设计策略。

在跨国并购中，企业推进创新的核心在于知识的流动。然而，知识尤其是隐性知识，往往由具体的知识员工所掌握。在并购中，目标方知识员工是重要的知识载体和知识源泉。因此，对目标方知识员工进行激励，以促使他们留任、提升他们知识共享和创造的积极性，对企业并购战略的实现极为关键。但是，作为“后发国家”企业，在管理经验和技术水平都不具有优势的情况下，想要获得发达国家企业人员的服从和支持十分困难。实践中，并购方的知识治理在激励目标方知识员工中发挥了重要作用，在创新资源寻求型跨国并购中形成了诸多富有借鉴价值的案例，对这些案例进行总结，提炼出适合后发国家企业并购发达国家企业情形的知识治理机制，可以为企业实提供有针对性的机制设计策略，进而实现既定的技术创新目标。

1.3 理论基础

本书的研究是建立在前人的研究基础之上的，学术界现有的相关理论为本书开展研究提供了重要支撑，主要包括知识治理理论、企业技术创新理论和社会资本理论。为保证研究工作的顺利开展，首先对这些理论进行回顾和总结。

1.3.1 知识治理理论

知识治理是本书的核心概念之一。与技术创新理论相比，虽然知识治理理论是一个较新的理论学说，但也已形成了丰硕的研究成果。本节从知识治理理论来源、演进、内涵、模式以及机制等几个方面对既有文献进行梳理。

1.3.1.1 知识治理的来源与演进

（1）知识治理的来源。

自从科斯（1937）开创性地提出“企业为什么存在”的命题以来，对企业本质的探索和解释成为经济学和管理学领域学者热衷的主题。虽目前已形成交易成本、企业知识等经典理论，但研究成果均无法独立解释企业存在和企业边界的问题（Demsetz，1988；Grant，1996；Grandori，2001）。知识治理（Knowledge Governance）的概念正是起源于人们对知识经济时代下企业理论研究的拓展（Grandori，2001）。同时，知识管理实践的挫败也同样引发部分学者开始从治理角度考察知识的组织与管理问题（王健友，2007）。2001年，“知识治理”一词首次出现在Anna Grandori发表于《管理与治理》的一篇文章中。此后，知识治理得到了国内外学者的广泛关注。在知识经济时代下，成本交易理论已无法有效地解释以知识获取、利用和创造等活动为中心的企业内在组织机理与组织形态（王健友，2007）。例如，员工间无偿知识共享不属于交易，但却分布于企业运行的诸多环节，甚至决定着企业成败（Grandori，2001）。知识基础理论虽将企业视为知识集合，但其无法清晰地将企业、科学或专业机构区分开来。

知识治理理念发端于诸如以上对既有理论的反思。Grandori（2001）在分析企业内部、企业间知识交换协调机制时指出，单一协调机制难以应对知识的差异性、复杂性和利益冲突，需对协调机制进行组合以促进知识交换。他还指出，应将知识治理机制视为协调企业内、外部知识结点间关系的机制组合。知识治理机制突破了大众对企业法律、产权边界和基于身份认同的共同体边界的认识，从而能更合理审视以知识交换为核心的“企业”（Foss等，2010）。梁祺等（2012）

同样表明：企业或其他组织均是一种知识治理的具体形态，而不同类型组织的区别在于采用知识治理模式或机制不同，知识治理的原动力即在于其以知识治理作为一般企业理论，解释企业的存在与边界问题，超越和取代基于交易的企业理论。

当下，知识管理与组织学习形成了广泛的组织实践，但相关理论并不完善，且与实践严重脱节，知识与组织的关系未得到深刻理解（李维安，2007；王健友，2007）。许多企业建立的"立知识仓库""知识管理系统""内部知识网络"也未发挥相应的作用（Chua 和 Lam，2005）。因此，一些学者开始批判性地运用治理理论、知识管理等理论，探讨不同治理形式、机制对知识创造、共享和转移等的影响，分析企业内外部知识管理与组织学习问题（Peltokorpi 和 Tsuyuki，2007；Gooderham 等，2011）。其中，具有代表性的哥本哈根商学院组织与经济学教授 Foss。他结合多学科知识，深入分析了知识与组织的关系，并提出了知识治理的研究议题：①不同激励对知识分享、整合和创造产生多大影响；②何种治理机制能促进企业的知识活动过程；③知识活动有何种组织与交易风险（Foss，2007；Foss 等，2010）。大量学者以微观行为为基础，以个体行为及个体互动为出发点，分析治理机制如何影响个体行为，进而影响组织知识活动过程。

（2）知识治理的演进。

其一，从交易失灵到认知失灵。在工业经济时代，企业运行核心在于原材料、中间品、劳动力等资源相互组合，通过内、外部直接获取不同形式的交易，资源组合得以完成。因此，交易成本构成了天然的企业边界（Hennart，1993）。当内部交易成本低于外部直接交易成本时，企业会选择自行组织资源进行生产；反之则倾向直接外部采办。当所有通过内部组织获得更具经济性的资源均被内化后，企业停止扩张，企业边界确立，这正是科斯关于企业边界问题的主要思考（Coase，1937）。可以看出，企业边界的核心正是交易成本分析。而 Williamson（1996）的贡献在于将交易成本分析运用到极致，他认为交易成本不仅仅是签订合同所支付的成本，还包括机会主义成本。

现实中，人具有"有限理性"与自利行为倾向，在信息不对称情况下，将引发各种交易机会主义行为；加之合同执行人不确定性，使企业除承担合同成本外，还要承担交易过程中难以预估的额外成本等，此种交易成本被称为道德风险（Williamson，1996）。由于无法签订完备合约来抵抗信息不对称引发的道德风险，导致市场交易无效率，即所谓的市场失灵（Grant，1996）。随着社会的发展，工业经济逐渐向知识经济过渡，知识成为企业核心竞争优势的来源，成为交易的主要标的物。因此，交易特征的变化使知识交易过程中的交易无效除了信息不对称招致的道德风险外，还包含了签约者与知识资产缔约人行为的不对称性产生的认知不对称，当不对称程度较高时，将导致沟通与认知僵化。加之理解与目标差异、知识外溢，知识侵占等问题难以解决，继而产生了“认知失灵”（Cognitive Failure），这是一种逻辑上的、技术性的以及认知上的不可能性（Impossibility）（王健友，2007）。

其二，从交易治理到知识治理。为防范机会主义、不确定性等道德风险，企业需设计治理机制来规制交易参与方行为，此时的企业治理被称为交易治理（刘清华，2003）。知识经济时代，知识成为交易的主要标的，企业难以通过传统的市场机制、知识认同机制解决，因此，知识治理应运而生。认知失灵的协调机制是建立在心智模式或认知概念基础之上的共享认知机制。这与强调交易双方利益安排的交易治理十分不同，学者们将其称为知识治理（Foss，2007；任志安，2007）。从分析的逻辑看，交易治理以治理成本最小化为治理模式和治理机制选择原则，这是一种比较成本分析框架（Hennart，1993）；与此不同，知识治理分析注重比较“可能性”（夏文俊，2011）。Grandori（2001）强调认知失灵下的知识治理机制设计首先考虑，某种治理机制或模式是否有可能帮助解决知识交易过程中的交易无效率问题；其次是需要在各种可能的治理机制中依据成本效率准则选择适当的知识治理机制。这便是所谓的二阶段决策的比较可能性分析逻辑。

本书将从交易治理到知识治理脉络总结如图 1－1 所示。知识不对称引发认知失灵，若不存在认知失灵，知识交易中便不存在机会主义，由此知识的流动以及人们参与知识活动时的行为都将符合规则，也就无须事先制订相应的计划，因此也就无须知识治理了。因此，认知是知识治理理论的基本问题，对知识交易中认知问题的分析便成为知识治理的基本内容（Moorman 和 Miner，1997；Strati，1998；Paoli 和 Prencipe，2003）。

1.3.1.2 知识治理的内涵与定义

当前，学者们对知识治理内涵的认识尚未统一。作为知识治理理论的建立者和奠基人，Grandori 正式提出了知识治理的概念，解释了知识治理理论中最基础、最根本的问题，即知识治理就是对知识活动的治理，其本质是对人们行为的约束、引导与激励（Grandori，2001）。根据 Foss（2007）的观点，知识治理是相对于交易治理而提出的，在信息不对称、不完全理性、不确定性的情况下，企业需要以正式、非正式组织机制（制度）避免道德风险、应对认知失灵。与交易治理不同的是，知识治理不仅关注知识交易中的道德风险，还包括认知失灵带来的知识“溢出”、知识交易过程和质量难以评估等知识基础危机（Foss 等，2010）。Foss（2007）指出，知识治理视角下的诱因、认知、心智模式、安排和共享认知机制能够解决交易治理的诱因、利益安排和科层机制无法解决知识基础危机。国内学者任志安（2007）对知识治理与知识管理进行了区分，并指出知识

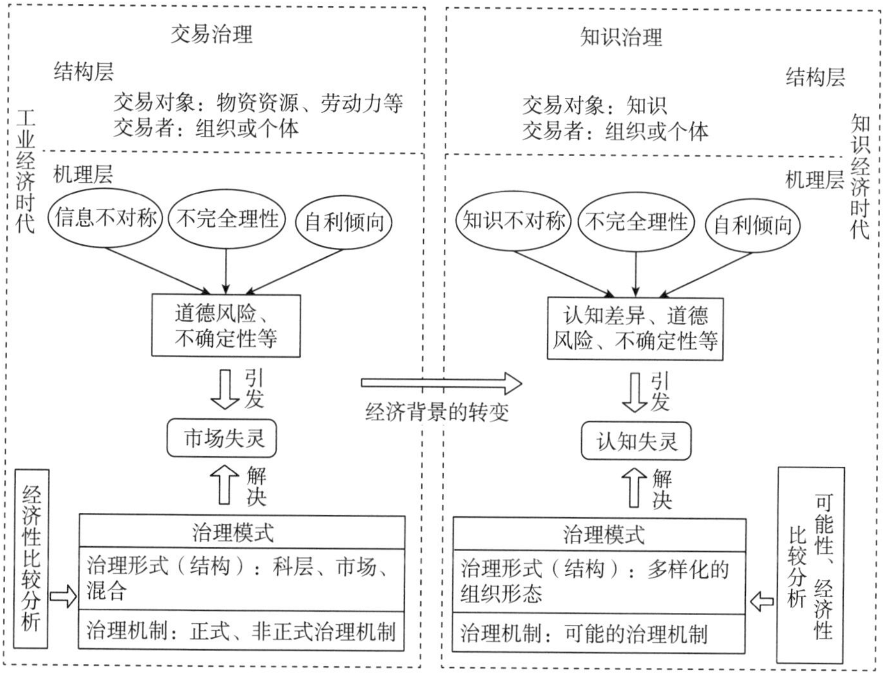

图 1－1　从交易治理到知识治理的演进

治理是对知识管理研究的突破，更是对知识管理中所忽略的问题进行的补充。

随着研究的深入，学者们逐步搭建起知识治理理论的“主体框架”。De Moor 和 Smits（2005）提出了基于知识资源、知识资产的知识治理框架，并界定了知识管理各要素间的相互依赖关系。作为国内较早系统分析知识治理理论的学者，任志安（2007）不仅从知识特性视角，阐述了知识治理的必要性和意义，更从其内核入手，构造了包含治理环境、治理机制、实施与治理目标在内的知识治理研究框架。李维安（2007）认为，知识治理是对知识活动中行为进行激励、引导、规范和控制的组织安排，其本质是一种制度安排，更是对知识行动者行为的治理。

除了以上具有代表性的成果外，还有不少学者对知识治理理论做出了贡献（Zyngier 等，2006；Choi 等，2005；王雎，2009）。由于研究背景和研究目标的差异，产生了多种定义。目前，理论界有关知识治理的研究主要分布在制度观、过程观和结构观三个方向上，三个方向的研究沿着各自的路径演进与发展。表 1－1 列出了一些具有代表性的对知识治理的界定。

表 1－1　部分学者关于知识治理概念的界定

方向	界定	学者
制度观	对企业内、企业间知识交换、转移和共享的治理	Grandori（2001）
	知识治理是为促进价值创造对知识流动的治理安排	Mahnke 和 Pedersen（2004）
	知识治理机制是以促进组织成员贡献知识为目标的组织正式、非正式组织实践集合	Peltokorpi 和 Tsuyuki（2006）
	知识治理是对知识管理涉及行为进行激励、引导、规范和控制的组织安排	王雎（2009）
	是对组织内外部知识活动进行激励和协调的相关机制设计或制度安排，影响组织内外部知识的获取、转移和整合过程	Gooderham 等（2011）；赵旭和刘新梅（2015）
	知识治理是包含治理结构选择或协调机制设计的制度安排，最优化知识生产、转移、共享和应用的过程	梁祺等（2012）
过程观	是分配权利和资源，审查、规制、监督和修正知识管理的过程，可使知识管理战略有效实施	Zyngier 等（2006）
	选择正式和非正式的组织结构和机制以最优化知识的创造、转移和共享过程	Foss（2007）；Sofia 等（2014）；朱雪春和陈万明（2014）
	知识治理是企业知识活动中有关权利和资源配置的组织机制和组织过程，通过这一过程协调成员的目标和利益，激发其贡献知识的内在动机	王健友（2007）
结构观	知识治理是影响知识转移和流动过程的治理结构，包括交换、合法资格与赠与	Choi 等（2005）

三种观点并非泾渭分明、孤立存在，而是相互联系、彼此促进的关系。知识治理的结构和机制是相互配合、彼此补充的，治理结构是治理机制以实施的组织结构基础，而知识治理机制是组织结构发挥作用的载体。无论是制度观、过程观还是结构观，均描述了知识治理的不同方面。

1.3.1.3　知识治理的模式与机制

（1）知识治理模式。

任志安（2007）是较早对知识治理的研究框架进行系统梳理的学者，根据他的研究，治理环境、治理机制、实施和治理目标共同构成了知识治理的分析框架，这些内容也是治理模式的划分依据。其中，知识治理机制是知识治理研究框架中的“内核”，是最重要的部分。知识治理环境包括组织情形和知识活动情形两个维度，不同类型的组织包括企业、大学和产业集群等。不同知识活动包括知识转移、技术创新和联合研发等不同。知识治理情形就是组织类型与知识活动类型的组合，例如大学的知识转移或企业的技术创新。知识治理的实施是组织的治理机制随着时间的展开过程，是对知识治理发挥具体效应描述。最后，知识治理目标也是知识治理理论诞生的根本动力，无论对什么样的治理环境而言，知识治理都指向最优化组织的知识生产、转移、共享和利用等，这是所有知识治理的最终目标。

（2）知识治理机制。

由于知识治理机制是知识治理理论的内核，是知识治理研究框架中最重要的部分，因此，在此有必要对知识治理机制进行详细阐述，并对学者们对知识治理机制的研究进行梳理。

知识治理研究得以从理论探讨向实践靠拢，其中关键在于企业如何运用知识治理机制。Grandori（2001）虽然率先提出“知识治理”一词，但由于没有将其作为一个特定的理论范畴，并没有对知识治理的内涵给出明确的界定。实际上，她所谓的知识治理就是“对知识交换、转移和共享等知识活动的治理”，即对这一过程的协调和控制，并把能够影响企业内外部知识交换、转移、共享等的协调机制都视为“知识治理机制”。事实上，经济和管理领域的“治理”一词，均能溯源到威廉姆逊的新制度经济学，新制度经济学是企业治理理论和知识之理论理论共同的理论基础（任志安，2007）。根据威廉姆逊的新制度经济学，机制即制度，因此，治理机制就是正式和非正式制度的集合（Williamson，1996）。因此，相当一部分学者从制度角度对治理机制，包括知识治理机制展开研究，并根据新制度经济学中对制度的划分，将知识治理机制划分为正式与非正式治理机制（Pemsel 等，2014；Zhang 等，2016）。任志安（2007）认为，知识治理的本质就是正式组织、非正式组织机制交互作用的过程，正式机制包括治理结构、激励计划、契约安排等；非正式机制包括组织惯例、组织文化和互惠交易等。

此外，还有很多学者从不同视角对知识治理机制展开了研究。Husted 和 Michailova（2012）则将知识治理划分为基于承诺与基于交易治理机制。Choi 等（2005）以社会学和人类学为依据，提出交易、合法资格、赠与三种机制。Good-erham（2011）提出了科层治理机制、市场治理机制与社会型治理机制。但这些研究均是基于理论分析，尝试提出一种具有普遍意义的知识治理机制。结合组织行为学的非正式行为观点，王影（2013）将知识治理机制区分为官僚控制、社区自治和市场交易三类。然而这与知识治理理论提出者 Grandori 的思路并不一致。事实上，知识交流参与方出于各自利益产生不同动机会出现机会主义和道德风险。此外，尽管各参与方有良好意愿，但信息不对称导致知识交流的复杂化，使企业必须选择恰当的治理机制来协调各参与主体的“动机”和“认知”（王健友，2007），可见知识治理机制设计不应采用固定模式。

作为知识治理理论的主要奠基人，尽管 Grandori 没有对知识治理的内涵给出明确的界定，但她对组织如何设计知识治理机制给出了清晰的逻辑。Grandori（2001）旗帜鲜明地指出，并不存在“具有明显区分的、单一的”治理形式，组织模式（治理机制）应该在具体的情景与过程中得以构建，而不应该事前确定，否则就会出现设计谬误（Design Fallacy），有效的知识治理机制应该是一组可运用的控制与协调元素的组合。Peltokorpi 和 Tsuyuki（2006）也有类似观点，他们认为知识治理并没有固定的模式或机制，凡是可用以促进组织成员贡献知识的组织机制和非正式组织实践均可以被纳入知识治理机制中。

当前，一些学者不再寻求建立一种“放之四海而皆准”的知识治理机制或知识治理模式，转而从组织的具体治理实践中总结、提炼知识治理机制，这成为当前知识治理机制研究的一种重要方式。例如，Schroeder 和 Pauleen（2012）以澳大利亚、新西兰和德国的 12 家跨国公司案例为研究对象，对企业的知识治理过程进行了探索，发现企业的知识治理机制可分为结构化、过程化与和关联化机制。Peltokorpi 和 Tsuyuki（2006）通过对一家日本制造企业知识治理案例分析，指出组织知识治理机制包括共识型科层制、共享型人力资源管理以及绩效测量与成果控制三种。王雎（2009）以开放式创新为研究对象，以创新主体面临的具体风险为依据，通过跨案例分析，提出了知识汇聚机制、整合机制和占有机制三种治理机制。

1.3.2 企业技术创新理论

1.3.2.1 企业技术创新的内涵与本质

1776 年，亚当·斯密在《国富论》中指出，“国家的富裕在于分工，分工有助于经济增长的原因是它有助于某些机械发明，这些发明将减少生产中劳动投入，提高劳动生产率”。根据《国富论》的观点，机械发明可视为技术创新最早的源头。在学术界，政治经济学家熊·彼特在《经济发展理论》中首次使用了“技术创新”一词，标志着技术创新理论的建立。根据熊彼特的观点，创新是指新生产函数的建立，即企业对生产要素（如信息、知识、资本等）的新组合，不同组合可有五种创新类型：引入新产品、提供新质量、采用新方法、开辟新市场、获得新供给、采取新组织方式或方法（Schumpeter，1912）。但由于经济学领域探讨技术创新是从创新主体中剥离、抽象的概念，因此对企业管理难以产生有益的指导。

从企业微观视角出发，管理学领域强调技术创新过程、创新绩效管理。部分学者更关注企业创新过程与结果，多从技术创新过程，界定技术创新内涵。例如，姚志坚等（1999）将技术创新视为创新要素在目标下的流动和实现过程；许庆瑞（2000）视创新为动态、非线性的系统过程，技术创新常以成组方式发生，各种技术创新间存在相互作用、相互依赖的关系；陈劲和陈钰芬（2006）从企业管理视角，将技术创新视为从新思想产生到研究发展、试制、生产制造到商业化的过程。而经济学领域将技术创新视为一个整体“黑箱”，对创新具体过程、运作机制并未进行深入讨论。不同研究领域对技术创新的认知虽有不同，但均承认知识与知识流动是技术创新的必要基础。

基于知识视角，战略管理学者 Gibbons 和 Johnston（1974）、王大洲等（2001）将企业技术创新本质解释为：知识向人工制品或服务转化、新知识生成的过程。Patel 和 Pavitt（1994）全面揭示了知识在企业创新过程中的作用，研究成果表明，隐性知识比显性知识在企业技术创新中的作用更大，且实践总结的知识比理论知识更能提升技术创新成效。为了使该理论更具说服力，Faulkner（1994）以多个国家的数据对其进行了检验，研究结论均佐证了该理论。随着研究不断深入，战略管理研究界逐步意识到，企业技术创新过程在很大程度上可被视为知识流动和创造过程（Kerssens – Van 等，1996）。例如，Patel 和 Pavitt（1994）指出，创新是包含编码化知识、隐性知识交换的过程，强调了企业内部知识交流的重要性；陈劲和陈钰芬（2006）同样强调，企业技术创新必然建立在自身掌握知识的基础之上。事实上，企业技术创新每个环节都充斥着对知识的应用或创造。姚志坚和马庆国（1999）的企业技术创新过程“整体观”，清晰地揭示了知识在技术创新中的核心地位，真实细致地描述了当今基于知识的创新过程，使人们对技术创新有了更本质的理解。

1.3.2.2 企业技术创新的内容与特征

（1）企业技术创新内容。

在熊彼特的技术创新理论中，提出了五种不同种类的创新内容（形式），通常将其归纳为三大类：①技术创新，包括产品创新和工艺创新；②市场创新，通过市场细分开拓的新产品市场与新增市场份额；③组织创新，包括改变原有组织形式、建立新经营组织等（Schumpeter，1912）。随着创新理论的发展，逐渐演化成两个独立分支：①以技术创新和市场创新为对象的技术创新理论；②以组织形成、变革对象的组织创新理论（傅家骥，1998；许继琴，2004）。聚焦技术创新理论，当前学者们主要基于以下视角对企业技术创新内容进行划分，如图1 – 2所示。

首先，按技术创新方向，技术创新可分为产品创新和工艺创新。产品创新是指产品技术创新，产品技术是指企业产品和服务中体现的技术要素，产品技术创新包括生产全新产品、原产品性能改进等（王珺，2010）。工艺创新也称过程创新，是指产品生产技术变革，包括新工艺、新设备、新材料应用（陆奇岸，2004）。

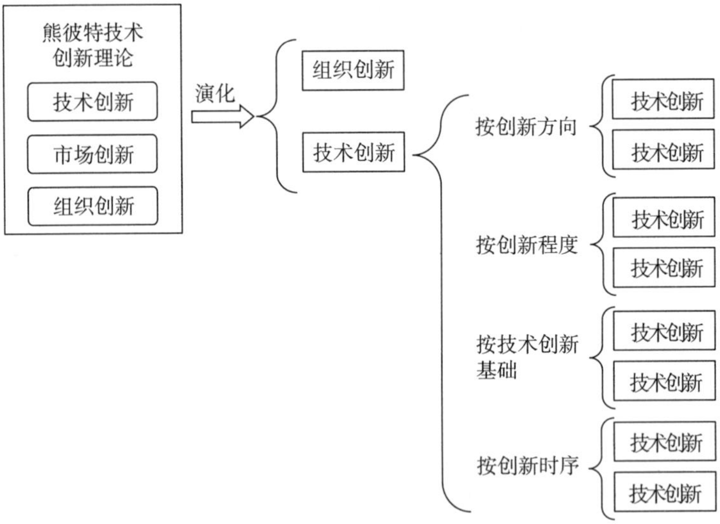

图 1－2　企业技术创新的内容

其次，按创新程度，技术创新分为开发性与探索性创新。前者以其技术突破性，具有率先性特点，是新技术首次商业化应用。对具有革命性突破的根本创新又称突破性或探索性创新（Benner 和 Tushman，2003）。突破性创新往往会对产业体系产生巨大影响，催生新产业。渐进性创新也称开发创新，是对现有技术改进引起的渐进、连续创新（Gibson 和 Birkinshaw，2004；凌鸿等，2010）。

再次，按技术创新基础，一种是开发全新原理或专业技术，另一种是技术集成或技术融合，即以不同方式配置现有技术（许继琴，2004）。两种方式都会产生与新产品过程。通过技术集成实现产品创新中最典型的两个案例是集装箱运输和告事帖。

最后，按创新时序，又可分为间歇性与持续性创新。在间歇性产品或工艺创新出现后，还会有一系列后继渐进性创新并形成创新群，这一过程称为持续创新过程，间歇性创新后继的渐进性创新称为持续创新（姚洁等，2006）。

（2）企业技术创新的特征。企业的技术创新活动包含如下特点：

首先，技术创新的高投入性。一项技术创新活动从开发到市场实现包含的环节很多，花费的人力、物力、财力巨大（孙冰和尚青岩，2003）。一方面，技术创新需要购置、更新、改造相关设备和设施，开展技术开发研究工作，购买生产性原材料，进行市场销售等，大量投入不可避免；另一方面，大多数技术创新都是以高新技术为基础，需要众多科研技术人员协同攻关，投入智力资源的成本极高（彭四平等，2018）。随着现代技术不断发展，学科间的交叉与渗透日益广泛，创新投入强度还将进一步提高。因此，高投入已成为技术创新的显著特征。

其次，技术创新的复杂性。技术创新是一个复杂的系统工程，涉及多方面内容，其复杂性表现在：

其一，参与主体多样性。企业内部参与主体涉及管理、研发和营销人员；外部则可能包括政府、研发机构、金融机构、中介机构等。各个主体的行为和动机差异，导致创新中协调难度较大（吴波，2011）。

其二，内容复杂性。企业技术创新作为一个系统性工程，包括硬件和软件两方面内容。硬件包括场所、资金、基本要素等；软件包括企业技术创新战略安排、组织结构和制度安排（执行层面）、信息和知识管理系统（技术层面）等（朱朝晖，2007）。不同方面要素通过有机整合与非线性的协作才能发挥相应的功能，产出创新成果。

其三，创新体系跨层次性。在一些情形下，企业技术创新会跨越不同创新层次，从个体层次到企业微观层次，再到创新系统，进一步上升到国家创新体系，在复杂系统中实现相互沟通与合作（彭四平等，2018）。

再次，创新过程的高风险性。技术创新各阶段包含着许多不确定性因素，具有试验和探索的本质，加之存在企业对未来市场竞争的错误估计，使技术创新具有较高风险性（李力，2005）。大量实证研究表明，约90%的创新在进入市场之前即告夭折。依据日本科学技术与经济会统计，日本企业技术创新项目在技术阶段失败率为85.5%，生产阶段失败率为37.5%，市场阶段失败率为11.4%，相比之下，美国高技术创新项目成功率也只有10%～20%（孙冰和尚青岩，2003）。这些风险主要包含：①由客观因素引发的客观风险，如技术风险（技术成功与否的不确定性）、市场风险（市场反应的不确定性）；②主观态度等引发的主观风险，如决策风险、道德风险（朱朝晖，2007；吴波，2011）。

最后，易于溢出。企业技术创新产出是介于纯公共产品、纯私人产品间，带有一定公共性质的产品。技术创新收益具有非独占性（陈劲和陈钰芬，2006）。基于社会角度，技术创新溢出越多越好；而企业则希望技术溢出尽可能少。因此，需在技术创新私人收益率与社会收益率之间寻找一种平衡，保护企业（创新主体）的合理收益预期。由于技术创新中的技术溢出性，企业无法独占新技术、新产品，往往会挫伤其创新积极性，从而使创新投入少于社会最优投入，社会福利无法达到最优（凌鸿等，2010；彭四平等，2018）。因此，应加强对企业技术创新活动的保护，抑制技术创新活动过程中的溢出。

1.3.2.3 企业技术创新的方式和途径

（1）技术创新的方式。

目前，众多学者对企业技术创新方式有多种划分法，但这些不同技术创新分类显得较为杂乱，存在一定重叠。目前得到普遍认同的划分法是将技术创新分为：

其一，封闭式创新。传统的创新观念认为，企业汇聚世界上最具创造力的人才，给予充分研发经费，开展大量基础、应用研究，产生渐进性创新和突破性创新的新产品，为企业带来巨额利润（Ahlstrom，2010）。这种内部研发模式称为封闭式创新，是长期以来企业主要的技术创新方式（Chesbrough 等，2003）。封闭式创新强调企业有边界，且边界是封闭、不可渗透的，同时企业研究部门（成本中心）与开发部门（利润中心）是隔离的（见图1－3）；采取封闭式创新，企业仅依靠内部力量研发、生产、商业化（彭正龙等，2011）。封闭的资金供给、有限的内部研发力量，虽能保证企业对技术独享、利润垄断，但该方式对研发能力要求较高（周立群和刘根节，2012）。在较长时期内，封闭式创新模式在企业发展中至关重要，获得的巨大成功主要归因于企业内部研发的“良性循环”：R&D 投入→基础性、应用性技术突破→新产品服务推出→获得高额利润→追加 R&D 投入（Chesbrough，2006）。

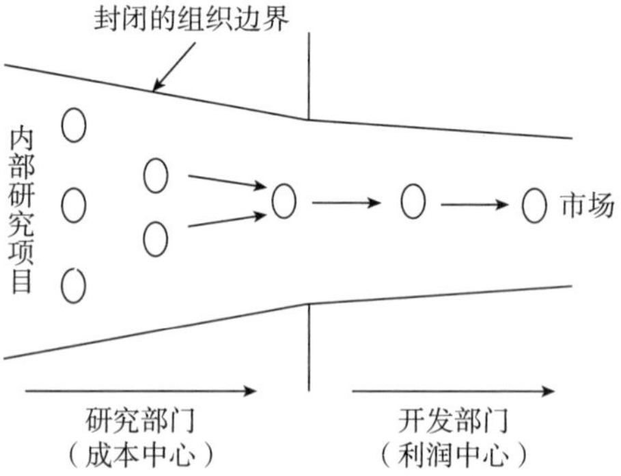

图1－3　封闭式创新模式

资料来源：Chesbrough 等（2003）、彭正龙等（2011）。

其二，开放式创新。尽管开放式创新思想由来已久，但其概念直到 21 世纪初才由 Chesbrough 等（2003）正式提出。企业利用、整合外部知识资源进行创新和商业化过程，以及将内部创意、知识、技术输出到组织外部，由其他组织进行商业化的过程，即为开放式创新（周立群和刘根节，2012）。其核心内涵在于突破企业以往的封闭疆界，从外部引进更多丰富的创新元素与能量（马胜等，2013）。

开放式创新的动因来自：①从企业自身来看，由于产品复杂程度提高，需要企业不断缩减创新周期，保持竞争优势（Chesbrough 和 Appleyard，2007）。然而，即便技术资金雄厚的企业也难以拥有创新所需的全部资源和技术，加之创新投入越大，创新失败引发的后果越严重，使企业想要寻求外部力量分散风险（West 和 Gallagher，2006；唐国华和孟丁，2015）。②从外部环境来看，全球经济一体化与社会网络化发展，使企业通过外部合作、整合外部资源增强创新力量、分散风险成为可能，随着网络经济时代的来临，企业与外部群体的关系网络迅速发展，关系更为紧密，从而在创新中形成协作（吴晓云和李辉，2013）。如图 1－4 所示。

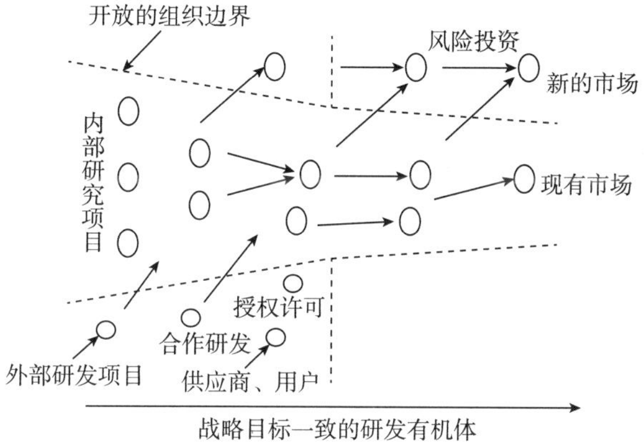

图 1－4 开放式创新模式

资料来源：Chesbrough 等（2003）、彭正龙等（2011）。

（2）技术创新的途径。

近些年，越来越多的企业采取开放式创新，获得创新绩效、取得竞争优势，其具体途径包括：

其一，合作技术研发。根据合作对象不同，划分为纵向、横向、专门技术机构及其他组织合作研发，纵向合作研发企业包括领先用户、主流用户和供应商；横向合作企业包括竞争者和非相关企业；专门技术机构包括大学、研究机构、技术中介组织和知识产权机构；其他组织包括风险投资机构和政府等。在企业开放式创新发展历程包含不同的阶段，在不同的阶段企业或选择不同类型的合作研发方式（陈钰芬和陈劲，2008）。

其二，技术引进。包括引进、消化吸收、再创新等过程，技术引进方式主要有技术许可、转让外包等。技术许可令企业迅速获取未掌握技术、资源或能力，开发新产品占领市场（张韵君。2014）。目前，企业产品技术含量越来越多，对其技术开发提出更高要求，若无法达到较高水平，企业可将部分开发任务外包给其他组织，以此降低技术获取成本，加快技术获取速度，缩小与技术先进企业差距，降低企业对自身技术创新能力的要求，加快企业在某一新兴产业或市场建立竞争优势的速度（吴波，2011）。

其三，技术性并购。作为开放式创新中重要的途径之一，企业通过并购获取其他企业技术资源，填补、更新、扩张自身技术创新能力（Chesbrough 等，2003）。对跨国并购的后发国家而言，跨国技术并购是一种常见且重要的并购类型，通过此种并购，后发国家企业可迅速扭转后发劣势为优势，提升技术创新能力，实现“弯道超车”（Lee 和 Malerba，2017；彭新敏等，2017）。

1.3.2.4 企业技术创新的影响因素

无论是封闭式创新还是开放式创新，影响企业技术创新成效的因素主要分布于以下三个层面：

（1）个体层面。

企业技术创新个体主要指参与技术创新的个人，即企业一般员工、高管等，也包括企业外部相关个体（Chesbrough 等，2003；彭正龙等，2011）。技术创新中的一般员工主要指企业的知识型员工，包括技术研发人员、一般管理人员等。由于这些人员所掌握的知识，尤其是隐性知识，是企业技术创新所需知识根源，因此他们的行为对企业技术创新成效有决定性影响。在知识生产、交流和组合的过程中，这些知识员工出于各自的利益而产生不同的动机，因而可能出现机会主义、知识侵占等道德风险，导致技术创新过程中知识交流的复杂化，降低创新成效（Foss，2006；王健友，2007）。Yadav 等（2007）和 Tang 等（2015）的实证研究表明，企业管理者对技术创新成效有显著的影响，高管的支持和引导对企业内员工间的深度交流和互动具有重要影响，从而可以对员工在创新中的投入及努力程度产生至关重要的影响。另外，高管能力（专业性、技术性能力，复杂信息处理能力）直接作用于企业技术创新过程，最终影响创新结果（West 和 Lakhani，2008）。然而，高管作为企业代理人，当其为追求个人利益抛弃偏离企业利益时，委托—代理问题继而产生（Mumford 和 Licuanan，2004）。由于外部个体不是企业直接的利益相关者，因此他们更可能出现自利性行为，并由此引发机会主义。

（2）企业层面。

企业因素包括企业内部资源、能力、治理，以及与外部相关主体关系等；物质、金融资源、组织结构、管理和沟通系统为企业技术创新实践提供了必不可少的支持（罗明新，2014）。Braga 和 Willmore（1991）研究发现，规模较大的企业往往拥有更丰富的资源，进而促进技术创新；Zahra 和 George（2002）指出，吸收能力代表企业识别、消化和应用知识的能力，这种能力是取得创新成效必备的基本能力。除此之外，企业仍需具备动态能力，利用现有资源、所学知识开新发产品、变革组织管理架构，打破束缚，不断创新、寻找新方案、开发新产品获取市场优势（李婧和贺小刚，2012；Teece，2007）。Husted 等（2012）和 Gooderham 等（2011）的研究发现，企业治理同样决定着组织结构、内部学习氛围以及员工间的沟通环境。其中，知识治理对企业创新成败具有不可忽视的影响（王雎，2009；赵旭和刘新梅，2015）。此外，董事会结构特征（受教育程度、董事会职业背景、董事会团队异质性、董事会间联系）会对创新投入产生积极影响（周建等，2012）。治理完备的民营企业将更可能，也更有能力通过增加创新投资获取核心竞争力（陈爽英等，2012）。企业与利益相关者的利益分配的平衡程度，也能影响企业技术创新水平（盛亚和单航英，2008）。

（3）宏观环境层面。

宏观环境包括产业环境与国家政策环境。产业环境会影响企业创新战略，表现为企业产品、技术方面的竞争程度，产业发展方向的不确定性、国家对产业的支持力度等都会影响企业创新行为（花磊和王文平，2013）。最常见的产业环境变化体现在产业生命周期阶段。在产业不同生命周期阶段，其技术创新的经济性和技术可行性均有差异（李宏贵等，2017）。高度成长性与波动性的战略性新兴产业，其产品和技术生命周期较短，因而面临较大创新压力，产业竞争性、集中性会均会影响创新行为和创新绩效（曹兴等，2014）。而适当提高产业集中度和集聚度，可增强企业回报、提升创新绩效，进而增强企业研发动力（苏启林，2011）。Tsai 和 Hsieh（2006）指出，企业创新行为会决定创新绩效，产业成长性和竞争性则会影响创新资源的获取方式。Wu（2012）认为，产业竞争越激烈，企业越倾向于采用合作创新方式。另外，一国政府为影响或改变某一产业技术创新速度、方向与规模，采取的一系列公共政策（产业技术创新政策），也会对企业技术创新发展产生明显影响。这些政府层面的创新手段包括政府直接资助、税收政策、信贷政策、采购倾斜、基础设施服务等（赵红梅，2010）。

1.3.3 社会资本理论

1.3.3.1 社会资本的概念与定义

社会资本（Social Capital）是嵌入于社会网络中的无形资源，也是为行动主体带来竞争优势的稀缺资源（Nahapiet 和 Ghoshal，1998）。通过对供应商、消费者等对象尽责，促进了产业链纵向网络结构形成；对社区、政府等利益主体尽责，促进社会横向网络结构形成。横纵交错即产生了企业结构性社会资本（边燕杰和丘海雄，2000）。

1980年，法国社会学家Pierre Bourdieu首次系统地阐释了社会资本的概念：社会资本是一种新兴资源，是一种通过关系网络获取的实际或隐性的资源聚集体，此类资源与具有制度化和持久特性并被人们熟知的关系网络密不可分（Bourdieu和Nice，1980）。1988年，Coleman提出了具有抽象意义的人力资本的概念，并发表了《作为人力资本发展条件的社会资本》一文，社会资本这一概念便开始受到社会学界的广泛关注（Coleman，1988）。作为人与人之间网络关系中所拥有的共同资源，社会资本关注行为主体如何获取和使用嵌入在社会关系网络中的资源，从而促进行为主体的发展或增长（Woolcock，2000）。随着该理论的不断发展，组织管理学者Nahapiet和Ghoshal（1998）将其用于研究组织行为，提出了企业社会资本的概念：那些能够被企业所控制的，有利于企业实现其目标和目标活动的，嵌入于企业网络结构中显在的和潜在的资源集合就是企业拥有的社会资本。目前，针对企业社会资本概念的阐述主要从以下三个方面展开：

（1）社会网络说。

Pennar和Mueller（1996）将社会资本定义为影响个人行为以及经济增长的社会关系网络。Putnam（2000）在论述意大利企业的重要著作中，将社会资本定义为社会组织的特征，包括信任、规范和网络等，这些方面能够促进为了共同利益而进行的协同合作，降低交易成本，并给整个社会创造外部性。国内学者张其仔（1999）则将社会资本定义为人与人之间在信任和合作基础上形成的社会网络。

（2）能力说。

将社会资本视为一种能力的学者认为，企业社会资本的概念强调企业不是孤立的行动个体，而是与经济领域的各个方面发生种种联系的企业网络上的纽节，能够通过这些联系而摄取稀缺资源的能力便是企业的社会资本（Paldam，2000）。Portes（1995）、边燕杰和邱海雄（2000）等认为，这种能力是建立在信任和规范基础上的各种社会关系的范围、质量，和在此基础上获取外部资源的能力。也有学者认为，社会资本是企业实现自身目标而从组织成员所处的社会联系中获取资源的能力（Fukuyama，2000）。

（3）资源说。

该学说将社会资本视为企业的一种无形的资源，是企业在内外部的关系网络中，通过推动协调的行动为企业的生产经营活动提供便利和机会的各种资源集合，如企业网络、关系、特定能力等资源（Raider和Burt，1992；Baker和Faulkner，2002）。Lin和Chen（2014）指出，社会资本的本质是蕴含于企业所构建的社会结构，通过降低交易成本等方式帮助企业实现其特定目标的一种结构资源。它是反映企业内外部社会关系特征的有助于目标实现的生产性经济资源，如企业关系网络中的信任、承诺、规范（Leenders 和 Gabbay，1999）。

虽然众多学者对企业社会资本界定的出发角度不同，但包含共同的特点：它是关系网络中可以利用，并可通过其获取或者派生的实际和潜在的资源与能力之和（韦影，2005）。社会资本作为一种特殊资本是将信任与共同语言、愿景嵌入在企业社会关系网络中，在发挥资源属性的同时也作为一种提高企业竞争能力的优势资源。

1.3.3.2 社会资本的分析层次

自1988年社会资本的概念首次提出以来，越来越多的学者就其具有的内涵、外延展开论述，管理学、社会学以及经济学等不同学科均有学者给出了社会资本的定义，而随着理论研究成果不断问世，该领域的研究内容随之不断深入。但是，成果丰富的同时，也伴随依旧混乱的现象，正如 Schafft 和 Brown（2000）所指出的，社会资本的研究，需要达到多层次的统一，继而追求不同层面的详尽。已有研究逐渐有多层次统一趋势，但还未对从社会资本的不同层级进行阐述，但这也为学者们下一步的研究提供了新的视角与方向。

张明亲（2006）认为，社会资本是蕴含于企业内外部社会网络关系中显性、隐性资源的集合，也是"身处社会关系网络中的众多个体的按照不同关系类型进行资源分配的过程系统"。因此，Schafft 和 Brown（2000）进一步以系统主义为起点，进行了详细的社会资本理论探究，系统要素（社会资本微观层面）、系统构成（社会资本中观层面）与系统环境（社会资本宏观层面）三个层次成为主要的研究内容。微观层面的社会资本主要探讨了嵌入社会关系网络中的个体调动资源的能力。基于中观层面，主要关注了结构化的社会资本关系网络、个体与其他个体联系的定型与资源在该关系网络或特殊结构中流动的方式（木子西，2000）。该层面重点关注网络的分布及其影响，以及该网络如何结构化的过程。最后，宏观层面的社会资本主要体制包含有特定社会关系网络的文化、政治经济、管理体系等（苗红娜，2015）。

基于社会资本三层次理论，社会资本可归为三类：Coleman（1988）、Portes（1995）和 Lin（1999）等关注了社会资本的功能（微观层面）；以 Knote（1999）、Podolny 和 Castellucci（1999）等为代表的学者则以组织作为社会资本分析的单元进行了中观层面的研究；张文宏（2003）则从宏观层面，用社会资本的概念对社会、经济、区域及民族发展的理论模型进行了解释。另有部分学者基于个体、群体两个层次对社会资本的进行了解释，例如，Raider 和 Burt（1992）认为，社会资本是存在于社会关系网络中的各节点对资源的利用与控制，更是网络中个体、群体如何实现利益的共享和在权利价值方面的共赢。Lin（1999）同样认为，存在于社会网络之中的社会资本不能由个体单独占有，但处于网络中的资源的获取和使用由个体决定，因此社会资本的形成、积累都是带有个体目的的。

Schafft 和 Brown（2000）虽然从微观、中观、宏观三个层次总结性地对社会资本理论做了分析，但研究的起点依旧是个体层面。而从群体层面出发，布尔迪厄（1986）将社会资本视为一种集体共有、为网络内成员提供支持的资本，群体制度化代理令社会资本集中，并成为群体存在的基础。Coleman（1988）与 Putnam（2000）认为，社会资本是社会群体内不断积累的互惠关系，体现了一种信任、网络与规范。不同之处在于普特南侧重于运用社会资本解决群体行动的难题。因此，基于群体层面，社会资本主要关注了群体如何将社会资本视为一种共有资源利用、发展，为企业带来更多的利益与机遇。

1.3.3.3　社会资本的维度划分

学者们深入展开企业社会资本及其相关研究，并从不同角度对其进行了划分。主要研究维度分为：①从企业内的个体层面出发分解社会资本（边燕杰和丘海雄，2000；张其仔，1999）；②单从企业内外部联系出发进行划分（Cooke 和 Clifton，2002；石军伟等，2007）；③从企业社会资本自身的特征维度出发进行研究（Nahapiet 和 Ghoshal，1998；Yli – Renko 等，2001）。然而，单从前两种角度展开分析缺失了信任这个重要的维度。现有研究中，许多学者一致认为信任是社会资本的关键要素（Gabbay 和 Leenders，1999；Adler 和 Kwon，2002）。

Nahapiet 和 Ghoshal（1998）在给出企业层面社会资本定义的同时，将企业社会资本分为三个特征维度：结构维度（Structural Dimension）、关系维度（Relational Dimension）和认知维度（Cognitive Dimension）。他们的工作为管理学领域中社会资本的研究提供了一个清晰的分析框架，并在企业内部社会资本的实证研究中开始得到应用（Tsai 和 Ghoshal，1998）。

（1）结构维度。

结构维度是指有关主体之间联系的整体架构模式，是社会关系网络之间的非人格化因素。此维度涉及社会系统和整个关系网络的所有权，描述企业间连接的非个人布局，结构维度最关心的是网络存在与否及网络结构存在的类型。他是以客观的角度去分析组织中的各个连接以及这些连结所共同形成的整体网络连接形态（Tjosvold 和 Weicker，1993）。Bolino 等（2002）认为，结构纬度分析的重点在于企业中普遍存在联系的特性，如企业与其他利益相关者之间是否相互认识以及它们之间联系的频繁程度和密切程度。结构资本作为反映社会网络的维度，表明社会网络的广泛属性。结构维度有利于信息的产生，有利于企业外部信息的获得，表现为企业外部与其他机构间联系的强度与密度。

（2）关系维度。

关系维度是指通过相关主体通过创造关系及因关系存在而获得的资产，是社会关系网络中的人格化方面，具体包括信任与可信度、规范与惩罚、义务与期望等方面。Huysman 和 De Wit（2004）指出，关系维度强调社会关系网络具体过程和事件，即关注社会行动、具体关系和策略运用。从企业行为主体与其他主体发生的各种的联系中产生的积极或消极作用。其分析侧重于如何通过人际关系的创造和维持来获取稀缺的资源。如果说结构维度是有关企业网络是否存在，那么关系资本更加强调企业社会网络关系的程度与质量（Inkpen 和 Tsang，2005）。

（3）认知维度指的是关系网络中不同主体对共同理解的表达、解释。具体表现为语言、符号、文化习惯和默认知识等，它包含了网络中各方能够提供共享的表述、解释和体系的那些资源（Cicourel，1981）。Wasko 和 Faraj（2005）将它定义为网络中的各方认知的范式，这些资源包括共享的语言和代码、共同的叙事方法、共同的观点和立场等。认知资本强调的是组织内部成员通过共同或相似语言、符号的认知来影响企业的一种整合能力。反映社会网络主体间对发展目标、特殊事件、社会责任等的共识程度（周小虎和陈传明，2004）。共同的语言和愿景能够增强网络结构的信任程度，促进关系网络的扩大（Tjosvold 和 Weicker，1993）。

企业内的社会资本按照结构、关系和认知维度来划分，可用以区分社会资本的不同维度对知识转移的影响。企业内人际网络使组织内不同个体（部门或个人）等不同层次的网络成员之间产生社会互动，模糊了部门或群体之间的界限，使跨部门、跨职能的团队协作得以实现，从而提高了协作效率（韩子天等，2008）。社会资本的关系维度主要表现为组织成员之间、组织成员与组织之间的信任和组织内网络的其他关系特征。组织内的信任是组织环境的重要方面，组织成员对其他成员和组织本身产生的信任预期使他们愿意分享其资源，进行合作，实现知识等资源的交换和组合（陈劲和张方华，2002）。Brass 和 Krackhardt（1999）的研究表明网络中的两个行为人之间的联系越紧密、交往越多，彼此就越了解，分享信息和产生的共识就越多，从而也就越可能产生信任与认同。Inkpen 和 Tsang（2005）在对社会资本影响知识转移方式的分析中指出，社会资本的结构维度通过影响网络成员间联系的程度和方式来影响知识转移的灵活度和难易程度；认知维度通过企业共同的目标和追求，使跨国公司成员克服文化障碍，加深彼此理解的程度；而关系维度中的信任要素则在成员间知识共享和转移意愿中起到了关键作用。

1.4 相关文献综述

1.4.1 跨国并购与技术创新研究

根据技术创新理论，企业开展技术创新有封闭式创新和开放式创新两种途径，其中并购是开放式创新的一种重要途径。近年来，并购市场涌现出越来越多的以获取目标方公司创新资源为目标的并购活动（韩宝山，2017），这在后发国家企业的跨国并购中尤为明显（Deng，2010）。事实上，发达国家企业的并购活动也与技术创新密切相关，Bena 和 Li（2014）统计了美国上市公司在 1984～2006 年的并购事件，他们发现接近 2/3 的并购事件涉及获取目标公司的技术资源和创新能力。目前，有关跨国并购与技术创新的研究形成了丰硕的成果，主要分布在跨国并购与技术创新关系研究，以及影响跨国并购中技术创新的因素研究两个方向上。

1.4.1.1 跨国并购与技术创新的关系研究

很多企业将跨国并购视为快速提升自身技术创新能力、推动创新发展的捷径，因为它可以使企业绕过周期较长的知识积累，避免创新中的风险，而迅速获得另一个企业的创新成果和创新资源。但是，在当前研究中，对并购与技术创新关系认识并不一致，有着正相关、不相关和负相关三种截然不同的观点和结论。

（1）正相关说。

一些学者认为，企业通过并购可以获取技术和管理经验，这一方面可以扩大企业的知识存量，另一方面可以填补企业某些技术空缺，从而完善其起技术体系，通过发挥协同效应，推动企业的技术创新进程（Dosi，1988；Ahuja 和 Katila，2001；Cassiman 等，2005）。很多实证研究对此观点形成了支持。Hall（1999）以 1976～1995 年美国制造业企业的并购为研究对象，通过回归检验得到了并购能够促进企业技术创新能力的结论。Cefis 和 Marsili（2015）基于 1994～2002 年荷兰制造业的并购事件进行实证检验，研究发现，对于小规模公司而言，并购可以帮助它们跨越创新的“门槛”；而对于大规模公司而言，并购则可使它们持续地参与创新活动并增加创新产出。Zhao（2009）通过对1984～1997 年美国 1349 起并购案件的实证研究发现，并购提高了企业三年窗口期的专利数量和专利引用率，这一效应对并购前创新能力较弱的公司更加显著。国内学者温成玉和刘志新（2011）以 2001～2008 年中国高科技上市公司的 96 起并购事件为样本，通过统计回归，发现技术获取型并对并购方的创新绩效有着显著的正向影响。胥朝阳等（2013）以 1999 ~ 2004 年中国企业的跨国并购为研究对象，对企业并购后 5 年内的创新活动进行实证研究，发现实施技术获取型跨国并购企业的创新产出在并购后的 3 ~ 5 年内均高于未进行并购的企业。

（2）负相关说。

另一些学者认为，企业并购使企业管理者稀缺的注意力偏离创新活动，并且会因整合带来的组织上的不稳定性而引发知识员工研发效率的下降，以及引发流程和组织惯例的中断，因此不利于企业的技术创新（Hitt 等，1990；Haspeslagh 和 Jemison，1991；Seru，2014）。部分学者的实证研究结果对此观点形成了支持。Hitt 等（1996）通过问卷调查的方式收集了美国企业发生在 1985 ~ 1991 年的 25 起并购案例，研究发现，并购显著降低了企业的研发强度和新产品强度。Seru（2014）基于 1980 ~ 1998 年的美国并购事件，发现与匹配的控制样本相比，并购显著降低了企业的研发生产率，包括专利数量和每个专利的引用数量，这一效应对内部资本市场比较活跃的主并公司而言更加显著。Szuecs（2014）基于 1990 ~ 2009 年美国和欧盟 265 家并购方和 133 家目标公司的并购事件，研究发现并购显著降低了并购方的研发强度，对其研发增长率没有显著的影响，对目标公司的研发增长率和研发强度都有显著的负面影响。国内学者张弛和余鹏翼（2016）利用 2006 ~ 2015 年中国企业 219 起技术并购相关数据的实证研究显示，并购能否促进企业的创新与并购的类型相关，而横向并购往往会对企业的创新产生抑制作用。

（3）不相关说。

还有一些学者的研究表明，并购对企业的技术创新没有显著影响。Schulz（2007）以欧美发达国家企业对发展中国家企业并购为对象进行实证研究，发现海外并购并未对其企业创新产生积极作用。Desyllas 和 Hughes（2010）基于 1984 ~ 1998 年美国高技术上市公司的 2624 起并购事件，研究发现以三年期为时间窗口，并购总体上对企业的研发强度和研发效率没有显著的影响。Bertrand 和 Zuniga（2006）对第五次并购浪潮的实证研究显示，并购并未从整体上促进 OECD 国家制造业企业的研发创新活动。王宛秋等（2009）对中国技术寻求型并购进行了实证研究，结果显示，并购并未普遍提升企业的技术创新。

1.4.1.2 影响跨国并购中技术创新的因素研究

有关跨国并购与技术创新研究的另外一个重要的研究方向是，寻找那些能够对跨国并购中的技术创新产生影响的因素，并对它们的影响机理做出解释。当前，学者们主要关注制度因素、文化差异以及企业能力对跨国并购中技术创新的影响。

（1）制度距离。

由于企业并购实践发生在一定的制度环境中，与一般国内并购不同，企业跨国并购中要面临东道国与本国两种制度环境，因此并购中的知识转移和技术创新等必然会受到母国与东道国之间制度距离的影响，两国的制度距离越大，就越有可能阻碍并购双方的协同创新（易加斌和张曦，2013）。Buckley 等（2007）以及 Rugman 和 Li（2007）的研究结果表明，制度因素对跨国并购的影响作用比企业本身的因素还重要。Luo 和 Tung（2007）以中国企业所实施的跨国并购为研究对象，对中国企业跨国并购的绩效与影响因素进行了深入剖析，研究结果表明，东道国的人文与制度环境对企业并购绩效具有显著的影响。知识转移作为创新资源寻求型跨国并购中的关键环节，对并购后的技术创新有着关键影响。在后发国家企业对发达国家企业的并购中，规制、规范和认知三方面的制度距离不但会直接影响知识从目标方向并购方的转移进程，而且还会通过交互作用影响协同创新（易加斌和张曦，2013）。研究表明，在跨国并购中，并购方能否获得目标方的创造性资产，首先取决于目标方所在国的知识产权保护制度（Xu 等，2004）。不仅如此，国家之间的制度环境差异还会加大母公司在东道国取得合法性（并购方得到目标方所在国家的政府、公众以及公司员工的认可）的难度，从而并购方和目标方之间的协调和控制难度加大，进而阻碍双方协同效应，包括协同创新的进程（Kostova 等，1999；Bhagat 等，2002）。

虽然大多数的学者认为制度距离的存在会对企业跨国并购中的绩效，包括创新绩效产生不利影响，但也有学者持有不同观点，得出不同结论。Wu（2009）的研究表明，如果考虑组织学习和企业国际经验的调节作用，随着并购后的组织学习和国际化经验的积累，并购方越来越熟悉东道国的制度环境，因此，制度距离对国际并购逆向知识转移的影响作用会逐渐趋于减弱。这与 Estrinet 等（2009）的观点十分相似。Estrinet 等（2009）认为，相对于规范和认知维度的制度距离，国家之间规制维度的制度距离常常可以编码，因此，并购方可以通过并购实践来快速熟悉目标方所在国的规制制度。甚至有学者得出了制度距离能够对并购有正向作用的结论。例如，杜晓君和朱园园（2013）基于外来者劣势理论，以中国上市公司并购案例为研究样本，实证得出“经济制度距离”和“文化距离”皆对国际并购绩效有正向作用。

（2）文化差异。

文化是某一给定群体在应对外部适应和内部整合问题的学习过程中发明、发现或发展起来的基本假设；这些基本假设因充分有效而被认为是正确的，从而被群体作为认知、思考、探索外部适应和内部整合问题的正确方式传授给群体新成员（Schein，1984）。一旦这些假设或信念受到挑战，就会引发文化冲突，相关群体的成员就会感受到“文化冲击”（Hofstede，1986）。跨国并购中，企业会同时面临民族文化差异和企业文化差异的影响。

民族文化距离之所以对跨国并购中的技术创新产生负面影响，是因为文化差异会导致并购双方发生社会性冲突，而社会性冲突的发生必然会引发跨国并购双方之间的矛盾和对立，最终导致并购中知识共享、转移效率的低下，从而阻碍协同技术创新的实现（Castro 和 Neira，2006）。但也有学者对此持有不同观点，Sarala 和 Vaara（2010）认为，民族文化差异可能会促进跨国并购中的知识转移和创新，认为跨国并购双方的民族文化距离越大，双方的组织程序、管理机制差异就越大，因此，双方就越有可能具有不同的知识储备，形成知识互补效应，进而越有可能有效转移知识。

在企业文化差异对并购中技术创新的影响研究方面，也有两种不同结论：一种是文化差异对跨国并购中的技术创新不利。一些学者的实证结论表明，并购方和目标方的文化距离越大，越不利于跨国并购中的知识流动和创新（Vaara，2003；Teerikangas 和 Very，2006）。跨国并购中的企业文化差异会提升并购双方适应不同文化的压力，从而导致组织学习能力和知识转移水平的下降（Weber，1996；Kang 等，2007）。除此之外，组织文化差异还可能意味着并购双方员工之间缺乏信任（Mcallister，1995），而信任的缺失会导致双方员工在知识转移过程中“选边站队”，不愿意相互支持，最终阻碍知识转移的顺利推进（Williams，2001）。另一种是并购双方的企业文化差异能够促进双方资源互补，提升并购后的价值创造力（Larsson 和 Finkelstein，1999）。正是双方不同的组织文化背景为双方员工的相互学习提供了知识来源，从而促进了知识转移和共享（Bjoerkman，2007）。

（3）企业能力。

学者们有关企业能力方面的研究主要关注企业吸收能力、学习能力等对跨国并购中技术创新的影响。根据 Zahra 和 George（2002）的观点，在跨国并购中，并购方的知识吸收能力能够显著影响双方间的知识转移，从而影响技术创新。这种影响包括两个方面：一是潜在的知识吸收能力，反映并购方获取和消化目标方所转移知识的能力，这种吸收能力取决于并购方既有知识基础与被并购方知识的相似程度：两者的相似程度越高，并购方的潜在吸收能力就越大，知识转移也就越有可能发生；二是现实的知识吸收能力，表现为并购方在获取和消化新知识以后的利用和创新能力，这种能力受并购方学习意愿和学习能力的影响：并购方的学习意愿和学习能力越强，知识转移绩效就越好，企业通过并购就更能获得创新能力的提升（Dixon，2000；Young，2004）。Westphal 和 Shaw（2005）通过构建数理模型检验了吸收能力影响国外制造业并购技术转移和技术创新的作用机理，结果发现：企业吸收能力能在并购后显著提高技术转移和技术创新效率。孟凡臣和赵中华（2018）的多案例实证研究也表明，在跨国并购中，企业的吸收能力尤其是跨国文化吸收能力能在并购的多个阶段影响知识转移和协同创新的开展。

1.4.2 知识治理与技术创新的关系研究

1.4.2.1 员工层面的知识治理与技术创新的关系研究

基于员工视角的研究多是通过理论分析与实证检验，探讨知识治理对员工的知识共享或转移的影响，这种影响最终将传导组织整体技术过程或结果。在理论研究方面，Felin 和 Foss（2005）认为，员工间的知识共享或转移是员工进行创新的重要前提与基础，员工通过知识共享扩大知识获取的边界，并将自己置身于知识转移网络的关键节点上，为其他员工提供所需知识，进而影响企业技术创新。Grandori（1997）、Wang 等（2009）同样指出，员工间知识共享不是自然发生的过程，个体共享其掌握知识尤其是隐性知识往往会牵涉个体利益，可能产生知识侵占或“搭便车”等机会主义风险。在我国，王健友（2007）认识到知识共享本身需要一定时间精力投入，因此需要通过组织机制或制度安排引导、激励和约束员工的知识共享行为，即进行知识治理。根据 Maier（2005）的观点，组织支持作为重要的知识治理手段，对员工意愿和行为具有重要影响，它不仅影响员工知识共享意愿，更影响知识共享方式和共享内容的选择。

在实证研究方面，Husted 和 Michailova（2012）分别对国家、地方政府与企业发放问卷，并经回归分析得出，在三类组织中，知识治理可显著地提升知识员工共享知识的积极性，减少知识共享中的“防卫”，而知识共享有助于提升组织创新绩效。Foss 等（2010）的实证研究发现，相较于正式治理机制，非正式治理机制对组织成员知识共享的促进作用更为明显。Gooderham 等（2011）则将知识治理分为层级型、市场型和社会型三种治理机制，通过实证分析，得出社会型治理机制最能提升知识员工知识共享动机和能力的结论。

在我国，赵旭和刘新梅（2015）通过对国内 12 个行业的企业发放问卷、经实证分析得出，社会型知识治理在不同企业均可有效激励组织成员参与创造性活动，提升其知识互动的积极性。曹勇和向阳（2014）基于 336 名企业员工调查数据，实证研究了知识治理、知识共享与员工创新行为间的关系，研究结果表明，知识治理正向影响知识共享，而知识共享同样与员工创新行为显著正相关。张生太等（2015）通过跨层次分析法检验了知识治理与知识共享和创新行为的相关性，结果显示企业正式和非正式知识治理机制通过组织支持感的中介和调节，对员工间知识共享产生正向影响，研究证明这种正向影响最终指向企业技术创新。

1.4.2.2 单个组织层面的知识治理与技术创新的关系研究

基于单个组织视角的研究主要关注企业、大学与科研机构等组织中的知识治理与技术创新关系，内容主要包括对不同组织知识治理机制的探索、对知识治理与组织技术创新成效关系的检验。针对企业，国外的研究成果中，部分学者指出中心化和非中心化是企业有效的知识治理机制，能够有效提升企业创新绩效（Desouza 和 Awazu，2006；Grolik 等，2003）；有些学者则认为，授予企业高级管理人员参与企业决策的权利是企业重要的知识治理措施，更是企业实现开发式创新的重要保障（Akhavan 等，2006；Chua 和 Lam，2005）；还有一些学者认为，战略制定实施是关键的知识治理措施，基于企业战略的长远规划，能够保证企业技术创新的持续性（Zyngier 和 Venkitachalam，2011；Kannabiran 和 Pandyan，2010）。

在我国，部分学者也开展了相关研究。例如，任志安（2007）的理论分析表明，依靠正式、非正式组织机制的知识治理本质，能够以“替代效应”和“补足效应”共同影响企业的知识与技术创新活动。王雎（2009）则发现创新任务、创新资本家与关系性知识产权是企业开放式创新的主要治理机制，借助多形式的知识治理机制能够扩大开放式创新的途径。牛力娟（2016）分析了华为 1987 ~ 2014 年知识治理机制下的技术创新动态过程，提出了华为技术创新路径的起点（知识治理）与终点（技术创新）。

在实证分析或案例分析研究方面，Schroeder 等（2012）基于 12 家企业案例探索研究表明，企业知识治理机制的三个层面——结构、过程与关系治理是企业开展技术创新的重要手段。而 Grandori（2001）认为，对企业而言并不存在区别性的、单一的治理形式，组织模式（知识治理机制）应该在具体的情景与过程中得以构建，才可以产生多渠道的技术创新成果，而不应该事先确定，否则就会出现设计谬误。除了对企业内部知识治理机制进行相应的探索，国外学者 Fey 和 Birkinshaw（2005）还对企业外部的知识治理机制进行了探索，分析了外部知识治理机制对企业技术创新的积极影响。Choi 等（2013）的实证研究显示，变革型领导可增强企业对创新知识的评估和解构，提升创新绩效，继而产生创新绩效波峰现象。

相比之下，朱雪春和陈万明（2014）以我国中东部地区 205 家企业为样本经实证检验证明：知识治理对低成本利用式、低成本探索式创新均有显著的正向影响。刘婷和王震（2016）以 213 组制造商—分销商配对样本数据，以结构方程模型检验并证明了使用契约控制可提升分销商感知的分配公平，对程序公平的作用则呈倒“U”形关系；信任机制对两类公平有积极作用；分销商感知公平可促进其知识转移。王海绒和苏中锋（2018）的研究表明，企业的知识治理通过知识获取的中介影响企业独立研发和合作研发的成效。向阳和曹勇（2015）的实证研究表明，企业创新网络知识治理（包括市场机制、社会机制、层级机制）对知识转移具有显著的正向影响；政府支持对企业创新网络知识治理和知识转移的关系具有负向调节效应。

除了关注企业外，国外部分学者关注了大学与科研结构等组织的知识治理。Nonaka 和 Hirotaka（1995）指出，大学参与知识转移活动是促进技术创新的重要推动力。但在多数情况下，大学科研人员不愿意向大学技术转移机构透露成果（发明），因此引发了对大学知识转移、促进科技创新的治理机制的探讨（Thursby 等，2009）。Antonelli（2008）认为，想要令大学这一体系工作有效率，基于合同研究成果，知识产权保护的非排他性治理措施是必要的。

1.4.2.3 产业集群或企业联盟层面的知识治理与技术创新的关系研究

此视角的研究始终是国内外学者探索的焦点，他们更多地关注产业集群或企业网络中的知识治理问题及其与技术创新的关系，也因此产生了众多研究成果。

基于理论分析，Gulati（1998）从社会网络视角对企业战略联盟的网络形式、治理结构及其动态演化展开研究，首次提出治理结构是用于组织伙伴关系的正式契约结构，为联盟下知识治理与技术创新关系分析奠定了基础。Torre（2008）认为，企业集群可使企业因永久性地理接近而获益，但集群本身并非创新活动成功的充分条件，必须通过一定的知识治理机制使集群中的企业形成社会、组织、认知与制度接近，才可成为有效知识转移和创造的基础。Cole（2008）同样指出，虽然集群使企业距离得以缩减，集群中科学人员也可以依靠认知邻近和基于关系的组织接近实现知识交流但是面对面的交流依然不可替代。Gay 和 Dousset（2005）则重点强调核心企业能够创造出对联盟网络至关重要的新技术、新制度和新工艺，通过创新扩散核心企业影响联盟提升其他企业创新能力。Dhanaraj 和 Parkhe（2006）、Hardy 等（2003）也持相似观点。遗憾的是，他们虽注意到核心企业在企业联盟中对技术创新的推动作用，却未能对核心企业的知识治理行为给予足够的关注。事实上，由于知识本身所具有隐含性、嵌入性和公共物品属性，反而会造成联盟中创新扩散难度大，治理困境频现。

费钟琳（2015）认为，与集群治理不同，企业集群知识治理是针对集群中的知识转移、共享和创造活动过程的治理，作为一种基于组织关系层面的制度安排，它通过影响集群知识活动进而影响各企业乃至整个集群的技术创新。丁魁礼（2010）则认为，创新集群知识治理的核心在于治理机制选择，并提出了多维螺旋、组织实施与共生演化三种治理机制以提升企业技术创新水平。李庆华和王文平（2006）根据知识分割研究给出了产业集群发展中可能影响技术创新的知识同质、知识依赖与知识匹配风险，并认为通过一定治理手段能够控制这些风险。除针对产业集群研究，陆成裕（2008）还对产业联盟中的知识治理与技术创新关系进行了理论探讨，包括基于生产链的企业联盟和技术创新联盟等。Hardy 等（2003）；陈立勇（2012）也表明，在企业联盟中，核心企业知识治理对整个联盟的创新结果具有决定性影响。

在实证研究方面，国外学者对企业集群或产业联盟层面的知识治理与技术创新关系展开实证检验。Zaheer 和 Venkatraman（1995）的实证研究表明，关系治理是知识治理的重要组成部分，关系治理对企业间信任形成具有显著促进作用，它可以促进双方交易（技术交易），从而有利于企业创新。Capaldo（2007）的实证研究表明，双强关系网络和并弱网络治理结构对企业联盟中主导企业的创新能力和持续竞争优势均可发挥正向影响。Lin 和 Blumberg（2011）的实证研究表明，产业集群中的关系嵌入、结构嵌入和功能嵌入三种不同网络嵌入方式下，治理机制和交易风险间存在正相关关系。另有部分学者的研究证实：非正式治理机制通过建立创新网络成员间的合作基础，促进了高质量信息和隐默知识在群内企业之间的转移和积累，进而提高了知识共享的深度和专业化，满足了集群渐进式创新对现有知识深入挖掘与扩散的要求（Hansen，1999；Rowley 等，2000）。

张琦（2014）对长三角地区 194 家企业的实证研究发现，企业间信任和学习有利于提升关系治理水平与企业创新绩效，产业相似度正向调节信任与关系治理之间的关系。谢永平等（2014）检验了知识认知、核心企业权利与网络整合因素对技术创新网络核心企业知识治理绩效的影响。彭本红和武柏宇（2016）基于商业形态系统视角检验了平台企业价值共创中关系治理、合同治理和开放式服务与创新绩效的关系，结果表明平台企业多采用双强型治理模式，若对生态系统中其他企业采用关系治理程度越高，开放式服务创新绩效就越好；采用合同治理程度越高，开放式服务创新绩效也就越好。胡雅蓓和霍焱（2017）利用 Ordered Probit 方法检验了高科技产业集群网络嵌入关系下，集群治理机制对创新绩效的影响，结果显示，在集群网络内部，契约、政府公序与组织私序构成的正式治理机制与信任、声誉与集群文化构成的非正式治理机制间，无论在强关系网络还是在弱关系网络中均存在相互促进的互补关系。张大鹏和孙新波（2018）均检验了平台型商业生态系统中的知识治理（整合性领导力）与企业协同创新绩效的关系。

1.4.2.4 *跨层次的知识治理与技术创新的关系研究*

在知识治理与技术创新的关系研究中，另有部分学者进行了跨层次研究。例如，国外学者 Gupta 等（2007）将创新看作两个层次，组织本身和组织所嵌入的环境均可影响企业技术创新水平。根据 Kimberly 和 Evanisko（1981）的理解，企业治理可从三个层面影响组织创新水平，即组织领导特征（个体层面）、组织结构、组织层、组织战略与所处竞争环境的契合度（组织环境层面）。Rothaermel

和 Hess（2007）则分析了个体层次、企业层次与企业间联盟网络层次的相互影响，以及对提升企业创新绩效的作用，而企业组织目标和治理是贯穿三个层次的关键要素。

在国内，张红娟和谭劲松（2014）指出，企业技术创新包括自主创新、合作创新和网络创新三种不同层次，而包括企业治理在内的多种要素均会从多个层次影响企业技术创新绩效。张大鹏等（2017）、孙华等（2018）的研究以整合性领导力为主题，基于跨层次的视角探讨了整合领导力与企业创新的关系。根据他们的研究，整合领导力包括技术与技能、鼓舞与鼓励、协调与引导、愿景与使命、信任机制、沟通机制、共享机制以及注重利益分配，可以看出，他们所强调的整合领导力的内涵与知识治理的内涵如出一辙，整合领导力即知识治理。换言之，知识治理从不同层次影响着企业创新。

1.4.3 社会资本与技术创新的关系研究

1.4.3.1 社会资本与技术创新能力的关系研究

国外学者有关社会资本与技术创新的研究视角丰富，研究结论也呈现出多样性。Rosenthal（1997）认为，企业内人际网络使组织内不同个体（部门或个人）等不同层次的网络成员之间产生社会互动，模糊了部门或群体之间的界限，使跨部门、跨职能的团队协作得以实现，从而提高了协作效率。Tsai 和 Ghoshal（1998）以大型跨国企业为研究对象，对企业内的社会资本与技术创新能力的关系进行了探讨，他们的研究表明，社会交互作用（结构维）和信任（关系维）显著地影响了部门间资源交换的程度，从而使企业在产品创新中更具灵活性。Nahapiet 和 Ghoshal（1998）的研究结果表明，在智力资本、社会资本与组织优势的作用机理影响研究中，社会资本积极推动智力资本的积累且最终显著提升创新能力和保持组织优势。Maurer 等（2010）基于德国发动机制造企业的 200 多个项目团队样本数据，通过实证方法在员工层面验证了社会资本与创新能力的关系，研究结果显示，内部社会资本能够提升成员间的彼此信任度，进而提升外部新知识获取能力，并最终积极影响新产品研发能力。Subramaniam 和 Youndt（2005）对 93 个组织的人力资本、组织资本和社会资本对创新能力的影响分别进行了研究，发现三种资本以及相互作用都会对企业的创新能力产生正向影响，其中社会资本对提高企业的渐进式创新能力和激进式创新能力发挥了显著的作用。与上述学者的研究视角不一样，Van Wijk 等（2008）的研究聚焦于企业内员工的沟通与交流，他们认为，企业内的社会关系网络有助于员工尤其是技术员工间形成共同编码和价值观，这对知识在他们之间的流动创造了便利条件，进而有更多的知识基础进行创新。

国内研究有关企业社会资本与技术创新能力的研究包括理论分析和实证研两类，其中实证研究占据了主要方面。理论分析方面以李宏贵等（2011）的研究为代表，他们基于过程视角，挖掘了内部社会资本与企业创新能力的互动关系，并识别出社会资本影响企业创新能力的机理，最后构建了一个理论分析框架。类似的还有魏亚平等（2013）的研究。在实证研究方面，学者们的研究因方法的不同而有所区别。宋文娟（2016）基于问卷调查方法和 SPSS 软件对企业社会资本、组织创新能力和企业绩效三者之间的关系进行了检验，研究发现社会资本对组织创新能力有显著正向影响。王文娟问卷调查涉及企业人员的范围较广，相比之下孙善林等（2017）的研究更具有针对性。他们以来自江苏、浙江、山东、上海等地的 409 个总经理、副总经理以及直接向他们汇报工作的高层经理们所组成的高管团队的问卷数据为基础，对高管团队社会资本与企业开放式创新能力的关系进行了检验，结果显示，高管团队的内部社会资本对企业（内、外部）资源整合有显著的正向影响，而资源整合对开放式创新能力具有显著的正向影响。王淑敏和王涛（2017）基于 300 家中国企业样本，采用多源、多次的纵向追踪研究方法，检验了企业社会资本的积累对企业自主创新能力的影响，研究发现社会资本会因企业采取进取者战略导向和防御者战略导向的不同而对自主创新能力产生不同的影响。刘博等（2018）以中国民营制造业上市公司为研究样本，根据 2012 ~ 2016 年的面板数据，通过结构方程模型检验了社会资本与企业创新能力的关系，研究发现社会资本断裂强度与企业创新能力呈倒“U”形的非线性关系。

1.4.3.2　对技术创新过程的影响研究

根据技术创新理论，知识转移是技术创新的关键环节和步骤（Faulkner, 1994）。当前，有关社会资本对技术创新过程的影响研究主要集中在社会资本对知识转移的影响研究。国外学者是较早探索社会资本与知识转移之间关系的。Krackhardt（1992）的研究表明网络中的两个行为人之间的联系越紧密、交往越多，彼此就越了解，分享的信息和产生的共识就越多。Gupta 和 Govindarajan（2000）认为，企业各单位之间社会交换网络对在公司内部传播新思想具有重要的意义。根据 Nahapiet 和 Ghoshal（1998）提出的社会资本理论，组织中个体间的联系可视为组织内部的社会网络，而组织中的个体构成了网络的不同结点，这个内部社会网络是组织中个体包括企业员工信息交换、知识共享的重要载体。在他们研究的基础之上，Inkpen 和 Tsang（2005）进一步指出，企业内社会资本的重要作用之一就是作为员工接触其他知识的通道，而企业治理能够帮助企业形成社会资本。其中，企业组织结构塑造了员工关系网络、影响员工的联系方式和频率，从而对社会资本的结构维度产生影响。而组织氛围将影响员工间的信任，从而对社会资本的关系维度产生影响。Weber 等（2011）指出，通过增加企业部门之间、员工之间的社会联系，企业内的员工可以形成良好的知识互动，这种互动同时又能增强他们之间的信任。换言之，企业通过一定的治理可以加强内部社会资本进而促进知识的共享和交换，最终提升企业的技术创新水平。

国内学者李路路较早开展了对社会资本的应用，认为社会资本是指这样一种社会资源，“它与人们之间多少制度化了的相互认知和认可的持续社会关系网络相联系，能够给拥有这种关系的人带来好处或便利”，这种好处可以通过诸如促进人们之间的信息、知识共享与转移而产生经济效益（李路路，1995）。周小虎和陈传明（2004）在研究中充分肯定了知识和学习在企业价值创造中的重要性，认为企业社会资本是通过结构性的、关系性的和认知性的嵌入为企业的知识创造活动提供了便利性。李浩（2012）从社会资本的视角分别对企业内部网络知识管理、战略联盟知识管理和集群的知识管理进行了理论评述。张光曦和方圆（2014）从社会资本的角度探讨了企业并购后的整合对企业创新能力的影响，他们认为企业在并购整合过程中，企业内部原来的关系网络被破坏造成被兼并企业内部社会资本的下降，但是并购方通过与被并购方建立“新的社会纽带”，形成新的“桥接型”社会资本，从而加强双方的社会交换深度，并最终提升企业创新效率。熊捷和孙道银（2017）在将知识分为显性和隐性知识的基础之上，对企业社会资本与内部的知识转移的关系进行了检验，并发现关系数量、关系强度以及共享目标对显性技术知识转移有显著的正向影响；同时，关系强度、信任及共享目标对隐性技术知识产生显著的正向影响。

1.4.3.3　对技术创新绩效的影响研究

在国外学者的研究中，Tsai 和 Ghoshal（1998）研究了 15 家大型跨国电子企业的企业产品创新，发现企业的社会资本对企业传递市场技术信息、员工的沟通和交流有着促进作用，在一定程度上促进了企业产品创新并提高企业创新绩效。Lee 和 Sukoco（2007）用信任、互动和承诺作为社会资本的测量指标，利用问卷调查数据，以结构方程模型为工具，检验了社会资本对技术创新绩效的影响，结果显示两者呈现正相关关系。与上述研究不同，Chen 等（2008）以社会互动、网络连接来表征结构社会资本，同时，用相互信任、共同目标来分别表征关系社会资本、认知社会资本，进而检验社会资本对团队创造性的影响。结果显示，社会互动和网络连接对研发项目团队的创造性有显著的正向影响，但是相互信任和共同目标对研发项目团队的创造性并无直接影响。Maurer 等（2011）对企业内部社会资本与企业成长和创新绩效的关系进行了研究，结果发现，社会资本通过促进企业成长最终使企业创新绩效得以提升。当然，也有学者得到了社会资本与企业创新绩效不相关（Batjargal，2003；Lee 等，2001），甚至负相关（Gargiulo 和 Benassi，1999；Edelman 等，2004）的研究结论。

在国内研究中，学者们也纷纷对企业社会资本与技术创新绩效间的关系进行了检验。朱霞和路正南（2014）基于对长三角地区企业的问卷调查数据，检验了社会与技术创新的关系，研究发现社会资本能够显著地正向影响企业的技术创新绩效。得到类似研究结论的还有张方华（2006）、周斌等（2009）以及孙凯（2011）等的研究。国内学者除了考察社会资本对企业创新绩效的直接影响外，还考虑了相关因素在其中的中介与权变作用。例如，朱建民和王红燕的实证研究表明，企业内的社会资本确实能够对员工的创新行为产生显著的积极影响，但这种影响需要以知识吸收能力为中介。朱亚丽等（2019）以知识捐赠和收集意愿为中介变量，检验了企业研发团队社会资本各个维度对创新绩效的影响。王璐等（2018）的实证研究表明，社会资本对创新团队新产品的流行度呈现倒“U”形作用关系，而团队知识利用在其中起着调节作用，具体的作用机制为团队知识利用有利于延缓社会资本的负面效应、强化其正面效应。此外，还有学者将社会资本作为调节其他因素与技术创新关系的变量展开研究，如赵息和李文亮（2016）的实证研究。

1.4.4 对已有研究的评述

就知识治理研究而言，近年来，知识治理已经成为管理学中新的研究领域，吸引着国内外越来越多的学者关注。研究的重点是探讨具体情形下的知识治理机制安排或机制设计，包括针对不同情形下技术创新的特点应该如何进行知识治理等问题。但是，梳理已有文献发现，目前知识治理研究对我国企业跨国并购这一情形的关注不足，有关企业在跨国并购中采取什么样的知识治理机制能最有效地提升技术创新的研究较为稀缺。

就技术创新研究而言，目前中国企业的创新资源寻求型跨国并购正风起云涌。可以说，跨国并购已经成为我国企业推动技术创新的重要方式和途径。虽然在企业跨国并购与技术创新关系研究方面已经形成了诸多有益成果，但目前缺少基于过程视角的研究，尤其未能就跨国并购中技术创新过程给予揭示。对于企业在跨国并购中开展什么样的技术创新以及如何开展技术创新等问题缺乏系统解答。在知识经济时代，知识已成为经济运行和企业管理中的核心要素。基于知识视角探讨企业技术创新过程，尤其是跨国并购中的技术创新过程，无论对组织战略管理还是对并购整合研究均具有重要意义，然而鲜有文献从知识视角打开并购中技术创新的“黑箱”，对知识在其中的流动规律和作用机理缺乏解释。此外，虽然学者们已从文化差异、企业能力等方面考虑哪些因素影响以及如何影响跨国并购中的技术创新，但从知识治理视角进行探讨的文献还相对较少。

就知识治理与技术创新关系研究而言，知识治理因在激励知识员工进行创新中有着突出的实践效果，得到国内外诸多学者的关注。目前，有关知识治理与技术创新关系的研究主要分布在两个方向上：①从理论层面探讨开展知识治理对组织创新的必要性，以组织创新为出发点和落脚点来探讨为什么组织需要实施知识治理；②基于大样本数据直接检验知识治理或知识治理的某个具体方面对组织创新尤其是技术创新的影响关系，主要回答知识治理是否真的影响以及在多大程度上影响组织创新。总体而言，尽管目前有关知识治理与组织技术创新的关系得到了统一的认识，即组织的知识治理能够显著地促进组织的技术创新，但对组织的知识治理如何影响技术创新的研究较为少见，尤其缺乏基于社会资本视角的研究。对社会资本与技术创新关系进行研究的学者形成了共识，即社会资本的存在均对组织间的封闭式或开放式技术创新大有裨益，而知识治理作为引导、激励和约束知识活动参与者的行为和动机的组织机制，势必对并购双方员工间的关系网络结构的形成、信任的建立与共同的语言的形成产生积极影响，并最终影响企业的技术创新。因此，从社会资本视角探讨知识治理与技术创新的影响机理和影响路径十分必要，但目前相关研究较为缺乏。

1.5 主要概念的界定

知识治理、社会资本以及技术创新是本书的重要概念；同时，根据技术创新理论，技术创新包含不同类型，而本书主要涉及开发性技术创新和探索性技术创新。此外，本书研究的是中国企业的跨国并购这一特殊的组织情形，且以其中通过跨国并购获取创新资源，最终提升企业技术创新能力、推动创新发展的并购事件为研究对象。因此，知识治理、社会资本、开发性技术创新、探索性技术创新以及创新资源寻求型跨国并购构成了本书的主要概念。尽管现有理论研究已经对这些概念进行了界定，但是由于研究视角、研究范围以及具体组织情形的不同，这些概念在不同学者的研究中有所区别。因此，为使文章逻辑更为清晰、表达更为准确，有必要对这些概念给出清晰的界定。

（1）知识治理。

近年来，以治理为主题的研究成果大量涌现，无论是对国外学者还是对国内学者而言，在不同学科领域内“治理”都是炙手可热的词语，一些学者甚至有这样的感受——“特别是在经济学和管理学研究中，治理似乎成了唯一的问题”（王健友，2007）。治理（Governance）概念源自古典拉丁文或古希腊语“引领导航”（Steering）一词，原意是控制、引导和操纵，指的是在特定范围内行使权威

（丁魁礼，2010）。在现代汉语中，“治理”一词有两方面的含义：一方面是指管理、统治，得到管理、统治，例如政府治理，治理国家；另一方面是指处理、整修的意思，如大气污染治理、洪水治理。尽管“治理”这个词汇本身的含义较为确定，但是当把它置于具体的研究领域时，它的含义又有所延伸。

就管理领域而言，治理是各种公共的或私人的个人和机构管理其共同事务的诸多方式的总和。是使相互冲突的或不同的利益得以调和并且采取联合行动的持续的过程。既包括有权迫使人们服从的正式制度和规则，也包括人们同意或认为符合其利益的各种非正式的制度安排。它有四个特征：治理不是一整套规则，也不是一种活动，而是一个过程；治理过程的基础不是控制，而是协调；治理既涉及公共部门，也包括私人部门；治理不是一种正式的制度，而是持续的互动（费钟林，2010；陈立勇，2012）。治理所最终追求的是创造条件以保证社会秩序和集体行动。治理所要创造的结构和秩序不能从外部强加；它之所以发挥作用，是要依靠多种进行统治的以及互相发生影响的行为者的互动。

知识治理的概念最早是由 Grandori（1997）提出的，在她给出的定义里，知识治理就是对企业内或企业间，包含知识生产、共享、转移及应用等活动的治理，即知识治理就是对组织知识活动过程的治理。知识治理理论的另一个重要奠基人 Foss（2010）认为，知识治理就是选择正式和非正式的组织结构和机制以最优化知识的创造、转移和共享过程。当前学者们对知识治理的定义并不统一，形成了制度观、过程观和结构观三种不同的观点。三种观点并非相互矛盾，而是彼此联系、相互补充的。知识治理本质上仍属于治理的范畴，结合治理的特征与定义，本书认为将知识治理视为一种过程更为合理。此外，有学者指出，知识治理并非一个有着确定范围的概念，而是一个开放的概念（王雎，2009）。正如 Peltokorpi 和 Tsuyuki（2006）所认为的，知识治理并非一套固定的规制或实践集合，那些能够促进组织成员贡献知识或提升成员知识创造与交互的治理实践均应被纳入知识治理的范畴。

基于以上分析，本书将知识治理的内涵界定为：通过正式和非正式的组织机制（制度安排），以及那些能够影响知识参与者的动机和行为的组织实践，对知识活动参与者进行引导、激励和约束，以实现组织知识活动效率最大化的过程。本书对中国企业创新资源寻求型跨国并购中的知识治理展开研究，研究所聚焦的是并购方为提升跨国并购中技术创新效率、实现既定的技术创新目标，通过正式和非正式的机制（制度）安排，以及那些能够影响企业知识员工行为和动机产生组织实践，来对双方知识员工尤其是目标知识员工进行引导、激励和约束的过程。

（2）社会资本。

20 世纪 50 年代，美国经济学家舒尔茨（Schultz）和贝克尔（Becker）率先突破物质资本的局限，将个人对教育、职业培训、保健以及迁移的投入视为一种投资，并指出这种投资将最终形成个人的“人力资本”（Human capital）。人力资本是一种人格化的知识和技术，它对个人和社会发展有着巨大的推动作用。作为对人力资本概念的回应，20 世纪 70 年代之后，法国社会学家布迪厄（Bourdieu）、美国社会学家林楠（Lin Nan）和科尔曼（Coleman）等提出了“社会资本”（Social Capital）的概念，尝试将社会学与经济学进行直接对话，把人们之间的社会互动与联系也纳入了资本的范围。社会资本的概念最早诞生于社会学领域，并经由 Nahapiet 和 Choshal 两位学者于 20 世纪末引入管理学领域（Nahapiet 和 Choshal，1998）。

随着研究的深入，目前理论界关于社会资本的定义形成了资源说、网络说和能力说三种不同的观点。资源说将社会资本视为嵌入于人们社会关系网络的实际的和潜在的资源，这种资源可以为个人或者组织带来便利（Nahapiet 和 Ghoshal，1998）；网络说将社会资本视为人们在信任与合作的基础上所形成的社会关系网络（Pennar 和 Mueller，1996；张其仔，1999）；能力说将社会资本视为个人或组织从社会管理网络中获取资源或取得益处的能力（Portes，1995；边燕杰和邱海雄，2000）。可资源说、网络说和能力说并非彼此矛盾，而是存在一定联系。一方面，三种观点均认为人们之间的社会关系网络是社会资本存在的必要条件；另一方面，网络成员间的信任、认同和相互理解是社会资本形成的标志。由此，对社会资本的内涵进行界定，就需要同时包含这两个方面。此外，梳理既有文献，尽管当前存在资源说、网络说和能力说三种不同的观点，但当前资源说被更多学者所接受。

基于以上分析，本书将社会资本的内涵界定为：依托于人们之间的关系网络，因人们之间形成信任、认同和相互理解而形成的实际的和潜在的资源的集合。在中国企业创新资源寻求型跨国并购中，企业开展技术创新、实现既定创新战略，离不开双方员工尤其是知识员工之间的互动、理解以及相互信任等，本书研究所聚焦的正是并购双方企业人员之间尤其是知识员工之间的关系网络，以及在此之上，因双方知识员工理解、信任和认同而形成的有利于企业目标实现的资源。

（3）开发性技术创新与探索性技术创新。

有关开发性创新与探索性创新的研究，始于 March 对组织开发和探索性学习活动的研究。March（1991）认为，在竞争日益激烈的市场环境下，一个组织的成功不仅要依靠对现有市场、知识和技能的开发来维持当前的发展能力，而且还必须通过探索新的市场、知识和技能来培育未来的生存能力，并将在现有市场内的、基于既有知识的连续性学习视为开发（Exploration）式学习，而将在新领域的、基于全新知识的学习视为探索（Exploitation）式学习。根据他的研究，“开发”意味着改善、生产、效率、实施等；“探索”意味着搜索、变化、发现以及创新等。

结合 March 的研究，创新研究领域的 Benner 和 Tushman（2003）按照对既有知识或技术路径的偏离（或接近）程度和现有客户、市场细分偏离程度两个维度，明确提出了开发性创新（Exploratory Innovation）和探索性创新（Exploitative Innovation）的概念。开发性创新是在既有知识的基础上提升组织的既有技能、过程和结构，旨在满足既有市场和顾客需求的创新活动，类似于渐进式创新；探索性创新就是依靠新知识或者脱离既有知识来进行新的设计、开拓新的市场或开辟新的分销渠道，旨在组织所在市场以外的、正在形成的市场和顾客需求，类似于激进式创新（Benner 和 Tushman，2003）。开发性技术创新和探索性技术创新的内涵与激进式创新和渐进式创新较为相似，但也有区别。与渐进式技术创新与激进式技术创新的表述不同，开发性技术创新和探索性技术创新更能体现组织在创新中战略的主动性（李剑力，2009）。开发性技术创新和探索性技术创新是两种不同性质的创新，它们在目标、结果、知识基础以及所需要的组织结构、文化方面有着明显的不同特征和差异，如表 1-2 所示。

表 1-2　开发性和探索性创新的比较

项目	开发性创新	探索性创新
创新目标	满足所在市场或既有顾客需求	满足所在领域之外的其他市场或客户需求
创新结果	渐进式创新，优化已有设计，拓展产品系列和提升品质等	激进式创新，进入新领域、获得新市场、开发全新客户等
知识基础	在已有知识和能力基础之上进行拓展	需要全新知识，或从已有知识中提炼新知识
创新来源	提炼、复制、效率、实施	搜索、变异、柔性、实验、冒险
组织结构	一定的分权化、标准化程序、正式流程	较高的分权化、半标准化程序、半正式流程
组织文化	偏好确定、短期目标、承诺专一	鼓励探索、愿意面对高不确定性、容忍失败

资料来源：李剑力（2009）。

基于以上分析，本书将开发性技术创新的内涵界定为：开发性技术创新是建立在现有的市场、客户和知识基础之上的技术创新活动，是对现有的技能和流程进行加强和拓展，目的在于通过建立完善的设计，拓展现有产品和服务市场，提升产品品质来满足现有客户的需求；同时，本书将探索性技术创新的内涵界定为：探索性技术创新是建立在寻找新组织惯例和发现新的技术、业务、流程和产品之上的技术创新活动，其目的是通过提供新的设计，创造新的产品和服务，以满足新领域、新市场和新客户的需求。就本书而言，跨国并购中的开发性技术创新是指企业在并购方既有市场、客户和知识基础之上的技术创新活动，其目的是通过建立完善的设计，拓展现有产品和服务市场以满足并购方现有客户的需求；而跨国并购中的探索性技术创新是指建立在对并购方而言属于新组织惯例和发现新的方法技术、业务、流程和产品之上的技术创新活动，其目的是通过提供新的设计，创造新的产品和服务，以满足对并购方而言的新领域、新市场和新客户的需求。

（4）创新资源寻求型跨国并购。

一方面，创新本身具有较为丰富的内涵，包含不同的方面，本书中的创新主要指技术创新。首次使用“技术创新”一词的是政治经济学家熊彼特（1912），根据他的观点，技术创新是指新生产函数的建立，即企业对生产要素（如信息、知识、资本等）的新组合。换言之，在熊·彼特的理论中，信息、知识和资本等是技术创新的必要资源。根据管理学领域的研究、开发、生产、销售的线性过程模式，企业技术创新绩效取决于其投入水平、R&D 投入强度和参与 R&D 的科研人员数量（陈劲和陈钰芬，2006）。陈劲和陈钰芬（2006）指出，技术创新是从研究发展、试制、生产制造到商业化的过程。因此，技术创新所涉及的人员不仅包括直接从事研发的人员，还应包括技术管理和市场管理人员等。而许继琴（2004）从技术角度指出，技术创新包括两种：一种是开发全新原理或专业技术，另一种是对现有技术进行重新配置，但是两种创新均离不开既有技术的支撑。总结上述几方面的研究，开展技术创新所需要的资源应包括知识员工、技术、资本和必要的硬件设备等。

另一方面，国际并购（International Mergers & Acquisitions，International M&A）也称为跨国并购（Cross - border Mergers Acquisitions），是指跨国兼并和跨国收购的总称，国际货币基金组织给出的定义是：通过兼并或收购国外企业或公司的股权达到一定比例以上获得企业控制权，而获得这个企业持久的生产和经营利益。企业实施并购的动机有多种，例如，知识寻求型国际并购与自然资源寻求型国际并购一道，构成了我国企业战略资产寻求型国际并购的主要内容（吴先明，2016）。

综合上述两方面，本书将创新资源寻求型跨国并购的内涵界定为：企业以跨国并购的形式获取其他国家企业优质技术、知识员工、经验及研发所需的相关硬件等资源，通过整合、融合和协同，达到提升自身技术创新能力，实现协同效应的对外直接投资行为。中国企业对发达国家企业的创新资源寻求型跨国并购，在以下两方面的特征较为凸显：一是创新资源寻求型跨国并购的战略动因在于获取目标企业的创新资源，以提升自身能力与水平；二是由于目标企业多来自发达国家的知名企业，相对于目标企业，并购方往往在技术或管理经验方面处于弱势地位。

2 研究方法与研究方案设计

本章首先介绍多案例研究方法的选定、案例研究方法的优势，设计了案例研究的整体框架；其次介绍根据所定的案例选择标准所选定的案例的基本情况；最后对案例资料数据收集过程和案例研究质量控制策略进行介绍。

2.1 研究方法及分析工具

2.1.1 研究方法的选择

从研究问题、研究内容与研究目标三个方面综合分析，本书研究最适合采用多案例的研究方法，具体过程如下。

2.1.1.1 研究问题与研究方法选择

当决定采取何种方法展开研究时，学者需要考虑：①研究问题的类型是什么？②对研究对象及事件的控制程度如何？③研究重心关乎当前的事或过去的事？对于怎么样（How）和为什么（Why）等之类的问题，需要按时间顺序追溯相互关联的各种事件，并找出它们之间的联系及其逻辑（Yin，2013），相对于其他基于大样本获取数据的研究方法，案例研究方法、实验法、民族志或者历史分析法等质性研究方法均具有能够获取极其丰富、详细和深入信息的特征（Berg，2004），这些方法能够较好地满足上述需要。但是，对于怎么样和为什么这类问题，最适合采用案例研究方法、实验法或者历史分析法。

当确定所要回答问题属于“怎么样”或“为什么”后，想要进一步在案例研究方法、实验法或者历史分析法中确定其中最合适的方法，就需进一步分析研究者对研究对象的控制范围、程度及其所处的环境。当无法控制、无法接触对象，分析对象又处于当代时，适合采取案例研究法，优点是此方法的资料来源渠道商更多、更广泛，既可进行直接观察，又可通过访谈掌握最真实的企业实践资料（Yin，2013）。相对于其他研究方法，案例研究法的价值在于突出情境、展示过程和揭示关系（李高勇和毛基业，2015）。作为质性研究的专家，Eisenhardt 认为，与大样本实证研究相比，案例研究有助于发现总结实践意义，增进理论联系实践（Eisenhardt，1991）。本书是探讨跨国并购中企业的知识治理、技术创新过程，知识治理对技术创新的内在作用机理，具体回答企业在并购中如何进行知识治理开展技术创新，以及知识治理如何影响技术创新等问题，这些问题均属于怎么样（How）类的问题。此外，研究对象是企业的跨国并购事件，研究者无法对其进行控制，但这些跨国并购实践发生在当下，尚未成为历史，因此适合采取案例研究方法。

2.1.1.2 研究内容与研究方法选择

从研究内容来看，跨国并购中企业技术创新的过程与模式，以及跨国并购中企业的知识治理过程与机制是本书研究的重点。技术创新理论以及经验研究表明，企业可以在跨国并购中开展产品创新或工艺创新（王珺，2010），这意味着不同企业在跨国并购中的技术创新类型以及技术创新过程是有差异的。同样，知识治理理论也表明，知识治理并非具有固定的治理机制或模式，知识治理机制应当在具体的管理情境中得以构建（王雎，2009）。当在跨国并购过程中开展不同的技术创新时，企业的知识治理机制也可能存在一定的差异。这些差异对探索知识治理对技术创新的影响机理及影响路径有着重要的影响，是不容忽视的内容。

案例研究允许研究者开展跨案例的比较研究（Yin，2013），通过案例的比较研究有利于解释和展现跨国并购技术创新过程中以及知识治理过程中可能被忽视的一些细节，它还可以展现不同企业在选择技术创新类型以及知识治理机制时的差异。而这些研究发现将有利于推动人们就跨国并购中知识治理对技术创新的影响机理进行重新思考、修正，甚至发掘出被人们所忽视的影响路径（Alvesson 和 Karrenman，2007）。但是，这却是统计回归等实证研究方法所难以实现的，因为采用统计回归的研究往往是基于大样本的统计检验，挖掘研究对象中的共性问题，它们难以对研究的对象间的特性开展相关研究（Berg，2004；毛基业和李高勇，2014）。因此，从研究内容上看，本书也适合采用案例研究方法。

2.1.1.3 研究目标与研究方法选择

当前，知识治理尚属于一个较新的研究领域。本书最主要的研究目标，是对跨国并购中的知识治理展开研究，通过探索成功案例的知识治理过程，总结和提炼企业并购中值得借鉴的知识治理机制以及治理措施，为中国企业后续的创新资源寻求型跨国并购提供启示，以提升中国企业通过跨国并购提升技术创新能力、推动创新发展的成功率。根据知识治理理论，治理情形、治理机制和治理目标是知识治理研究的主要内容，而知识治理机制是其中的核心内容。因此，本书最终目的是将知识治理研究拓展到创新资源寻求型跨国并购这一特殊情形。换言之，本书的研究目标是对知识治理理论进行拓展。

案例研究领域具有影响力的学者 Allen Lee 和 Eisenhardt 以及国内学者毛基业和徐淑英等均认为，相较于统计检验研究方法更关注于通过严谨的数理逻辑检验理论假设是否成立，案例研究作为一种定性研究方法，所采用的是基于客观事实进行归纳和演绎的逻辑，研究过程中并不束缚于既有理论，因此在构建和发展理论方面具有独特和不可替代的重要作用（Eisenhardt，1991；徐淑英和刘忠明，2004；毛基业和李高勇，2014；李高勇和毛基业，2015）。加之，知识治理是一个相对较新的研究领域，当前已有的知识治理研究还相对薄弱，缺乏充分理论和经验研究的支持，因此从研究目标来看，案例研究方法更适合本书的研究。

2.1.2 案例研究方法的优势

作为质性研究的权威专家和推动者，Allen Lee 曾在 2013 年中国企业管理案例与质性研究论坛上提出一个引人深思的问题："全球化的学术研究中，中国工商管理研究者应采取何种研究策略?"（毛基业和李高勇，2014）。近年来，中国管理理论学者多基于大样本数据展开分析，大量研究倾向以国内定量数据检验国外既有理论（李高勇和毛基业，2015）。在中国管理研究领域，包括工商管理研究，统计检验方法"一家独大"，这一情形使学者们的选择非常有限。

一方面，Allen Lee 认为数理统计检验法虽严谨，但其局限于统计检验本身，无法保障理论或理论所做解释的严谨性（毛基业和李高勇，2014）。除此之外，统计检验要求理论须在检验前存在；同时，统计检验不关注理论本身是否正确，仅关心分析结果是否具有统计学意义。Allen Lee 还指出统计检验是假设检验，不是针对理论本身进行的检验。两者关系可由以下逻辑说明。一个命题提出如有前提条件 P（外面下雨）成立，那么结论 Q（地面湿滑）成立。那么就有如果非 Q（地面不湿滑），则非 P（外面没有下雨）；但如果 Q（地面湿滑）成立，那么 P（外面下雨）是否成立不确定。同理，如果 P 代表理论，Q 代表统计检验，如果 P 成立，则 Q 成立；但证据 Q 存在，却不能说明理论 P 成立（毛基业和李高勇，2014）。因此，统计的严谨性无法保证理论的严谨性，统计方法不能创造、发展或构建理论（李高勇和毛基业，2015）。对需通过理论构建来解释管理现象的研究者来说，统计检验方法并不能完全满足研究需要。

另一方面，毛基业和李高勇（2014）认为，对统计检验的推崇导致工商管理研究尽管具有统计严谨性但与实践脱节。当前，学者们开始逐步认识到这一问题。例如，秦宇等（2014）在研究中指出，研究者大量通过大样本数据进行理论验证，却对管理实践中深层次因果关系思考欠缺，这种情况会导致研究与实践贴合不够紧密，削弱理论研究对实践的指导意义。贾旭东和衡量（2016）进一步指出，研究只要丧失与实践的有机契合终将被抛弃，这是管理学实践的学科性质所决定的，而想要避免理论与实践的脱节，也可以采用行动研究方法，主要包括案例研究和其他质性研究方法。徐淑英和刘忠明（2004）指出，在中国管理研究初期阶段，发展概念和构建理论初期需要采用归纳法，即意味着定性研究尤其是案例研究是必要且适宜的研究工具，这是因为案例研究能够通过规范的研究、科学的方法探寻案例中的规律，引导人们通过案例研究构建、验证或批判理论，指导组织和个人的管理实践。

2.1.3 多案例研究方法的确定

随着全球化、网络化时代到来，学者们需深入剖析中国企业管理新实践，总结提炼中国特色管理论和方法论。毋庸置疑，研究目标的实现须基于科学、严谨的研究方法，当前我国学者正积极地采纳国际通行研究方法。其中，案例研究法引入我国已 30 余年，逐渐得到了学术界的认可，并从不同方面开展了案例研究（郭文臣等，2016）。在对“2014 年中国企业管理案例与质性研究论坛”总结时，李高勇和毛基业（2015）指出，社会科学的特点决定案例研究在国内外管理学界将逐渐受到重视和普遍采纳。

根据实际研究中案例数量差异，可分为单案例与多案例研究（Eisenhardt，1991；Yin，2013）。单案例分析常用于证实或证伪已有理论假设的某一方面问题，也可用作分析极端、独特罕见管理情境，但此方法不适用构建系统理论框架（Berg，2004）。相对于单案例研究，多案例分析能够更全面了解和反映案例的不同侧面，从而形成更完整的理论或令研究结论普适性更强（李飞等，2009）。而基于多案例推导结论往往更具说服力，更能经得起推敲。多案例研究能通过案例重复支持研究结论，从而提高研究效度。此方法使案例研究成为一种更严格、更科学、更具有理论验证能力的研究方法（Herriottand 和 Firestone，1983）。因此，本书采用多案例研究方法展开分析。

2.1.4 案例分析工具——扎根理论

案例资料的分析是案例研究最关键、最困难的环节（Yin，2013）。批评此类方法的学者常认为案例研究分析过程主观性较大（李高勇和毛基业，2015）。为使研究更规范，遵循案例研究方法的学者常将扎根理论的数据分析法与案例研究相结合，当前扎根理论成为众多案例研究者推崇的分析手段（吴先明和苏志文，2014；孟凡臣和赵中华，2018）。

扎根理论是20世纪70年代由哥伦比亚大学的Glaser和Strauss所提出的一种质性研究方法（Corbin和Strauss，1990），该研究方法的主要思路是在开展研究之前不做理论假设，而是基于大量的现象、数据和资料，不断进行归纳和概括，最终上升到系统理论（Glaser，1992）。这是一种从下往上建立实质理论的方法，即在系统性收集资料的基础上寻找反映事物现象本质的核心概念，然后通过这些概念之间的联系建构相关理论（李志刚和李国柱，2008）。扎根理论克服了定性研究缺乏规范方法论支持、研究过程难以追溯和检验、结论说服力不强等问题，是定性研究中科学的方法论，更被公认为社会学五大传统研究方法①中最适于进行理论建构的方法（贾旭东和衡量，2016）。在中国管理理论构建中，扎根理论扮演了一个不可或缺的角色，构建理论的一种经典范式（徐淑英和刘忠明，2004）。中国案例研究借鉴扎根理论中的理论构建原理与资料编码程序，可为案例研究中数据分析提供有效的策略和绝佳工具。

作为扎根理论最具代表性的学者，Corbin和Strauss（1990）提出的“程序化扎根理论”受到国内学者的广泛推崇，该种方法对资料处理包含三个不同过程：开放性译码、主轴译码、选择性译码。而编码是指对事件或其他资料的概念化，并通过概念间的不断比较，促成范畴与特征的形成（Glaser，1992）。

开放式译码是对原始资料分解、检视、比较、概念化和范畴化的过程，由于分析者起初并未事先设想的编码（方式或方向），完全保持开放的态度，因而称为“开放式编码”（Glaser，1992）。开放式编码遵循以下程序：①定义现象。即从原始资料分解为差异化独立事件、念头或现象，并赋予一个可代表事件或现象的名字，即“贴标签”；再将关系较紧密、逻辑较相似“标签”聚合和提炼，形成概念，即“概念化”。②发掘范畴。范畴是一组概念，是把看似与同一现象的概念聚拢成一类，并赋予其一个可代表这类概念的范畴，即“范畴化”（Corbin和Strauss，1990；吴先明和苏志文，2014）。分析者通过对原始资料“贴标签”“概念化”和“范畴化”的过程分析资料的内容、表达的问题、所属的范畴、具备的特征、实践的可行性等（Glaser，1992）。

主轴编码是为了将开放式编码中被分割的资料、范畴等，通过聚类分析在不同范畴间建立关联（陈芳和鲁萌，2013）。通过开放式编码得到的范畴来自同一个案例故事，它们应存在某种联系，只是这种联系不会自动呈现，需研究者识别（李志刚和李国柱，2008）。在建立关联时，需要寻求线索并分析各范畴间潜在脉络或因果关系。典范模型是扎根理论方法的一个重要分析工具，主轴编码可以借

① 社会学五大传统研究方法：Creswell（1998）把定性研究分为生活史、现象学、扎根理论、民族志和个案研究。

用某种典范模型将范畴予以联系，发掘它们之间的关系，形成范畴之间的逻辑轴线。本书主要选择“条件—行动/互动策略—结果”的范式模型将范畴联结在一起（Corbin 和 Strauss，1991）。

选择性译码是指选择核心范畴，把其系统地与其他范畴联系，验证其间关系，并把概念化尚未发展完备的范畴补充整齐的过程（Corbin 和 Strauss，1990；吴先明和苏志文，2014）。该过程的主要任务包括识别出能够统领其他范畴的“核心范畴”；用所有资料及由此开发出来的范畴、关系等简明扼要全部现象，即开发故事线；继续开发范畴使其具有更细微、更完备的特征（陶厚永等，2010）。选择性编码中的资料统合与主轴编码差别小，其所处理的分析层次更为抽象（李志刚和李国柱，2008）。

2.2 案例研究框架设计

本书开展多案例研究所遵循的是复制逻辑，每一个案例均应被视为一个独立的实验（Yin，2013）。复制逻辑包含两种复制方式，即逐项复制（Literal Replication）和差异复制（Theoretical Replication）（毛基业和李高勇，2014）。其中，逐项复制是根据第一个被研究的案例得到的理论框架展开相同的复制性研究，所得的是案例间的共性问题；而差异复制是根据第一个被研究的案例得到理论框架展开差异的复制性研究，所得的是案例间的差异与区别。

本书想要探索企业创新资源寻求型跨国并购中的技术创新过程、协调不同种类技术创新的模式，以及知识治理过程、机制和知识治理模式，这就意味着在关注企业共性的同时，也要寻找不同案例间的差异；而企业技术创新和知识治理的差异，也必然导致知识治理对技术创新影响路径的差异。因此，在本书研究中，既要关注案例间的共性问题，又要兼顾案例间的差异。换言之，本书既要基于逐项复制原则开展复制性研究，又要基于差异复制原则开展复制性研究，在分析案例共性和差异性的基础上得出研究结论。根据多案例研究中的复制研究程序，本书制定了多案例的研究框架，如图 2-1 所示。

本书基于多案例研究中逐项复制和差异复制法则的需要，设定了多案例研究的流程。根据所定的研究流程，首先需要选择与研究主题相同的多个案例；其次选择一个案例，开展单案例研究，用于开发复制研究的理论框架；最后再由其他五个案例进行复制研究，最终提出文章的命题。

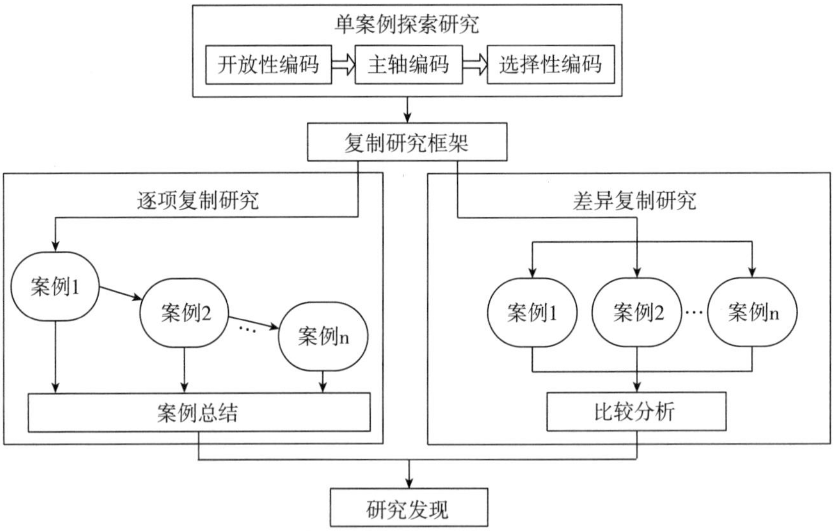

图 2-1　多案例研究框架

2.3　案例选择

2.3.1　案例选择标准

本书的案例选择主要基于以下几方面的考虑：

（1）所选案例应具有典型性。

案例的典型性是开展案例研究得出有益管理结论和管理启示的前提和基础（Yin，2013）。本书所聚焦的是创新资源寻求型跨国并购。尽管当前中国企业的技术水平已经得到长足发展，但相对于发达国家企业，在国际市场仍然难以形成足够的竞争优势。因此，许多中国企业通过跨国并购获取发达国家企业的创新资源，以提升自身的创新能力，推动创新发展，最终建立并维持竞争优势。因此，本书所选的案例应该是企业在并购中积极开展技术创新，并使并购方创新能力或创新绩效得到显著提升，以及企业通过创新能力的提升，其竞争优势得到明显提升。只有对这样的案例进行总结和提炼，所得研究结论才能更有力地指导中国企业后续的跨国并购。

（2）具有代表性。

案例的代表性是案例研究结论是否具有推广性的基础。从区域和目标方来源国看，不同地区和国家与我国有着不同的文化体系，对我国企业的国际并购、并购中的知识转移带来一定的影响。因此，考虑到文化差异，案例应尽可能地来自不同的国家。而从行业细分角度，以创新资源获取为目标的国际并购主要集中在消费电子、汽车制造和重型装备制造三个子行业中（孙华鹏等，2014）。而从大行业分类角度来看，制造业企业在中国国际并购规模中占比最大、最具代表性，且常年保持较高规模增速。2017 年在我国直接对外投资中，制造业企业国际并购规模达 301.1 亿美元，位居首位，2015～2017 年，始终是我国企业跨国并购规模最大行业①。此外，《中国化工行业的全球机遇》（2017）指出，中国目前已经成为全球最大的化工并购大国——占到了全球化工业并购交易的 24%，交易量已跃居第一。因此，着重从这两大行业选取案例。

（3）所选案例应具有时间延展性。

案例在时间上的延展性一方面会影响案例的代表性，另一方面是充分获取研究所需资料的保证。从 20 世纪 80 年代中国企业跨国并购起航至今，经历了业务规模扩增、被并购企业目标转变、全球化战略变革的多次浪潮。①吴茜茜（2011）认为，2000～2005 年，随着中国加入 WTO，中国企业与国际市场的联系越发紧密，出现了许多“强强联合”的跨国并购案例，其中的很多已成为中国企业跨国并购长河中经典的成功案例和失败教训。②贝恩咨询将 2006～2011 年的跨国并购期定义为：以输入技术和品牌为重点的交易阶段。美国次贷危机、欧债危机引发了全球金融危机，使欧美企业发展持续低迷，也给中国企业跨国并购带来了诸多机遇。加之中国经济高速发展背后对技术、品牌、市场等无形资源的渴求，迎来了跨国并购的快速增长阶段。③2012 年至今，中国企业迎来了跨国并购的另一个高峰期。投中集团披露的相关数据显示，2012 年中国企业共发生 166 起跨国并购交易，同比增长 51%；并购总额高达 306.23 亿美元，同比增长 9%。无论在交易规模还是在交易额增速方面，均达到了高速发展阶段。本书案例选取应契合我力，向“制胜国内”和“输出海外市场”的战略转变。此外，由于并购整合与并购中的知识治理与知识转移均无法一蹴而就，并购方的知识治理效果和知识转移效果需要一定的时间才能充分显现。参考王海（2007）、吴先明和苏志文（2014）等的做法，研究的案例选取同时考虑到并购行为的特点与时间效力。因此，并不特意选择在集中某几年内完成并购整合、无后续合作行为的企业。

---

① 根据《中国对外投资统计公报》数据整理得到。

以上是本书案例选取中重点考虑的三个方面，但本书筛选案例并不局限于这三个方面，案例的典型性、并购方的经营状况以及企业规模也是选择案例时的考虑因素，如规模较小的企业被排除。

2.3.2 具体案例的选择

案例选择标准（典型性、代表性与时间延展性）使本书在选择案例时有明确的判断标准。除此之外，研究还需确定案例的具体数量。一方面，在案例方法研究领域中极具影响力的两位专家 Yin（2013）和 Eisenhardt（1991）一致认为，由于案例研究需要较多的经历和时间投入，在多案例研究中，案例并非越多越好，案例数目为3~7为最佳；另一方面，确定案例数量时还会面临对众多研究者时常面临的困境——案例资料的可得性。在国内，想要充分获取企业案例一手资料，需要借助与企业人员尤其是高层管理人员的关系资源。鉴于笔者本身以及所在课题组社会关系网络的局限性，考虑到对案例可接触的深度和获取案例资料的丰富程度，研究最终选择6个国际并购事件作为案例研究对象。简要案例信息如表2-1所示。

表2-1 所选案例的简要信息

案例编号	并购双方企业	并购方行业	目标方行业	目标方来源国	并购时间
A	京东方并购 Hydis	微电子器件制造	微电子器件制造	韩国	2002年
B	三一重工并购普茨迈斯特	工程机械制造业	工程机械制造业	德国	2012年
C	联想并购 IBM	IT设备制造	个人电脑制造	美国	2004年
D	吉利并购 Volvo	汽车制造业	汽车制造业	瑞典	2010年
E	中国化工集团并购安迪苏	基础化工	动物营养添加剂	法国	2006年
F	郑煤机并购 Bosch SG	煤炭机械	汽车配件	德国	2017年

2.3.3 所选案例与选择标准的匹配

（1）所选案例的典型性判别。

所选案例应该首先具有一定的典型性，即所选的应是在跨国并购中充分开展了技术创新，且通过技术创新提升了企业竞争力的案例。具体而言，本书主要通过三个方面来判定所选案例是否具有典型性：①企业所发布的公告是否明确表明属于创新资源（技术、管理经验、知识员工、研发硬件等）寻求型跨国并购；②并购整合中双方是否积极开展协同创新；③并购后，并购方在行业中的地位是否得到提升。具体的判别证据以及判别结果如表 2－2 所示。

表 2－2 所选案例典型性的判别

案例编号	判断依据			判断结果
	表明属于创新资源（技术、经验、知识员工等）获取型跨国并购的公司公告	并购整合中的协同创新（举例）	并购后的行业地位*	
A	京东方上市公司公告（A 股代码：000725）	（1）获得 TFT－LCD 第 2 代、第 3.5 代和第 5 代生产线和相关技术 （2）取得 2400 项专利 （3）双方共同成立研发中心 （4）在北京共同组建京东方光电	（1）销售收入国内第三 （2）专利申请国内第二 （3）市场占有率国内第一	满足典型性要求
B	三一重工上市公司公告（A 股代码：600031）	（1）协同研发出三级混凝土泵 （2）协同研发 3600 吨带式起重机 （3）协同研发出世界首台全液压平地机 （4）双方在欧洲共建研发中心	（1）销售收入全球第一 （2）专利申请及授权国内第一 （3）多项产品市场占有率居龙头地位	满足典型性要求
C	联想集团上市公司公告（港股代码：00992）	（1）联想获取了笔记本生产能力，并推出多系列、多款产品 （2）联想获取了 IBM 的 4000 多项专利 （3）双方共同在日本大和、美国罗利设立了研发中心	（1）销售收入国内第一 （2）产品市场占有率全球前三	满足典型性要求
D	吉利汽车上市公司公告（港股代码：00175）	（1）吉利汽车并购后的多款车型均融合了 Volvo 的技术 （2）吉利与 VoLvo 在欧洲共建研发中心 （3）吉利获取 Volvo 的 NPDS 新产品开发体系 （4）吉利 Volvo 共同创建第三品牌领克，已有多款产品上市	（1）技术专利申请及授权国内领先 （2）市场占有率民营车企第一	满足典型性要求

续表

案例编号	判断依据			判断结果
	表明属于创新资源（技术、经验、知识员工等）获取型跨国并购的公司公告	并购整合中的协同创新（举例）	并购后的行业地位*	
E	蓝星新材上市公司公告（中国化工子公司，并购实际主体，A股代码：600229）	（1）并购后双方将蛋氨基酸生产技术引入南京和天津 （2）并购后连续推出有机硒添加剂、非淀粉多糖酶罗酶宝等全新产品 （3）共同建立创新实验室 （4）推动安迪苏与四川农业大学签署全新动物营养研发项目	（1）销售收入全球第二 （2）专利申请及授权全球第二 （3）产品市场占有率居全球领先地位	满足典型性要求
F	郑煤机上市公司公告（A股代码：601717）	（1）郑煤机帮助Bosch SG将研发团队规模扩增至600人 （2）Bosch SG在长沙设立启动机、发电机技术研发中心 （3）共同在西班牙、匈牙利等8个国家设立区域性研发中心 （4）Bosch SG在汽车节能减排方面的技术专利快速增加，增加近百项专利	（1）专利申请及授权全球领先 （2）产品国内市场占有率领先	满足典型性要求

注：*数据来自企业上市公司的年度报告。

（2）所选案例应具有一定的代表性。

本书主要从目标方所在国家、并购方所在行业以及并购方的企业性质三个方面来考虑案例的代表性。从所选案例情况来看，目标方来自韩国、美国、德国、瑞典以及法国，分属欧洲、美洲和亚洲，这三个洲的经济体量占到全球经济体量的50%以上，因此满足经济区域应具有代表性的要求；从并购方所在行业来看，所选案例分布于微电子制造、汽车行业、工程机械、基础化工、IT设备以及煤炭行业，共涉及6个细分行业和3个行业大类，因此行业覆盖也满足代表的要求；在所选案例的并购方中，郑煤机、京东方、中国化工以及联想集团均属于国有控股公司，而三一重工和吉利汽车则属于民营企业。国有控股公司和民营企业是当前中国经济中最常见、最主要的经济体，因此满足代表性要求。所选案例的代表性判断依据及判断结果如表2-3所示。

表 2-3 所选案例的代表性判别

判断依据			判断结果
目标方来源国	并购方所在行业	并购方企业性质	
来自韩国、德国、瑞典、法国、美国5个国家；分布在欧洲、美洲和亚洲	微电子制造、汽车行业、工程机械、基础化工、IT设备以及煤炭行业，共涉及6个细分行业和3个行业大类	包括国有控股和民营企业	满足代表性要求

（3）所选案例在时间上的延展性。

所选案例在时间上的延展性主要包括三个方面：一是本次所选6个案例来自我国企业跨国并购的三次浪潮。案例A（京东方并购韩国Hydis）、案例C（联想并购IBM PC部门）与案例E（中国化工集团并购安迪苏）则分别发生在跨国并购浪潮的第一次浪潮期（2000~2005年）；而案例D（吉利并购Volvo）发生在2006~2011年，跨国并购第二次浪潮期；案例B（三一重工并购普茨迈斯特）、案例F（郑煤机并购Bosch SG）均属于跨国并购发展最迅速的第三次浪潮期。二是所选的案例应分布在不同的时间段内。三是从所选的案例情况来看，所有并购均完成1年以上，且最早并购和最晚并购时间相差15年，因此满足时间延展性要求。

2.3.4 首个被研究案例的选择

根据本书所设定的多案例研究流程，首先需要在6个案例中选择一个案例作为第一个被研究的单个案例，用于提炼开展复制研究的理论框架。本书选择吉利并购Volvo的案例（案例D），主要是因为：

第一，案例D最具典型性。首先，这是一个十分成功的创新资源寻求型跨国并购案例，并购前吉利汽车在企业行业排名一般，且存在被收购的风险，并购后的五年里，吉利不但成长为中国民营车企里的第一名，在整个中国企业行业都有着重要的影响力，被评为“中国汽车工业50年发展速度最快、成长最好的企业”。在2016年、2017年中国汽车销售整体不佳的情况下，吉利汽车分别实现了同比73.69%和56%的增长率①。而Volvo员工满意度也达到历史最高。其次，并购整合中的技术创新活动最为丰富，技术创新成效十分显著。并购后，吉利与Volvo不但在欧洲投资建立研发中心，还在杭州湾投入62亿元人民币建立研发中心。融合彼此的研发力量，吉利和Volvo研发出NPDS新产品开发体系、推出全

① 来自对吉利高管的访谈资料。

新CMA（Compact Modular Architecture）平台、创建全新第三品牌领克。而吉利第一款融合了沃尔沃技术的轿车，一举夺取民营车企销售之冠。

第二，案例D最具研究价值。以CSSCI、硕博学位论文数表征某一并购案例的学术价值，当越多论文将此案例作为研究对象时，说明该案例的学术价值越高。本书对所选的6个案例被学者们研究的情况进行了梳理，如表2-4所示。案例D的相关文献总量为140篇，在所选的6个案例中占据第一名，且比第二名高出30%。

表2-4 既有文献对案例的研究情况

案例	作为研究主题的CSSCI论文数（篇）	作为研究主题的硕博论文数（篇）	整体排序
吉利并购Volvo	39	101	140
联想并购IBM PC部门	21	84	105
三一重工并购普茨迈斯特	13	41	54
京东方并购Hydis	14	36	50
中国化工并购安迪苏	12	13	25
郑煤机并购Bosch SG	2	0	2

第三，案例D的研究资料最为丰富，且多为一手资料。笔者在收集案例资料的过程中，一方面，案例D被访谈人员数量和访谈次数均最多，分别为12名和20次，访谈人员分布的部门也最广，包括国际事务部、技术部门、人力资源部、法务运作部、财务部以及IT部；另一方面，对案例D的调研时间也最长，笔者与研究团队的其他成员分别于2015年12月14~15日和2016年9月12日对吉利集团进行调研。因此，案例D一手资料的获取最为翔实。

2.4 并购案例的双方企业信息

2.4.1 京东方并购Hydis

（1）并购方企业情况。

京东方（科技）集团股份有限公司于1993年4月9日由北京市经济体制改

革办公室的京体改办批准成立，其前身为北京电子管厂（成立于1950年），是20世纪50年代初苏联援建的156项工程之一，也是当时中国最大的电子元器厂。创始人王东升出任董事长兼CEO，带领京东方开启市场化、专业化、国际化的创业征程。1994年，京东方成立平板显示TFT－LCD项目预研小组，跟踪研究TFT、PDP、FED等显示技术，在科学论证及充分研究的基础上明确“进军液晶显示领域”的战略抉择，并开展战略布局。1997年5月，京东方在香港证券交易所挂牌上市，后经中国证监会批准，于2001年1月12日在深圳证券交易所挂牌上市。2002年，京东方成立苏州京东方茶谷电子有限公司，主要生产TFT－LCD产业的重要元器件显示光源产品，布局TFT－LCD产业上游。①

（2）目标企业情况。

Hydis为韩国现代半导体株式会社HYNIX的全资子公司，于2001年7月21日承接HYNIX全部LCD业务并注册成立（其中，STN－LCD及OLED业务已被京东方联合韩国半导体工程株式会社、HYNIX整合），专业从事TFT－LCD显示器件的生产、研发、销售，拥有完整的TFT－LCD技术力量和全球性的营销网络。2001年、2002年上半年度实现主营业务收入分别为33375万美元、38819万美元，2002年上半年实现净利润4592万美元②。2001年底，Hydis拥有技术专利1702项，其中注册专利225项；在国际申请专有技术361项。

（3）并购交易情况。

2002年5月，京东方在韩国设立子公司BOE－HYDIS，拟将其作为收购主体，为收购Hydis做准备。2002年9月12日，京东方宣布与Dynix在韩国签署协议，以3.8亿美元收购Hydis100%股权。2003年2月12日，京东方召开新闻发布会，宣布成功收购Hdyis资产及业务，资产交割已完成。这次并购事件被评为2003年中国十大并购事件之一，董事长王东升成为当年十大并购人物之首③。

2.4.2 三一重工并购普茨迈斯特

（1）并购方情况。

三一重工股份有限公司由三一集团于1994年11月22日投资创建，主要从事工程机械的研发、制造、销售。自成立以来，三一重工以年均50%的增速已发展为中国最大、全球第五的工程机械、最大的混凝土机械制造商。2011年7月，三一重工入围《财富》全球500强，成为迄今唯一上榜的中国机械企业。

① 京东方官网：https：//www.boe.com/。

② 京东方上市公司公告和访谈。

③ 中国经济网：http：//www.ce.cn/ztpd/hqmt/gnmt/xcf/more/t20031215_ 250126.shtml。

2013 年，公司实现营业收入 373.28 亿元，净利润 29.04 亿元①。目前，三一混凝土机械、挖掘机、履带起重机、旋挖钻机已成为国内第一品牌，混凝土输送泵车、混凝土输送泵和全液压压路机市场占有率居国内首位，泵车产量居世界首位，公司 6S 中心已遍布全国主要大中城市，在全球拥有近 200 家销售分公司、2000 多个服务中心、近万名技术服务工程师。截至 2017 年底，三一重工员工人数超过 1.5 万。

（2）目标企业情况。

1958 年 9 月 7 日，Karl Schlecht 在德国斯图加特创建了普茨迈斯特机械有限公司，该公司主要从事开发、生产和销售各类混凝土输送泵、工业泵及其辅助设备。普茨迈斯特拥有员工 3000 人，一直创造并保持着液压柱塞泵领域的众多世界纪录。目前，普茨迈斯特参与建设的阿联酋的迪拜塔（全球最高建筑），创造了 603 米的混凝土输送世界纪录。在混凝土泵车制造领域，其全球市场占有率长期高达 40%，且 90% 以上的销售收入来自德国之外的 110 多个国家和地区。普茨迈斯特的销售服务网络有着 53 年的全球经营经验。2008 年，受金融危机影响，普茨迈斯特的营业收入持续下跌，亏损 1.4 亿欧元，贷款规模高达 2.8 亿欧元；2011 年，普茨迈斯特因现金流无法维持，最终选择出售。

（3）并购交易情况。

2011 年 12 月 20 日，普茨迈斯特向三一重工发出了竞购邀约。2012 年 1 月，三一重工董事长梁稳根向普茨迈斯特的创始人 Schlecht 致信表明其对两家公司合作的强烈愿望。2012 年 1 月 20 日，三一重工的全资子公司三一德国有限公司联合中信产业投资基金（香港）顾问有限公司，与德国普茨迈斯股东签署《转让及购买协议》，确认并购普茨迈斯特 100% 股权，其中，三一德国出资 3.24 亿欧元，占股 90%；中信产业基金出资 3600 万欧元，占股 10%；2013 年 4 月 16 日，三一重工与普茨迈斯特在德国埃尔西塔正式完成收购的所有交割手续。

2.4.3 联想并购 IBM PC 部门

（1）并购方企业情况。

1984 年 11 月 9 日，中国科学院计算技术研究所投资 20 万元，在柳传志的带领下，11 名科研人员创办了联想。1990 年，联想自主品牌微机问世。1997 年，联想电脑在中国市场占有率居首位，2000 年成为亚太（不含日本）第一；此时，联想的 IT 产品代理分销业务也占据着中国市场绝对领先的位置。② 为了促进自有

① 资料来源于上市公司年度报告。

② 资料来源于访谈资料和公司官网：http：//www.legendholdings.com.cn/。

品牌和代理分销这两大业务更加专注地发展，充分体现联想“以人为本”的核心价值观，调动和发挥领军人物的积极性和创造性，联想于2001年分拆为从事自有品牌业务的联想集团和从事代理分销与系统集成业务的神州数码。联想集团于2003年将企业标识由“Legend”切换为“Lenovo”。2004年初，联想集团进行重大战略变革——专注PC，采用“双模式”业务模式，通过对供应链、渠道、客户、产品等的重新梳理和设计最终击败国际竞争对手，为国际化奠定了坚实的基础（乔健和康友兰，2015）。

（2）目标企业情况。

IBM（International Business Machines Corporation）中文名称是国际商业机器公司，该公司于1911年6月6日由托马斯·沃森创立于美国。公司创立时的主要业务为商业打字机，之后转为文字处理机，然后到计算机和有关服务。IBM在1932年投入100万美元建设了第一个企业实验室，这个实验室在整个20世纪30年代的研发让IBM在技术产品上获得领先。1975年，IBM生产的计算机数量是世界其他所有计算机厂家生产的计算机总和的4倍，成为一个集科研、生产、销售、技术服务和教育培训为一体的联合企业。2003年，IBM营业收入达到891亿美元，全职雇员23万人。但是，从2002年开始，IBM便已经不再看好PC业务，并决定出售其旗下的PC部门。

（3）并购交易情况。

2002年12月，IBM与联想第一次接触，商谈将PC部门出售给联想的可能性。联想对自身实际情况进行认真考虑后，决定暂不收购。2004年3月，联想接受IBM再次并购邀请，决定收购IBM PC部门。2004年12月8日，联想与IBM在美国签署协议，以6.5亿美元现金和价值6亿美元的股票收购IBM PC部门100%股权。2005年5月8日，双方资产交割完成，正式进入整合期。外界普遍将这一案例描述为“蛇吞象”。通过成功并购IBM PC部门，联想不但为自身开辟了新的发展空间，也为中国企业“走出去”探索了一条道路。

2.4.4 吉利并购沃尔沃

（1）并购方企业情况。

1996年5月13日，台州民营企业家李书福注册成立了吉利科技集团有限公司。以冰箱的配件业务起家的吉利，于1997年6月进入汽车产业，成为我国第一家民营轿车企业。从1998年8月生产出第一辆汽车到2003年8月，首批吉利轿车出口海外，实现吉利轿车出口“零的突破”。吉利只用了5年时间便跻身中国企业500强，而2005年在香港成功上市，更是为其国际化发展奠定了基础。[①]凭借灵活的经营机制和持续自主创新，吉利集团被评为“中国汽车工业50年发展速度最快、成长最好”企业，跻身于国内汽车行业十强。在2017年度《财富》杂志世界500强排行榜中，吉利控股集团以314.298亿美元的营业收入位列第343位，连续6年上榜，5年强势攀升67位。目前，吉利控股集团员工近8万人，其中吉利汽车集团约5万人。

（2）目标企业情况。

1924年4月19日，沃尔沃（Volvo）创建于哥德堡，是瑞典著名的汽车品牌。Volvo汽车以优异的质量和性能在北欧享有很高声誉，特别是安全系统，Volvo更有其独到之处，Volvo被誉为世界上最安全的汽车。自1927年12月第一辆Volvo下线以来，在品牌80多年的发展过程中，始终将环保、安全、品质作为不懈追求的目标与企业核心价值理念。1999年1月28日，美国福特公司以64.5亿美元将Volvo汽车公司的全球轿车业务买下。2008年金融危机令福特无力支撑Volvo轿车的连续亏损，最终决定出售，而吉利集团购买的正是被福特出售的Volvo轿车。

（3）并购交易情况。

2008年11月，福特向吉利发出出售邀约，2009年3月12日，吉利向福特公司正式提交竞购标书。2010年3月28日，李书福在哥德堡与福特签署交易协议，吉利集团出资18亿美元成功收购Volvo轿车公司100%的股权资产。2010年8月2日，双方资产交割完成。总的来看，对于只有13年造车经验的吉利来讲，并购超过80年历史的世界品牌，是中国汽车制造商最大的一笔国际并购。

2.4.5 中国化工并购安迪苏

（1）并购方企业情况。

2005年5月9日，经国务院批准，中国蓝星（集团）总公司（以下简称蓝星公司）、中国昊华化工（集团）总公司等原化工部直属企业进行重组，合并为中国化工集团有限公司（以下简称中国化工），成为当时为数不多的新设大型中央企业。自成立以来，秉承“老化工、新材料”的发展理念，中国化工集团实现了超常规跨越式发展。2013年资产总额为2725亿元，销售收入为2440亿元。当前，中国化工已是世界500强企业，是中国最大的基础化学的制造企业。

（2）目标企业情况。

1939年9月18日，怀揣着对动物饲料的满腔热情，马塞尔·林格特（Mar-

① 资料来源于公司官网：http://www.geely.com/。

cel Lingot）在法国科芒特里创立了安迪苏，原名为 Alimentation Equilibrée。凭借出色的创新能力、严格的质量控制和不俗的业绩表现，公司于 1971 年加入当时法国最大的化工医药集团——罗纳普朗克，成为其旗下的动物营养公司。2002 年，公司从罗纳普朗克集团独立，正式采用"安迪苏"作为公司名称，在科芒特里的营养研究专业中心（CERN）集中进行动物营养研究。2004 年前后，安迪苏已成为全球第三大动物营养添加剂生产商，销售额约 5 亿欧元，主要生产蛋氨酸、维生素 A、维生素 E、生物酶等产品，专利数 755 项，其中授权专利 398 项。安迪苏当时拥有全球 29% 的蛋氨酸市场份额，比第一位的美国德固赛公司仅仅少两个百分点；另外，安迪苏还是全球第三大维生素 A 生产商和第四大生物酶生产商。

（3）并购交易情况。

早在 2003 年 7 月，为填补国内蛋氨基酸自主生产的空白，蓝星公司就尝试与安迪苏建立联系寻求合作，但遭到拒绝。2004 年爆发的全球性禽流感，使安迪苏受到了严重冲击，经营业绩急速下滑，陷入困境。此时，蓝星公司已经并入中国化工，并代表中国化工再次与安迪苏的控股方法国 Drakkar 商谈并购适宜。最终，中国化工以其子公司蓝星公司为具体的收购主体，于 2005 年 10 月 19 日签订并购协议，决定以 4 亿欧元的价格购买安迪苏 100% 股权。2006 年 1 月 24 日，双方在比利时布鲁塞尔完成资产的交割。通过并购安迪苏，中国化工获得了生产蛋氨基酸的先进技术，一举改变了国内长期没有蛋氨基酸生产技术、长期依赖进口的局面。

2.4.6 郑煤机并购 Bosch SG

（1）并购方企业情况。

郑州煤矿机械集团股份有限公司（以下简称郑煤机）的前身为郑州煤矿机械厂于 1958 年 2 月 2 日建立，是国家"一五"计划扶持的重点中部地区重工业项目。2002 年，郑煤机与中国神话签订供货合同，全面开启进口液压支架国产化历程。2003 年，郑煤机由国有工厂改组为有限责任公司。2005 年，通过劳动、人事、薪酬三项制度改革，郑煤机开始高速发展。2009 年，郑煤机的世界第一高液压支架研发成功，使郑煤机在全球市场占有一席之地。2012 年郑煤机于香港联合交易所上市，此时郑煤机的全球市场占有率已经达到 40%，总产值 102 亿元，成为世界第一的煤矿机械生产企业。受煤炭行业进入衰退期的影响，郑煤机业务量出现明显下滑。郑煤机重新审视了整个产业和企业自身，开始了艰苦的调整阶段。经过调整，郑煤机完成了企业机构整合，渡过了产业危机。为了寻求更广阔的发展，郑煤机开始进行转型升级，决心介入汽车零部件行业。

（2）目标企业情况。

目标方企业全称为 Robert Bosch Starter Motors Generators Holding GmbH（Bosch SG），成立于 2017 年 9 月，Bosch SG 及其下属子公司系为承接 Robert Bosch GmbH（德工博士公司）下属交易文件所规定的起动机和发电机业务而设立的。博世公司由罗伯特·博世于 1886 年 12 月在德国斯图加特创立，随后发展成为全球第一大汽车零部件供应商，同时也是德国最著名的企业之一。2017 年，博世公司及交易对方将起动机和发电机业务转移至 SG Holding 及其下属子公司。Bosch SG 拥有完善的全球生产、销售网络布局和先进的专利技术（900 多项），尤其是领先的启停技术和 48V 能量回收系统。Bosch SG 的生产基地覆盖了德国、墨西哥、中国、印度、巴西、西班牙、匈牙利等多个国家，销售部门也遍布德国、法国、美国、中国、日本等全球主要汽车制造区域。

（3）并购交易情况。

2016 年 10 月，郑煤机与崇德资本组成联合体，拟共同收购博世电机业务。随后在 2016 年 11 月和 2017 年 1 月的首轮与二轮竞标中，郑煤机向德国博士公司提交意向性报价。最终，2017 年 5 月 2 日郑煤机联合池州中安招商股权投资合伙企业（有限合伙）、崇德资本，与德国 Bosch 签署并购协议，决定以现金方式收购其所持有的 Bosch SG 的 100% 股权，交易作价 5.45 亿欧元。2017 年 12 月 31 日，交易双方完成了对并购资产的交割。

2.5 案例资料收集

案例研究的优势在于：可通过多种途径收集多样化数据资料，形式不限于文字或数字，多种资料来源使案例信息量丰富，可再现案例事件发生时的情形。此外，电影、照片、心理测试、民族志、生活史等数据均可作为案例数据来源（Marshall 和 Rossman，1989）。Yin（2013）在《案例研究：设计与方法》中总结出六种常见数据资料来源：文件、档案记录、访谈、直接观察、参与性观察和实物证据。若案例数资料仅通过单一形式获取，也将会出现很大缺陷。因此，本书通过三种途径收集案例资料（二手资料、人员访谈与实地调研）涵盖了除参观性观察外，其余五种数据获取形式。以下将对这三种数据收集渠道进行详细介绍。

2.5.1 人员访谈

为了获取企业并购的一手资料，本书对并购企业的人员进行了访谈。这些人员多来自中高层管理人员，以及高级技术人员，因为这类人群对并购事件的了解和把握得更为准确和详细。此外，本书还依托于所在高校平台，充分挖掘在读EMBA学员资源，对直接参与或了解并购事件的学员进行了访谈。访谈前，笔者会同课题组成员，充分准备、反复讨论，最终确定了半结构化访谈提纲；并在实际访谈前，至少提前5个工作日通过电子邮件或传真方式将访谈提纲提前发送给被访人员。在访谈中，对每个对象的访谈时间不低于3小时，并由至少3人共同执行访谈。访谈后3人各自整理访谈，然后对比、寻找不一致之处及其产生原因。若3人均不一致，则会进行补充访谈。访谈提纲见附录。具体访谈情况如表2-5所示。访谈结束后，课题组在一周内整理访谈资料，并结合二手资料对并购案例做较详细分析形成报告，并将该报告发送被访谈人员，请其审核并帮助复查。

表2-5 访谈对象明细

案例	访谈人数	访谈次数	访谈对象明细
京东方并购Hydis	9	15	董秘1次，市场开发部主管1次，人力资源副主管2次，Hydis方中高级技术人员若干名。与公司在校攻读EMBA课程的中高级管理人员进行多次深入交流
三一重工并购普茨迈斯特	10	17	三一重工集团董事长办公室副主任1次，总裁办公室主任1次，市场研究部副主任1次，科研管理部负责人1次，人力资源总监1次，国际业务部主要成员2人
吉利并购Volvo	12	20	吉利副总裁1次，首席信息主管（CIO）1次，人力资源部经理1次，财务部经理1次，法务运作部经理1次，人力资源总监1次，技术骨干数名
联想并购IBM	8	12	联想集团国际部主管1次，技术部主管1次，与联想集团曾参与并购员工就联想并购IBM的案例进行了多次深入的交流
中国化工并购安迪苏	9	13	集团财务总监1次，国际部主管2次；并购事务部负责人1次，安迪苏方高层管理人员4名，该集团攻读EMBA课程学员就并购事宜多次深入交流
郑煤机并购Bosch SG	11	18	郑煤机董事长、总经理各1次，访谈郑煤机国际部主任若干次，访谈郑煤机财务总监1次，访谈郑煤机国际部办公室人员2名，访谈技术员工若干名

2.5.2 实地调研

为保证数据资料的可靠性，本书还采用实地调研方式收集数据资料。实地调查研究主要包括观察法、实验法和访谈法。本书主要通过观察法以及与企业管理人员互动交流来获取数据资料。

（1）现场观察法实地调研。为保证研究对企业并购整合中知识治理过程和技术创新成果的详细了解，笔者与课题组成员共赴企业展开实地调研。其中，赴北京市经济技术开发区亦庄京东方光电工厂实地调研 2 天；赴湖南长沙三一重工总部及工厂调研 2 天；赴吉利集团在杭州的总部及工厂调研两次，共 3 天；赴联想集团北京总部调研 1 天；赴中国化工北京总部调研 1 天，赴南京蓝星安迪苏生产基地调研 1 天；赴河南郑州郑煤机总部调研 2 天。

（2）与企业员工互动。调研团队在参观过程中不断与引导人员进行沟通，了解企业的发展历程以及社会责任情况、市场发展现状。与企业战略、人力、市场部门的负责人展开深入交谈，尽可能了解企业战略目标、发展愿景与人员匹配情况，通过与公司高层管理人员的互动式采访，调研团队了解了企业并购过程中出现的问题、双方交流融合过程中的困难之处，已经并购后企业的发展方向。通过与企业多层级人员的深入访谈，来消除可能的信息偏差。其中，重点对并购双方员工交流、学习的场所，企业并购后的改变方面进行了重点的交流，以获取被时间湮没的信息。

2.5.3 二手资料

二手资料的获取过程分为两步：①通过查阅与案例有关的大量公开资料、媒体报道、并购所涉公司官网信息、宣传材料、学术论文、书籍专著、研究报告等，初步获取并购双方企业、并购事件、并购整合过程与并购效果资料，并对并购交易动因等形成初步判断；②结合访谈调研，以及研究需要，再次梳理二手资料查漏补缺，为撰写案例报告做准备。二手资料有如下特征：①覆盖面广。由于信息报道、研究视角记录的不一致，使二手资料的时间跨度长、事件覆盖面广、场景复原丰富。②稳定性佳。由于二手资料依附于一种客观载体存在，在反复查阅过程少有出现不一致的情况。③客观真实。二手资料因其丰富的来源，彼此间可相互印证，确保所提取数据资料的客观、真实性。

2.6 研究质量控制

从方法论视角出发，在对实证性社会研究的质量评定时，通常会有四种检验方式，即构念效度、内部效度、外部效度和信度。由于案例研究也属实证研究方法的一种，因此，这四种检验也同样适用于案例研究（Yin，2013；苏敬勤和李召敏，2011）。

2.6.1 构念效度

构念效度也称构建效度（Construct Validity），是针对所要探讨的概念进行准确的操作性测量（Yin，2013）。案例研究中的构念效度检验是被学者们广泛关注的重要检验步骤（黄江明等，2011）。对案例研究持批判态度的学者认为，案例数据收集过程中常出现个人主观判断，而使研究不具有效性（Yin，2013）。而为加强研究的构念效度学者通常采取以下三种应对措施：①采用多种资料、数据来源，并对各种资料证据进行相互交叉印证；②通过资料、数据的充分收集，形成证据链；③让主要资料、数据提供者对案例研究报告初稿进行检查，核对研究者所收集的资料的准确性与理解的客观性。本书中，笔者采用这三种应对策略，即通过二手资料、访谈和实地调研等不同的方式获取案例数据资料；对资料进行梳理，建立逻辑链，针对缺失的环节进行补充资料获取；在访谈并形成案例的初步报告后，发送给被访谈对象，请其协助核查报告中数据的准确性。

2.6.2 内部效度

内部效度也称内在效度（Internal Validity）是指建立因果关系，说明某些条件或因素会引发其他条件或因素的发生，且不会受到其他无关因素的干扰（Yin，2013）。内在效度仅在因果性（解释性）上与案例研究有关，这种检验在描述性与探索性研究（无论采用案例研究法，还是统计调查法或实验法）中并无要求，因为这两类研究并不要求解释事件间的因果关系（郭文臣等，2016）。本书主要通过案例研究对知识寻求型国际并购中，并购方知识治理过程、机制，知识治理如何激励目标方知识员工，知识治理如何影响并购双方员工间社会资本的形成，从而影响知识转移的，知识治理激励目标方员工方面以及知识治理对并购方双方知识员工间社会资本影响方面存在因果关系的建立。因此，本书需进行内在效度的检验。根据 Yin（2013）的建议，内部效度可通过逻辑模型、建立竞争性解释来提升案例研究的内在效度，参照吴先明和苏志文（2014）的做法，本书通过在编码时采用“条件—行动/互动策略—结果”经典逻辑范式模型。

2.6.3 外部效度

外部效度（External Validity）是指明研究结果可类推的范围。该检验的目的在于：搞清楚案例研究的成果是否具备可归纳性，即是否可归纳成为理论，并推广到其他案例研究中（陈晓萍等，2008）。批评者常称一些案例研究，尤其是单案例研究论据不充分，不足以进行科学归纳。但这些批评者多以统计调查的标准看待案例研究。统计调查依据“统计性归纳”，是用样本特征来估计总体特征，而案例研究（以及实验）依据的是“分析性归纳”，这种归纳不像统计性归纳用以类推总体特征，而是从一系列研究结果中总结出抽象、具有概括性结论，从而推广到其他案例中（Yin，2010）。为使研究抽象性和概括性更强，提升研究的外部效度，学者们通常采用复制法则，即以将研究在不同的案例中进行复制性实验的方式展开具体研究。本书通过先后进行逐项复制和差异复制提升研究的外部效度。

2.6.4 案例信度

信度（Reliability）表明案例研究过程的每个步骤都具有可重复性，且重复同样研究就可得出相同的结果（Yin，2010）。信度检验的目的在于：确保后续研究者再进行相同的案例研究，仍可得出同样结果与结论（毛基业和李高勇，2014）。而这种可复制的前提是详细记录先前研究的每一步骤、程序。提高信度的一般方法，是尽可能详细记录研究的每一步骤与过程，令任何数据都要能经得起审核（Eisenhardt，1991）。使用案例研究草案和建立案例研究数据库也能很好地提升案例研究的信度。

此外，根据 Glaser（1992）观点，资料分析者可通过不断比较加强分析过程的信度。该过程可分为四步：事件与事件、概念与更多事件、概念与概念和外部比较（如文献或报道）。事件间的比较可在对原始资料编码时进行；当一个概念已经形成，它会与更多的时间比较，以便让这个正在形成的概念饱和；概念与概念间相互比较，以形成更加抽象的概念—范畴；当一个概念或范畴达到了理论完整性，就可与文献或者个人经验进行比较。本书通过建立案例的数据资料库、通过 Nvivo 这款专业的质性资料管理软件进行数据整理和编码，并通过课题组其他两位成员独立重复进行编码来保证编码的信度。

本书将从以下四个方面对研究的质量进行控制，具体措施如表 2－6 所示。

表 2 –6 案例研究质量控制策略

检验	研究应对策略	策略所使用的阶段
构念效度	多源资料、数据来源，形成“证据三角形”	资料收集
	对资料进行充分挖掘，形成证据链	资料收集、数据分析
内部效度	通过经典的逻辑范式模型进行编码	数据分析、总结研究发现
	建立竞争性解释	数据分析、总结研究发现
外部效度	通过逐项复制进行多案例研究	研究设计、数据分析
	通过差别复制进行多案例研究	研究设计、研究设计
信度	建立案例资料数据库	资料收集
	通过专业软件整理、编辑资料和数据	资料分析、总结发现
	通过不同人员进行重复编码	资料分析、总结发现

3 跨国并购中技术创新类型、过程和组合模式研究

在对发达国家企业的创新资源寻求型跨国并购中，中国企业开展了哪些创新？是如何开展这些技术创新的？不同的技术创新，其过程如何？目前还鲜有文献对这些问题展开研究。为回答上述问题，本章实施了探索性案例研究，首先基于广为学者熟知的单案例进行探索性分析，提炼企业并购中技术创新类型；其次，在多案例研究的逐项复制法则下，基于单案例研究发现，在其余多案例中展开重复性验证；再次，根据所有案例研究成果，对不同类型创新的具体过程展开深入分析；最后，基于多案例研究的差异复制原则，展开跨案例比较研究，寻找企业技术创新过程中的差异，提炼企业跨国并购中的技术创新模式。

3.1 对技术创新类型与过程的识别

研究根据 Strauss 和 Corbin 的“程序化的扎根理论”方法，首先对吉利并购 Volvo 案例，依次通过开放性译码、主轴译码、选择性译码来开展单案例探索性研究（Corbin 和 Strauss，1990）。

3.1.1 开放式编码

本部分的开放式编码遵循以下程序：

（1）定义现象。即从原始资料分解为差异化、独立事件、念头或现象，并赋予其一个“标签”；随后将关系紧密或具有相同逻辑的“标签”聚合和提炼，形成一定概念，即“概念化”。

（2）发掘范畴。把看似与同一现象有关的概念聚拢成一类，并赋予其一个可代表这一类概念的范畴，称为“范畴化”。编码过程中，D_c^i 为案例资料编码结

果的代码，其中，D 为案例的编号，c = Ⅰ、Ⅱ、Ⅲ，分别表示贴标签、概念化和范畴化过程，i = 1，2，3，…，n，表示第 i 条编码结果。例如，D^1_I 表示案例资料贴标签过程中的第 1 条编码结果。

经过对案例 D 的开放式编码，研究最终得到有关企业跨国并购中创新类型的 29 个标签、26 个概念和 21 个范畴，如表 3 – 1 所示。据此分析可聚焦案例资料的收集范围，确定资料重点，以便对后续案例展开重复性编码。

3.1.2 主轴编码

主轴编码可以借用某种典范模型发掘范畴之间的关系，形成逻辑轴线。参考已有研究，本书选择“条件—行动/互动策略—结果”的范式模型（Corbin 和 Strauss，1990；吴先明和苏志文，2014）。例如，既有产品市场竞争激烈、行业竞争优势不显著，双方技术互补性高，知识共享、融合、创造，既有产品升级，产品系列得以扩展等范畴中，蕴含这样一条逻辑轴线：并购企业所在行业市场竞争激烈，双方竞争优势均不显著，但两者技术互补性高；此时，并购双方开展知识共享、知识融合与知识再创造等活动，最终使并购后企业既有产品得到升级，产品系列得到拓展。结合 Benner 和 Tushman（2003）、李剑力（2009）等对开发性创新的定义不难发现：这条轴线所描述的正是企业在跨国并购中进行开发性创新的现象。因此，本书将这条轴线的相关范畴纳入“开发性技术创新”主范畴之中，而原有范畴成为解释主范畴的副范畴。通过归纳，将 21 个副范畴归纳为 7 个主范畴，如表 3 – 2 所示。

3.1.3 选择性编码

主轴编码虽能在副范畴间建立联系、形成主范畴，使案例资料更聚焦，但仍需做进一步提炼。选择性编码正是将概念化、尚未完备的范畴补齐的过程（吴先明和苏志文，2014）。该过程主要任务是识别出“核心范畴”，即用所有资料、开发出的范畴、关系，简明扼要说明全部现象（开发故事线），继续开发范畴使其具有更细微、更完备的特征（陶厚永等，2010）。例如，“开发性与探索性技术创新”均是企业跨国并购中实施的技术创新，因此可将其归纳到“技术创新”这一核心范畴；而“企业在既有行业的竞争优势得以加强”和“企业在新领域取得竞争优势”均说明企业竞争优势提升，也可将其归纳为“企业竞争优势得到加强”这一核心范畴中；此外，其他主范畴则可以直接构成一个核心范畴。

由此，得到五个核心范畴，技术转移难以真正提升竞争优势、技术创新、并购双方企业的技术相关性、并购双方企业所在行业生命周期阶段、企业竞争优势得到加强。根据“条件—行动/互动策略—结果”的范式模型，五个核心范畴可

表 3－1　案例 D 有关技术创新类型的开放式编码

案例材料	贴标签	概念化	范畴化
传统燃油汽车行业已经历的较长的发展阶段，加之近些年的发展中国家汽车行业的快速发展，整个汽车行业进入成熟期①②	D_{I}^{1} 燃油汽车行业发展较早，已经进入成熟期	D_{II}^{1} 燃油汽车目前已经进入成熟期	D_{III}^{1} 所在行业处于成熟期
在被福特收购的十年里，沃尔沃几乎“停滞不前”，而吉利也面临产品系列十分有限的窘境①②	D_{I}^{2} 并购双方当前的竞争实力均不强	D_{II}^{2} 企业在既有行业里的竞争优势不明显	D_{III}^{2} 既有行业里的竞争优势不显著
吉利认识到沃尔沃生产世界上最安全的汽车，拥有很多有影响力的安全技术，这与吉利“造最安全、最环保、最节能的好车，让吉利汽车走遍全世界”的企业战略十分匹配①②③	D_{I}^{3} 沃尔沃的安全性特征与吉利额需求十分匹配	D_{II}^{3} 沃尔沃的特点与吉利的需求十分匹配	D_{III}^{3} 双方技术互补性高
过去一段时间，企业行业里的所有的跨国公司和各个国家的自主品牌都在扩大产量①②	D_{I}^{4} 企业行业竞争进入白炽化阶段	D_{II}^{4} 既有产品市场竞争激烈	D_{III}^{4} 既有产品市场竞争激烈
全球汽车行业几次兼并浪潮，低于 200 万辆规模的汽车品牌都被别人兼并，连沃尔沃这么好的品牌也被福特兼并①	D_{I}^{5} 小型车企往往会被并购		
沃尔沃有 84 年历史，生产最安全的汽车，拥有很多有影响力的安全技术①②③	D_{I}^{6} 沃尔沃是世界级著名品牌	D_{II}^{5} 国际著名品牌	D_{III}^{5} 双方存在技术差异
吉利董事长李书福表示，沃尔沃是家大公司，吉利是家小公司，吉利只有向沃尔沃学习的可能①②	D_{I}^{7} 吉利是一家年轻的中国企业	D_{II}^{6} 中国的年轻企业	
2017 年中国汽车行业发展趋缓，吉利却逆势上扬，产销首次突破 100 万辆，达到了 124.7 万辆，同比增长了 62.8%，增幅高于行业 61.4 个百分点①②	D_{I}^{8} 并购后，吉利的生产能力得到提升	D_{II}^{7} 企业生产能力得到提升	D_{III}^{6} 企业市场占有率提升
2017 年吉利汽车销量排名跃居行业第五位，成为进入中国乘用车销量第一阵营的唯一一家中国自主品牌。②③	D_{I}^{9} 并购后，吉利的市场销量得到明显改善	D_{II}^{8} 企业销售情况得到改善	
并购完成后，吉利汽车实现连续 5 年净利润每年两位数的增长率①②	D_{I}^{10} 并购后，吉利的盈利能力得到提升	D_{II}^{9} 企业盈利能力得到提升	D_{III}^{7} 企业盈利能力得到提升

续表

案例材料	贴标签	概念化	范畴化
并购以后，吉利汽车全部达到 C－NCAP 五星，吉利汽车成为中国最安全的汽车，是中国的沃尔沃汽车①	D_{I}^{11} 吉利汽车质量提升，与沃尔沃的差距缩小	D_{II}^{10} 吉利汽车质量可与沃尔沃媲美	D_{III}^{8} 双方间技术差距和差异缩小
如今的吉利与 10 年前产品相比天差地别，产品的改进以及提升是对整个企业研发生产制造功底的考核，需要知道的是吉利收购沃尔沃之后，成功地吸收了沃尔沃的管理技术①②③	D_{I}^{12} 并购后沃尔沃向吉利输出技术	D_{II}^{11} 沃尔沃向吉利转移知识	D_{III}^{9} 双方进行知识转移
并购后，吉利积极向沃尔沃共享质优价廉的供应商，使沃尔沃明白价格低也能找到优秀的供应商①	D_{I}^{13} 并购后吉利向沃尔沃提供优质供应商	D_{II}^{12} 吉利向沃尔沃转移知识	
沃尔沃高层表示，并购后整合是一个新的开始，但是并购整合本身并不能立即产生技术突破，关键是未来双方的融合，共创未来①③	D_{I}^{14} 并购并不能实现技术突破，还需要共创未来	D_{II}^{13} 整合本身并不意味着技术的立即突破	D_{III}^{10} 未获得技术突破
沃尔沃对吉利原有车型进行安全再优化，要达到沃尔沃的安全标准①③	D_{I}^{15} 沃尔沃带领吉利进行既有产品的升级	D_{II}^{14} 既有产品升级	D_{III}^{11} 既有产品升级
途锐是收购沃尔沃之后的融合了沃尔沃技术的第一款车①③	D_{I}^{16} 融合双方技术，开发新车型	D_{II}^{15} 既有产品系列得以扩展	D_{III}^{12} 既有产品系列得以扩展
并购后，吉利集团在产品布局上，拥有了 A 级、B 级、C 级车；同时，还拥有了生产 SUV、MPV 系列车型的能力①②③	D_{I}^{17} 车型系列得到极大补充	D_{II}^{15} 既有产品系列得以扩展	D_{III}^{12} 既有产品系列得以扩展
吉利汽车在浙江宁波的杭州湾的研究院总部和研发大本营，融合了吉利和沃尔沃双方的研发力量，是国内一流、世界领先的汽车研发中心②③	D_{I}^{18} 在中国融合双方研发力量	D_{II}^{16} 将双方的研发力量进行融合	D_{III}^{13} 知识融合
2013 年 2 月 20 日，中国吉利控股集团宣布，将在沃尔沃轿车总部瑞典哥德堡设立欧洲研发中心①②	D_{I}^{19} 在欧洲设立研发中心融合双方力量		
并购后，沃尔沃及时向吉利共享了研发中心的所有数据，双方还完全彼此共享销售网络①②③	D_{I}^{20} 双方进行知识共享	D_{II}^{17} 知识共享	D_{III}^{14} 知识共享

续表

案例材料	贴标签	概念化	范畴化
吉利宣布与沃尔沃签订备忘录，双方将成立合资公司，各占50%股份，通过创建第三品牌领克来实现整车架构技术、高效清洁动力总成等领域的前沿技术共享与零部件联合采购①③	D_{I}^{21}融合双方前沿技术，创建第3品牌领克	D_{II}^{18}基于既有知识的知识再创造	D_{III}^{15}知识再创造
由于全球节能减排的压力，吉利和沃尔沃均意识到未来传统燃油车的“瓶颈”以及新能源汽车巨大的市场，沃尔沃已宣布将在2019年全面停售纯燃油车型①②	D_{I}^{22}识别出新能源车型未来的机会巨大	D_{II}^{19}机会识别	D_{III}^{16}机会判别
吉利和沃尔沃通过外部吸收汽车电机技术与汽车电池供应商建立稳定的合作关系，开始进入新能源汽车领域①②③	D_{I}^{23}通过外部知识学习进入新能源汽车领域	D_{II}^{20}通过外部知识学习进入新能源汽车领域	D_{III}^{17}知识获取
吉利汽车携手沃尔沃汽车，开发出XC60以及博瑞GE等多个混合动力车型，拥有全部的自主知识产权①②③	D_{I}^{24}成功开发出多款混合动力的新能源汽车	D_{II}^{21}开发出新能源汽车	D_{III}^{18}新领域进入
智能互联GKUI生态系统和智能驾驶技术。未来十年，智能化是吉利的核心战略①②	D_{I}^{25}智能驾驶的技术	D_{II}^{22}全新的技术	D_{III}^{19}全新的技术与工艺
2015年，吉利发布“蓝色吉利行动”新能源战略，通过纯电、混动、甲醇等替代燃料以及氢燃料四大技术路线实施新能源战略①②③	D_{I}^{26}新能源汽车生产工艺	D_{II}^{23}全新的生产工艺	
2017年5月28日推出首款B级新能源汽车博瑞GE，搭载48V－BSG系统，节油率达到15%，节能技术领先①②③	D_{I}^{27}突破传统燃油汽车，开发出新能源产品	D_{II}^{24}全新的产品	D_{III}^{20}全新的产品
吉利和沃尔沃的新能源汽车销售呈现快速增长，月销售量突破8000辆，位居国内第四名①②	D_{I}^{28}新能源汽车销售情况较为乐观	D_{II}^{25}新能源汽车销售情况较为乐观	D_{III}^{21}新产品得到市场认可
吉利甲醇汽车方面也走在了全国和全球的前列，现在几个城市试点运营的甲醇汽车得到了比较好的市场反馈①	D_{I}^{29}新能源汽车市场反馈较好	D_{II}^{26}新能源汽车市场反馈较好	

注：表中①表示资料来源于访谈，②表示来源于二手资料，③表示来源于企业调研中的观察。

表 3 -2 对案例 D（吉利并购 Volvo）的主轴编码

轴线编号	副范畴			主范畴
	条件	行动/策略	结果	
1	双方技术存在差距；双方技术存在差异	双方进行知识转移	双方技术差距和差异缩小；技术较高一方并未获得技术突破	技术转移难以真正提升企业竞争优势
2	所在行业处于成熟期；技术互补性高	知识共享；知识融合；知识再创造	既有产品升级；既有产品系列得以拓展	开发性技术创新
3	目标方行业处于成熟期；并购行业处于成熟期	机会判别；知识获取；新领域进入	全新工艺；全新产品	探索性技术创新
4	既有行业竞争优势不明显；既有行业竞争激烈	既有产品升级；既有产品系列拓展	市场占有率提升；企业盈利能力增强	企业在既有行业的竞争优势得以加强
5	既有行业竞争激烈	全新工艺；全新产品	新产品得到市场认可	在新领域取得竞争优势
6	—	—	双方存在技术差异；双方技术互补性高	并购双方技术相关性
7	—	—	并购双方企业所在行业生命周期阶段	并购双方企业所在行业生命周期阶段

形成一个故事线：在创新资源寻求型跨国并购中，企业仅进行知识转移难以真正提升并购后企业的竞争优势，加之所在行业生命周期阶段以及并购双方技术相关性的影响；是使企业在跨国并购中选择整合双方创新资源，积极开展探索性和开发性两种技术创新；最终实现增强竞争优势的目标。这一故事线完整描述了企业在跨国并购中进行技术创新的原因、过程和结果，范式模型如图 3 -1 所示。

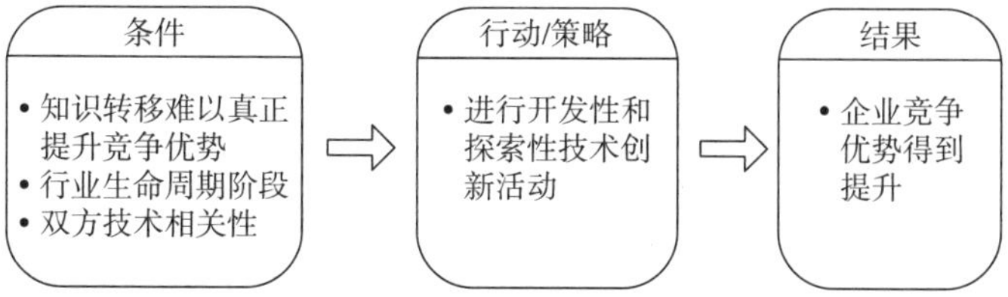

图 3 -1 核心范畴的范式模型

经过开放式、主轴与选择性编码，本书完成了对案例 D 中企业技术创新类型的识别。即企业主要进行两种类型的技术创新，即探索性技术创新与开发性技术创新。开发性技术创新包含知识共享、知识融合以及新知识创造三个过程；而探索性技术创新则包含机会识别、知识学习以及新知识创造三个过程。

3.2 跨国并购中的开发性技术创新过程

根据案例编码分析发现，在对发达国家企业的创新资源寻求型跨国并购中存在几个具有逻辑关系的范畴：（并购方）所在产业处于成熟期、双方技术互补性高、知识共享、知识融合、知识再创造、既有产品升级、既有产品系列得以拓展。根据“条件—行动/策略—结果”的逻辑范式模型，这些范畴可以形成这样一条轴线：在并购方所在产业处于成熟期以及并购双方技术互补性较高的条件下，并购双方积极开展知识共享，推进知识融合，进行知识再创造，从而使并购方既有产品得以升级，产品系列得以拓展。这一轴线体现着并购双方基于并购方既有知识基础，对现有技术、产品及运营调整、提升和拓展的过程，它十分符合学者们和本书对开发性技术创新的界定。由此，本书将这一轴线总结为创新资源寻求型跨国中的“开发性技术创新过程”。由此得出，开发性技术创新是中国企业对发达国家企业的创新资源寻求型跨国并购中所实施的一种技术创新类型，且技术创新过程包含知识共享、知识融合与知识再创造三个不同过程。

以上研究发现仅来源于单案例。根据案例研究规则，结论需要在多个案例中得到验证，才可证明其普遍适用性（Eisenhardt，1991；Yin，2013）。因此，遵循多案例研究的逐项复制法则（毛基业和李高勇，2014），需要将知识共享、知识融合、知识再创造三个过程在所选其他五个案例中一一进行复制，以检验被选案例中企业是否均进行了三个知识过程的开发性技术创新。通过逐项复制过程，研究还同时寻找三个知识过程间的关系，建立跨国并购中开发性技术创新的过程模型。

3.2.1 开发性技术创新中的知识共享

根据案例编码分析发现，在创新资源寻求型跨国并购中，知识共享是开发性技术创新中的一个重要环节。并购双方企业只有进行充分的知识共享才能发挥协同效应，实现开发性技术创新。本部分将对其余五个案例的知识共享展开多案例研究，从知识共享的内容、方式进行案例描述，并在此基础上总结、提炼命题。

3.2.1.1 多案例复制研究

（1）案例 A：京东方并购 Hydis。

从 1998 年起，京东方开始将资源集中于 TFT 显示技术。2002 年成立的“京东方茶谷”主要生产 TFT - LCD 产业的重要元器件——显示光源产品，布局 TFT - LCD 产业上游。随着国内市场对 TFT - LCD 液晶显示板需求的爆发式增长，京东方决心在这一领域深耕，并于 2003 年 2 月以 3.8 亿美元收购了拥有 TFT - LCD 核心技术的 Hydis（韩国现代显示技术株式会社）。通过收购京东方获得三条TFT - LCD 生产线（第 2 代、第 3 代、第 3.5 代）、构筑物、厂房等固定资产，Hydis 技术、专利、工艺、全球营销网络等无形资产。并购后双方积极开展知识共享，由于 Hydis 在 TFT - LCD 液晶显示板领域具有明显优势，因此表现为 Hydis 向京东方共享知识。首先，Hydis 向京东方进行既有技术共享。主要包括 Hydis 向京东方输出其 2400 项专利中的大部分；Hydis 帮助京东方培养大批技术工人，京东方每年派出数百名员工去 Hydis 进行生产线观摩、技术管理流程的学习。其次，Hydis 还与京东方进行人力资源共享。Hydis 大批核心技术员工被派遣到京东方北京亦庄生产基地，向中国工人传授他们的技术。原 Hydis 社长崔炳斗更是被直接任命为京东方 TFT - LCD 事业的执行副总裁。最后，Hydis 还积极向京东方共享其已经建立的全球性销售网络，使京东方产品可借 Hydis 网络迅速走向国际。

（2）案例 B：三一重工并购普茨迈斯特。

三一重工股份有限公司（以下简称三一重工）作为中国最大、全球第六的工程机械制造商，尽管已在中国取得巨大成功，但相对于工程机械巨头、全球混凝土输送机械设备的领导者——普茨迈斯特而言，其产品质量和技术水平仍有差距。2012 年 1 月 20 日，三一重工联合投资基金与普茨迈斯特签订并购协议，收购普茨迈斯特 100% 的股权，意图打造“全球混凝土泵设备行业的领导者”。并购后双方展开多方面知识共享。首先，双方进行既有技术共享。普茨迈斯特将一定数量技术专利转让；另外，普茨迈斯特还帮助三一重工提升员工技能，为三一重工员工来普茨迈斯特观摩学习提供支持。其次，普茨迈斯特向三一重工进行人力资源共享。普茨迈斯特总裁 Norbert Scheucht 进入三一重工管理层，成为三一重工执行董事，其核心团队还多次飞抵长沙对三一重工进行技术指导。除此之外，双方经常互派核心员工到厂举办不定期技术讲座、沙龙。再次，双方还积极进行销售网络共享。其中，三一重工借助普茨迈斯特建立的全球性销售、服务网络将自身产品迅速推向全球，而普茨迈斯特则借助三一重工在中国的销售网络实现产品在中国市场全面推广。最后，普茨迈斯特还向三一重工开放自身产品技术标准体系。

（3）案例 C：联想并购 IBM 的 PC 部门。

凭借领先的个人电脑产技术，联想自 1997 年起连续八年位列中国市场份额第一名，占中国个人电脑市场超过三成份额。但联想的优势在于台式机产品，对快速发展的笔记本消费市场，联想急需该方面的技能与产品。IBM 作为全球信息技术领域标志性企业，IBM 笔记本更是世界著名品牌，其 PC 业务一度占据美国 PC 市场半壁江山。2002 年，IBM 出售旗下 PC 部门。2004 年 12 月，联想对 IBM PC 部门进行并购。并购后，双方主要从既有技术、人力资源、供应商体系和销售网络四个方面进行知识共享。既有技术方面，IBM PC 事业部将自身拥有的、在 PC 领域的 4000 多项专利全部共享给联想，同时，PC 事业部的 Think 品牌也向联想进行共享，而联想则向 IBM 共享自身的 Lenovo 品牌，双方共同经营两大品牌。人力资源共享方面，整合过程中双方组建新联想，双方各派 90 名管理人员进入新公司高层，且在一年之内保持稳定，而技术人员更是全部进行了共享。供应商体系共享方面，由于并购前联想并非一家国际性公司，其供应商体系主要源于国内，相比之下，IBM 作为国际知名企业拥有全球性的供应商体系，在并购整合过程中，IBM PC 事业部将该体系向联想共享。销售网络共享方面，联想借助 IBM PC 事业部已有的全球性销售网络体系开展 Lenovo 品牌产品销售，同时，IBM 借助联想在中国的销售网络，全面推广 Think 品牌旗下产品。

（4）案例 E：中国化工集团并购安迪苏。

自 2004 年成立以来，中国化工集团（以下简称中国化工）秉承“老化工、新材料”的理念，实现了跨越式的发展，逐步成长为世界 500 强、中国最大的基础化学制造商。并购前，中国化工已在材料科学、基础化工与工业服务三大领域构建起较强竞争力。而作为全球唯一能够同时生产固态和液态两种蛋氨基酸产品的企业，法国安迪苏是蛋氨基酸领域第二大生产商，被誉为“动物营养添加剂专家”。2006 年 1 月 17 日，中国化工在比利时布鲁塞尔完成对安迪苏的交割，以 4 亿欧元收购其 100% 股权。由于中国化工和安迪苏属于不同行业，两者技术相关性较小。并购整合中双方知识共享主要表现为人力资源共享，包括核心员工共享与技术顾问组建。此类共享成果体现为：并购后的第三年，中国化工与安迪苏共同组建中国化工安迪苏南京有限公司，在年产 18 万吨 AT88（液体蛋氨酸）生产基地的建设过程中，主要建设者均来自安迪苏，中国化工员工作为学员为安迪苏员工充作副手，后者负责对其培训。这意味着安迪苏员工将蛋氨基酸的生产技术共享给中国化工。此外，安迪苏在企业管理、国际化经营方面有丰富的经验，在中国化工优化内部管理过程中，安迪苏高层给予了许多建设性意见。

（5）案例 F：郑煤机并购 Bosch SG。

作为一家始建于 1958 年，发展半世纪的国企，郑煤机于 2007 年确立了其在全球煤机行业中的领先地位。2000～2012年郑煤机迎来了高速增长期，营业收入由1.2亿元增至102亿元，年均增幅近50%。博世公司（Bosch）由罗伯特·博世于1886年创立，是目前世界领先的技术及服务供应商。前几年，博世公司（Bosch）将旗下汽车起动机、发电机、48V BRM能量回收系统等开发、制造、销售业务剥离出来成立了SG Holding公司（Bosch SG）。2017年5月3日，郑煤机与崇德投资拟以5.45亿欧元收购Bosch SG100%股权。虽然，郑煤机与安迪苏分属于不同行业，且差异性较大，继而决定了两者专业技术间不存在较大相关性。因此，基于并购整合层面，两者的知识共享主要表现为人力资源共享。具体体现在并购后，新Bosch SG中国总部新工厂在中国长沙设立。其中技术人员主要来自Bosch SG，作为并购方或者后发企业，郑煤机派出的进驻人员主要作为副手，承担一些辅助性的建设工作，其主要任务是向Bosch SG学习技术及经营。此外，由于Bosch SG在博世旗下时属于一家国际化经营的公司，因此在企业管理以及国际化经营上也有较丰富的经验，在郑煤机优化内部管理的过程中，从Bosch SG那里学到了很多宝贵经验。

3.2.1.2 案例总结

根据对单案例的编码分析得到，在中国企业对发达国家企业的创新资源寻求型跨国并购中，开发性技术创新是企业并购整合中所实施的一种技术创新，且这种技术创新的开展是建立在并购双方进行知识贡献基础之上的。随后基于多案例研究的逐项复制法则，本书对单案例的研究发现在其余五个案例中开展了逐项复制研究。研究发现在所选的六个案例中，并购双方均进行了知识共享。其内容主要包含既有技术共享、人力资源共享、供应商体系共享和销售网络共享四个方面，其中既有技术共享包括专利、技术标准、品牌与数据库的共享，而人力资源共享则包括核心员工共享、组建技术顾问团队。知识共享方式方面，主要通过专利有偿转让、共同运营双方品牌、组建新组织、交叉任职、组织员工学习、彼此开放技术数据库、技术标准、供应商体系和销售网络等方式进行。具体共享内容如表3-3所示。

研究发现，中国企业发起的创新资源寻求型跨国并购中，知识共享具有如下特征：

（1）知识共享是企业跨国并购中协同创新的重要步骤，是双方共享知识的过程。但由于并购以知识寻求为目标，并购方所选的目标方往往拥有更丰富的管理经验、更高的技术水平或者更强的创新能力，因此，在中国企业发起的创新资源寻求型跨国并购中的知识共享等多地表现为目标方向并购方共享知识。本书所选的六个案例均表现出这一特征。

（2）六个案例中，并购双方均进行了人力资源、销售网络共享。即人力资源

表 3-3 开发性技术创新的知识共享

知识共享的内容	知识共享的方式（具体案例）
①既有技术的共享	
a. 专利共享	专利有偿转让（案例 A、案例 B、案例 D）
b. 技术标准共享	向彼此开放技术标准（案例 B、案例 C、案例 D）
c. 品牌共享	共同运营双方品牌（案例 C）
d. 数据库共享	向彼此开放技术数据库（案例 B、案例 C、案例 D）
②人力资源共享	
a. 核心员工共享	组建新组织（案例 A、案例 C、案例 D、案例 E、案例 F）
b. 组建技术顾问团队	交叉任职（案例 A、案例 B、案例 C、案例 D）、组织员工学习（案例 A、案例 B、案例 D）
③供应商体系共享	向彼此开放供应商体系（案例 B、案例 C、案例 D）
④销售网络共享	向彼此开放销售网络（案例 A、案例 B、案例 C、案例 D、案例 E、案例 F）

和销售网络是中国企业并购中重要的知识资产。知识尤其是隐性知识，往往由具体员工掌握，因此，人是重要的知识资产，而并购目标方已建立的全球性销售网和销售经验，往往是并购方推进国际化发展的重要利器；同时，中国企业的国内销售网络也有助于目标方产品进入中国市场，或在中国市场进行全面推广。

（3）受并购双方技术互补性影响，并购中不同企业在既有技术共享和供应商体系共享方面表现出差异。当互补性较强时，双方多进行既有技术共享和供应商体系共享，如案例 A、案例 B、案例 C、案例 D，而互补性较弱时，此类共享并不明显，如案例 E、案例 F。

基于以上案例的分析和总结，本书得出以下命题：

命题 3.1 中国企业的创新资源寻求型跨国并购中，知识共享是双方进行开发性技术创新的起点；人力资源和销售网络的共享是知识共享的基本内容；不同企业在既有技术和供应商体系共享方面存在差异。

3.2.2 开发性技术创新中的知识融合

根据案例编码分析发现，在中国企业对发达国家企业的创新资源寻求型跨国并购中，并购双方将开展知识融合，即将彼此的生产条件、技术专利、研发体系、技术管理与运营体系等知识全面整合协同的过程。并购双方企业只有将掌握的知识进行充分融合、整合双方优势才能产生协同效应进行协同创新。因此，知识融合是并购后企业进行开发性技术创新的前提与基础。本部分将对其余五个案例中的知识融合展开多案例研究，重点探索企业知识融合的内容和方式，并以此基础总结得出命题。

3.2.2.1 多案例复制研究

（1）案例A：京东方并购Hydis。

在并购后的整合过程中，京东与Hydis通过已有技术、研发能力融合、任务设计三种方式进行知识融合。技术融合方面，由于京东方主要生产TFT－LCD上游产品（显示光源）。Hydis技术优势体现为生产TFT－LCD液晶屏，而在制造显示光源产品方面不具优势。因此，并购整合中，Hydis摒弃了外部采购显示光源产品的模式，改为与京东方共同设计、由京东方负责生产的方式。这种改变使二者技术优势在一定程度上实现了融合。研发能力融合方面，两者主要进行研发体系协同，即将京东方、Hydis的研发部门进行整合协同，共同承担并购后跨国公司的研发任务。通过组建京东方光电科技有限公司（京东方光电）进行知识融合。京东方将众多Hydis核心员工从韩国动员到北京，并委以重任，并且部门正职均为Hydis原核心员工，以调动其工作的积极性，而副职则为中方人员，保障京东方光电能够迅速掌握TFT－LCD核心技术，也在一定程度上，帮助Hydis原核心员工更快适应中国环境、了解中国市场。这种人员搭配方式使双方员工能够发挥各自优势，将掌握的知识进行充分的融合。在京东方光电内部，除进行核心技术员工充分融合外，双方还积极实施供应链融合，京东方光电供应商网络体系正是建立在双方长期积累的优秀供应商与管理体系基础之上的。

（2）案例B：三一重工并购普茨迈斯特。

在并购完成的整合过程中，三一重工与普茨迈斯特多通过已有技术融合、任务设计、销售网络融合三种方式进行知识融合。已有技术融合体现在：①既有生产流程优化。普茨迈斯特多次派员工到三一重工进行技术指导，根据其技术水准帮助三一重工进优化生产流程。②产品技术标准融合。由于德国普茨迈斯特以精益求精的品质著称，使其技术标准领先三一重工。并购整合过程，多以普茨迈斯特为主导，建立了双方通用技术标准。供应商体系融合方面，由于并购双方产品相似性较高，因此两者也可在一定程度上共享供应商。而是否具备高水平供应商也是高品质企业的衡量指标。此外，理想供应商还应有足够合适的供应价格。基于以上标准，三一重工和普茨迈斯特逐步重构统一的供应商体系，排除低质、经济性差的供应商。在任务设计方面，双方建立了多种长短期联合研发项目，项目成果可直接服务于产品开发。在销售网络融合方面，双方基于共享销售网络进行销售整合。为消除与三一重工形成的竞争，普茨迈斯特自并购后就把与三一重工同类产品从中国市场撤离，以保证后者产品良好的本地市场声誉。而对于三一重工缺失的产品，如混凝土喷射机器，普茨迈斯特则利用母公司在当地的分销网络在中国出售。

（3）案例 C：联想并购 IBM 的 PC 部门。

并购整合过程中，联想与 IBM 的 PC 部门通过已有技术、研发能力、管理体系、销售网络四种方式进行知识融合。已有技术融合表现在三个方面：①产品协同；②技术标准的融合；③供应链体系融合。产品协同方面，双方将产品业务整合为新的全球产品集团，这个组织负责运营 Lenovo 与 Think 两品牌的所有产品。双方还通过修改结构设计寻找技术标准协同：双方取各自所长，建立双方生产新标准。通过将彼此研发人员合并，建立统一研发队伍实现研发能力整合。而为获得最佳运营效率，双方对供应链体系进行协同，具体通过：①合并供应商，对同一部件，若双方供应商质量同等，则必须无条件取低价者；②寻求量化效应，即尽可能实现统一采购，通过采购量叠加寻求更大优惠空间。管理体系融合主要包括岗位协同、薪资体系协同。东方的联想和西方的 IBM 有着截然不同的岗位分类和职位体系，并购后双方重建了博采所长的级别体系。并购前联想薪酬体系是“岗位定薪”，这种体系灵活性差，对员工激励不足，并购整合后联想采用 IBM 原有完善的薪酬体系。双方还对销售网络体系进行整合，表现为：采用 IBM PC 部门既有的国际销售网络，同时剪掉其中国销售网络，而与联想在中国的销售网络进行，最终形成全新的全球性销售网络体系。

（4）案例 E：中国化工集团并购安迪苏。

对中国化工集团并购安迪苏的案例而言，在并购交易完成后的整合过程中，双方主要通过任务设计以及销售网络体系协同的方式进行知识的融合。具体而言，双方通过设立一个共同的项目，即中国化工安迪苏南京有限公司的年产 18 万吨液体蛋氨酸生产基地组建项目。在这个项目中，双方各自投入人力、物力和财力，这些不同的资源中蕴含着双方的知识积累。这一个共同项目的顺利组建和投入运行，也标志着双方的知识也得以有效融合。在销售网络协同方面，通过中国化工将自身产品嵌入安迪苏的全球销售网络，双方在销售方面实现了一定程度的融合。

（5）案例 F：郑煤机并购 Bosch SG。

对郑煤机并购 Bosch SG 案例而言，双方在并购后的整合过程中，主要通过任务设计、销售网络协同方式进行知识融合。具体而言，双方通过在长沙经开区的 Bosch SG 汽车部件（中国）有限公司新工厂进行知识融合，该工厂设计产能为年产 1500 万台起动机与发电机。在此项目中，双方各自投入人力、物力、财力，这些资源蕴含着双方积累的知识，随着项目顺利运行也标志着双方知识得以有效融合。这只是其中的第一期项目，目前，在双方的共同推动下，Bosch SG 公司已启动二期项目规划，将于 2019 年底启动建设，2020 年项目验收。另外，由于并购 Bosch SG 前，郑煤机已通过并购亚新科（中国领先的汽车零部件集团）进军汽车零配件领域，当前亚新科与 Bosch SG 已经在国际销售网络体系方面开始初步融合。郑煤机集团未来将继续推动 Bosch SG 与亚新科的全球销售体系的全面协同。

3.2.2.2 案例总结

通过对单案例的编码分析可知，在中国企业对发达国家企业的创新资源寻求型跨国并购中，开发性技术创新是企业并购整合中所实施的一种技术创新，且这种技术创新的开展是建立在并购双方进行知识融合的基础之上。随后，基于多案例研究的逐项复制法则，将单案例的研究发现在其余五个案例中展开了重复研究。研究发现在所选六个案例中，并购双方均进行了知识融合。知识融合包含既有技术融合、研发能力融合、管理体系融合、任务设计、供应商体系融合以及销售网络融合六个方面。其中，既有技术融合包括协同生产、技术标准融合与既有生产流程优化。研发能力融合体现在研发体系协同、研发目标协同。既有技术融合方面，所选案例企业主要通过：生产环节分工、建立统一技术标准以及在目标方指导下优化技术流程等方式进行融合；而研发能力融合体现在：研发环节分工、重组研发队伍、使用统一研发条件以及建立共同技术研发愿景等方面；任务设计主要以建立并购双方共同执行的项目任务来实现；供应商体系融合体现在建立统一的全球供应链体系方面；最后通过在彼此销售网络中出售不重叠产品实现销售网络融合。具体内容如表 3－4 所示。

表 3－4 开发性技术创新的知识融合

知识融合的内容	知识融合的方式（具体案例）
①既有技术的融合	
a. 协同生产	根据不同的生产环节进行分工（案例 A）
b. 技术标准的融合	建立双方统一的技术标准（案例 B、案例 C、案例 D）
c. 既有生产流程的优化	在目标方指导下优化技术流程（案例 C、案例 D）
②研发能力的融合	
a. 研发体系的协同	研发环节分工（案例 A），重组研发队伍（案例 B、案例 C、案例 D），使用统一研发条件（案例 C、案例 D）
b. 研发目标的协同	建立共同的技术研发愿景（案例 A、案例 B、案例 C、案例 D）
③任务设计	设立共同完成的项目（全部六个案例）
④供应商体系融合	建立统一的全球供应链体系（案例 B、案例 C、案例 D）
⑤销售网络融合	在彼此销售网络中出售双方不重复的产品（全部六个案例）

对中国企业发起的创新资源寻求型跨国并购而言，知识融合具有如下特征：

（1）知识共享是知识融合的前提和基础。并购整合中双方无论是进行既有技术融合、研发能力融合、任务设计还是供应商及销售网络融合，均基于双方知识共享的基础之上。例如，双方进行技术标准融合，技术水平较低一方优化其既有生产流程，需要以技术水平较高的一方向水平较低一方共享技术标准与生产流程为基础。再如，供应商体系与销售网络融合，必然以双方开放既有的供应商体系和销售网络为前提。

（2）任务设计和销售网络融合是中国企业在跨国并购中均会展开的融合。所选的六个案例中，并购双方均开展了此种融合。任务设计通过建立双方共同运行项目来实现，销售网络融合表现为：在彼此销售网络中出售双方不重叠产品。之所以进行以上两种方式的知识融合，原因在于：大量企业知识（多表现为隐性知识）是缄默隐含、较难直接共享和转移，而通过具体任务运营，更可直接令并购双方均能获取知识。销售网络共享则体现在中国企业跨国并购中的国际化战略实施。可见，在中国企业的跨国并购中，国际化目标是最基本的目标。

（3）受并购双方技术互补性影响，不同企业在既有技术、研发能力、供应商体系融合方面存在一定差异。当并购双方技术互补性较强时，多进行既有技术、研发能力、供应商体系融合，如案例 A、案例 B、案例 C、案例 D，而当互补性较弱时，双方在既有技术、研发能力、供应商体系三方面的融合并不明显，如案例 E、案例 F。基于以上案例分析可以得到以下命题：

命题 3.2 中国企业的创新资源寻求型跨国并购中，知识共享是知识融合的前提和基础；并购双方均会进行任务设计和销售网络融合，但不同企业在既有技术、研发能力以及供应商体系三方面的融合存在一定差异。

3.2.3 开发性技术创新中的知识再创造

根据案例的编码分析可知，在创新资源寻求型跨国并购中，知识再创造是开发性技术创新中的一个重要环节。并购双方企业只有进行知识再创造，才能实现对既有产品品质的提升和对产品系列进行拓展，从而完成开发性技术创新的整个过层。本部分将对其余五个案例的知识再创造展开多案例研究，从知识再创造的内容、方式进行案例描述，并在此基础上总结、提炼命题。

3.2.3.1 多案例复制研究

（1）案例 A：京东方并购 Hydis。

本案例中，知识再创造包括已有产品升级和产品系列拓展。通过并购 Hydis，京东方获得了 TFT - LCD 的 3 代生产线。但当时全球最前沿 TFT - LCD 生产线是 5 代线。如果京东方新建生产线均与 Hydis 既有生产线重复，必然令并购后的跨国公司难以在全球 TFT - LCD 生产链中取得竞争优势。因此，京东方决定在京东方光（并购后成立）电直接开发、建设 TFT - LCD 的 5 代线。生产线从 2003 年 9 月开工建设，至 2004 年底，京东方光电的 5 代生产线便生产出第一块合格屏，结束了中国国内 TFT - LCD 自主生产的空白。随着技术进步，5 代线技术基本成熟，目前，在立足 5 代线的基础上，京东方已投建第 8 代线。在产品系列拓展方面，双方在 5 代线基础上，积极开发各类 TFT - LCD 显示器、家用电视和商用显示牌。2006 年，京东方开发出 3 款新产品，2009 年，这一数字已上升到 10 款。

（2）案例 B：三一重工并购普茨迈斯特。

从案例 A 可知，知识再创造包括产品品质提升、产品升级与产品系列拓展。其中产品品质提升在案例 B 中体现为三一重工在吸收、消化普茨迈斯特技术、工艺基础上，对既有产品优化，使其产品质量明显提升。在产品升级方面，表现为既有产品功能不断拓展。例如，三一重工结合双方的技术优势，在二级产品基础上研发混凝土配送出三级泵，使泵送高度创下 492 米新纪录。在技术融合的基础上，三一重工的履带式起重机的最大吨升级到 3600 吨，刷新全球纪录。在产品系类拓展方面，通过不断拓展产品系列，三一重工研发出首台全液压平地机、无泡沥青砂浆车。

（3）案例 C：联想并购 IBM 的 PC 部门。

在本案例中，知识再创造主要包括产品品质提升、产品系列拓展以及市场的进入。品质提升方面，由于联想技术水平的局限，其产品质量与 IBM 有着明显差距，通过并购整合，联想吸收了 IBM 的相关技术与工艺、先进的管理模式，使产品整体质量得到明显提升。产品系列拓展方面，并购前，Lenovo 旗下并没有笔记本产品；并购整合之后，Lenovo 品牌已经出现多款在国内十分热销的笔记本，并且品种仍在持续增加。并购后的新联想拓展了 Think 品牌的产品线和定位，推出了一些功能简化的低价产品，例如，SL400 取消了一些高端商用 Thinkpad 上才有的特殊设计和技术，键盘和按键布局也不是传统的 Thinkpad 设计，产品面向普通消费者。在销售方面，并购后双方积极拓展销售新领域，挖掘潜在客户。其中最明显的是，并购后的联想使双方原有的三大销售区增至五个（美洲区、欧洲及远东地区、亚太地区、印度区和中国区）。

（4）案例 E：中国化工并购安迪苏。

在此案例中，知识再创造表现为市场的进入。中国本身没有蛋氨基酸的自主生产能力，并购后中国化工集团与安迪苏在南京设立蛋氨基酸生产基地，安迪苏将技术带入中国，充分挖掘中国市场潜力。并购双方还就安迪苏进军西班牙达成共识，中国化工为其在西建厂提供了资金支持。借助安迪苏在海外建立的全球销售体系，中国化工开始将自身产品推向国际，使销网络遍及全球 140 个国家和地区，建成了四个区域营销中心（欧洲/中东/CIS 区，北美、拉美及亚太区）。

（5）案例 F：郑煤机并购 Bosch SG。

对郑煤机并购 Bosch 旗下的 Bosch SG 公司案例而言，在并购后的整合过程中，知识再创造表现为对已有产品系列的拓展与市场进入。并购后，Bosch SG 在中国长沙设立启动机、发电机技术研发中心，致力于开发不同型号和系列的汽车启动机与发电机。在产品销售方面，并购后，双方一道推动 Bosch SG 快速做大中国市场，起停电机和 48V BRM 等产品和技术实现大规模本土化应用和推广；同时，郑煤机还大力支持 Bosch SG 在墨西哥、印度等海外市场拓展。

3.2.3.2　案例总结

通过对单案例的编码分析得到，在中国企业对发达国家企业的创新资源寻求型跨国并购中，开发性技术创新是企业并购整合中所实施的一种技术创新，且这种技术创新的开展是建立在并购双方进行知识再创造的基础之上的。随后，基于多案例研究的逐项复制法则，将单案例的研究发现在其余五个案例中展开了重复研究。研究发现，在所选的六个案例中，并购双方均进行了知识再创造（已有产品升级、产品系列拓展、产品品质提升与新市场进入）。已有产品升级通过产品生产线换代、产品极限提升来实现；产品品质提升通过降低产品中隐含缺陷来实现；产品系列拓展的方式包括丰富产品供给、细化市场需求；市场进入则包含进入尚未拓展的销售区域等。具体知识再创造过程如表 3－5 所示。

表 3－5　开发性技术创新的知识再创造

知识再创造内容		知识再创造方式（具体案例）
①已有产品升级	a. 基础生产线升级	根据技术水平较高一方的技术进行产品基础生产线换代（案例 A）
	b. 产品功能拓展	在融合双方技术的基础上产品极限能力的拓展（案例 B、案例 D）
②产品质量提升		较高技艺的一方帮助另一方提升技艺（案例 B、案例 C、案例 D）
③产品系列的拓展		丰富产品供给，细化市场需求（案例 A、案例 B、案例 C、案例 D）
④市场进入		进入尚未进入的销售区域（案例 A、案例 B、案例 C、案例 D、案例 E、案例 F）

对于中国企业发起的创新资源寻求型跨国并购而言，知识再创造的特征是：

（1）知识融合是知识再创造的前提与基础。

通过对所选案例的知识再创造过程探索发现，并购整合中双方无论是进行已有产品升级、产品质量提升、产品系列拓展还是市场进入的知识再创造，均基于知识融合基础之上。例如，产品升级包括基础生产线升级、产品功能拓展，前者是技术水平较低一方在融合技术水平较高一方技术的基础上，对产品基础生产线换代；而在产品功能拓展方面，通过技术融合，使技术较弱方追赶上技术较强方，或双方进行协同实现拓展。总之，无论基础生产线升级、产品质量提升或产品功能系列拓展，均基于并购双方的知识融合。

（2）企业知识再创造内容与方式存在较大差异。

当技术互补性较强时，并购整合过程中双方知识再创造的内容与方式较为灵活，既可进行产品升级又可进行产品质量提升。拓展产品系列也成为并购双方开展知识再创造的主要内容之一。而当技术互补性较低时，双方难以形成技术协同，知识再创造仅表现为通过融合双方的销售网络，将各自产品推向尚未进入销售区，进而拓展市场进入范围。

基于以上案例分析与总结，可以得出以下命题：

命题 3.3 中国企业创新资源寻求型跨国并购中，知识融合是知识再创造的前提和基础；并购双方技术互补性较强时，知识再创造较灵活，包括产品升级、产品质量提升、产品系列拓展等；反之，则往往局限于市场进入程度。

3.2.4 开发性技术创新的过程模型

通过对单案例的编码分析发现，在对发达国家企业的创新资源寻求型跨国并购中，企业双方基于并购方既有知识基础，对现有技术、产品及运营调整、提升和拓展的过程，体现着并购方企业基于现有知识框架体系，提升技术、完善设计、扩大产品/服务市场、提升销售渠道效率的战略。根据已有的研究以及本书对开发性技术创新的界定，这一过程可被归为开发性技术创新过程。单案例探索研究还发现，对于创新资源寻求型跨国并购而言，开发性技术创新过程包含知识共享、知识融合与知识再创造三个不同过程。

随后，研究基于多案例逐项复制法，将以上发现在其他五个案例中逐行复制研究，研究结果不仅支持了单案例研究发现，更通过案例间对比分析提炼出三个命题，从而得到中国企业创新资源寻求型跨国并购中的开发性技术创新过程模型，如图 3-2 所示。

经过对多案例的探索，本书发现：

（1）中国企业发起的创新资源寻求型跨国并购中，开发性技术创新是双方共同实施的技术创新类型，包含知识共享、知识融合和知识的再创三个不同阶段，它们是首尾衔接的连续过程。其中，知识共享是知识融合的前提和基础，知识融合是知识再创造的前提和基础，而知识再创造是开发性技术创新的最后阶段。

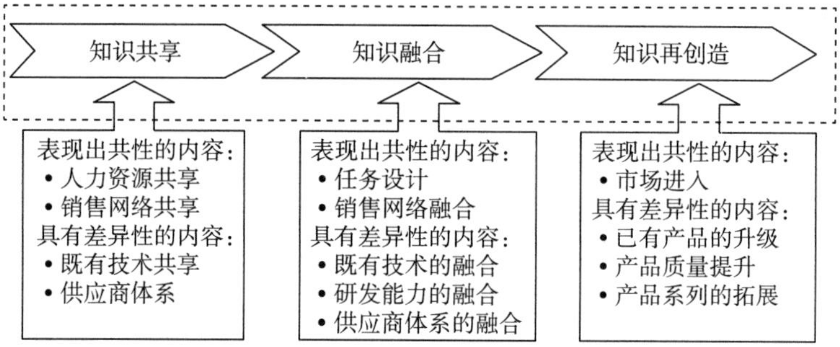

图3－2　中国企业跨国并购中的开发性技术创新过程

（2）知识共享主要包含既有技术共享、人力资源共享、供应商体系共享、销售网络共享四个方面。其中，人力资源共享和销售网络共享是共享的基本内容，而企业的既有技术、供应商体系共享存在一定差异。

（3）知识融合包含既有技术融合、研发能力融合、任务设计、供应商体系融合以及销售网络融合五个方面；其中，双方均会进行任务设计、销售网络融合，但不同企业在既有技术、研发能力、供应商体系融合三个方面存在差异。当双方技术互补性较强时，会进行既有技术、研发能力以及供应商体系融合；而互补性较弱时，融合并不明显。

（4）知识再创造包含已有产品升级、产品系列拓展、产品品质提升、新市场进入。不同并购案例中，并购双方仅在市场进入方面存在共性，而其他知识再创造内容差异较大。当技术互补性较强时，双方既可进行产品升级，又可进行产品品质提升；而互补性较低时，难以形成技术协同，往往仅表现为通过销售网络融合，将各产品推向未进入销售区，进而拓展市场进入范围。

3.3　跨国并购中的探索性技术创新过程

通过对案例的编码分析发现，在对发达国家企业的创新资源寻求型跨国并购中存在这样几个存在逻辑关系的范畴：（并购双方）所在产业均处于成熟期、机会识别、知识获取、新领域进入、全新工艺以及全新产品。根据“条件—行动/策略—结果”的逻辑范式模型，这些范畴可以形成这样一条轴线：在并购双方所在产业均处于成熟期的条件下，并购整合中企业积极在对新领域中的机会进行判别，通过多种途径获取所需的知识，并在应用知识的基础上进入了新领域，从而获得了全新的生产工艺和全新的产品。这一轴线体现着并购双方在并购中通过寻找新组织惯例和发现新的技术、业务、流程和产品，而在新领域为市场提供新的设计，创造新的产品和服务，这十分符合学者们以及本书对探索性技术创新的界定。因此，本书将这一轴线总结为创新资源寻求型跨国并购中的“探索性技术创新过程”。由此得出，探索性技术创新是中国企业对发达国家企业的创新资源寻求型跨国并购中所实施的一种技术创新类型，且技术创新过程包含机会判别、知识获取与新领域进入三个不同过程。

以上研究发现仅来源于单案例。根据案例研究规则，结论在多个案例中得到验证才可证明其普遍适用性（Eisenhardt，1991；Yin，2013）。因此，遵循多案例研究的逐项复制法则（毛基业和李高勇，2014），需要将机会判别、知识获取与新领域进入三个过程在所选其他五个案例中一一进行复制，以检验被选案例中企业是否均进行了探索性技术创新。通过逐项复制过程，研究同时寻找三个知识过程间的关系，建立跨国并购中开发性技术创新的过程模型。

3.3.1 探索性技术创新中的机会判别

根据案例的编码分析发现，在创新资源寻求型跨国并购中，机会判别是企业实施探索技术创新的一个重要环节。在并购整合中，企业只有对新领域中的机会进行判别才能选定所要进入的新领域，实现开发性技术创新。本部分将对其余五个案例的知识共享展开多案例研究，从机会判别的内容、方式进行案例描述，并在此基础上总结、提炼命题。

3.3.1.1 多案例复制研究

（1）案例 A：京东方并购 Hydis。

在京东方并购 Hydis 的案例中，机会判别主要体现在对 TFT – LCD 产业的机会判别。并购后双方一致认为，伴随数字化和 3C 技术融合，显示领域正在悄然发生革命，革命的主角正是京东方全力发展的薄膜晶体管液晶显示器件。董事长王东升认为，以 CRT 技术为主导的显示时代即将结束，而作为微电子与光电子技术高度发展的结晶——薄膜晶体管液晶显示器将扮演主导角色。

（2）案例 B：三一重工并购普茨迈斯特。

在京东方并购 Hydis 的案例中，并购后的机会判别体现在市场机会判别上，包含对机会的识别、对市场机会判断两方面。在机会识别方面，并购后，双方认为中国工业化和城镇化仍处在快速发展阶段，基础设施投资增加等因素决定了三一重工的投资空间巨大。进军这些行业与企业“双进”“转型”发展战略十分匹配。因此，双方决定进军建筑工业化和军工领域。

（3）案例 C：联想并购 IBM 的 PC 部门。

联想收购 IBM PC 部门案例的机会判别主要体现在市场机会判别上，与案例 B 相似，均包含机会识别、市场机会判断两方面。并购后的新联想意识到个人通信与计算机设备正从台式电脑、笔记本电脑逐渐变革为手持终端设备，未来智能换手机终端市场潜力巨大的。同时，联想认识到中国芯片技术在 PC、手机产品上的局限性，在面临几乎完全依赖国外输出的局面，未来中国智能手机终端发展，必然依靠自有芯片。这些具有潜力的领域，会给予联想更多的市场机会，而进入以上领域正与新联想的长远愿景匹配。因此，并购后的新联想决定进入这两个全新的技术领域。

（4）案例 E：中国化工集团并购安迪苏。

在本案例中，并购后的机会判别表现为对市场机会判别和对技术机会判别。在市场机会判别方面，中国虽是世界第二大饲料生产国，但尚不具备自主生产蛋氨基酸的能力，面对年均 10% 增速的蛋氨基酸市场需求，若中国企业进入该市场，必将取得良好效果。另外，中国化工集团和安迪苏还意识到这一机会与中国化工的集团战略十分匹配。在并购前，化工集团确定了“老化工、新材料”的战略定位，并将化工新材料作为主营业务范围，强调在关键技术领域和化工新材料行业体现控制力（拥有自主知识产权，掌握关键核心技术）、影响力（在若干细分市场占据主导地位）和带动力（带动下游产业及整个化学工业）。根据此战略，并购双方均决定进军全球动物营养添加剂领域。在技术机会判别方面，安迪苏公司是全球第二大蛋氨酸生产企业（市场占有率 29%），维生素业务全球排名第三（市场占有率约 21%），生物酶业务全球第四，公司拥有 792 项技术专利，约 200 人的全球一流的技术研发团队，因此，技术可行性得到保证。

（5）案例 F：郑煤机并购 Bosch SG。

对案例 F 而言，并购后的机会判别主要表现为双方对市场机会判别、对技术机会判别。郑煤机和 Bosch SG 均认为，面对全球产能过剩的煤炭行业，新跨国公司不应将主要精力放到煤机生产板块，而未来的转型有汽车零部件行业和机器人行业（智能制造）两个可行选择。但机器人行业资本炒作痕迹明显，行业泡沫化严重。相较而言，汽车产业在始终稳步发展的同时，随着无人驾驶技术发展、各国政府力推的新能源汽车，使该行业面临重大发展变革。同时，2016 年《巴黎协定》对未来发展中国家、发达国家大幅削减碳排放的要求，也将汽车行业与减排任务相结合，并购后的郑煤机在汽车节能减排领域进行探索，开展技术创新既可满足市场需求，又符合企业转型战略。在技术可行性方面，Bosch SG 作为 Bosch 专门剥离出来的汽车起动机、发电机、能量回收系统等开发的技术部门，拥有 900 多项技术专利和完整的研发团队，技术可行性得到保证。

3.3.1.2 案例总结

根据对单案例的编码分析得到，在中国企业对发达国家企业的创新资源寻求型跨国并购中，探索性技术创新是企业并购整合中所实施的一种技术创新，且这种技术创新的开展建立在企业对新领域中的机会进行判别的基础之上。随后，基于多案例研究的逐项复制法则，本书将单案例的研究发现在其余五个案例中开展了逐项复制研究。研究发现，在本书所选的六个案例中，企业均进行了市场（新领域）机会判别（市场机会搜寻与判断）、技术机会判别。在机会判别方面，企业主要通过寻找未来具有成长性的领域，并将该领域与企业长期战略匹配，进而决定是否进入该领域。同时，企业还需判断所寻找的成长性领域中的技术可行性，即该领域现有技术是否具有足够拓展空间，是否能够支撑未来市场的需求。研究将这些内容总结如表 3－6 所示。

表 3－6 探索性技术创新的机会识别

机会判别的内容		机会判别的方式（具体案例）
市场机会判别	a. 市场机会搜索	搜索未来具有成长性的领域（六个案例）
	b. 市场机会判断	判断具有成长性领域与企业长远战略是否匹配（案例 B、案例 C、案例 D、案例 E、案例 F）
技术机会判断		对具有成长性领域进行技术可行性分析（案例 A、案例 B、案例 D、案例 E、案例 F）

研究发现，对于由中国企业发起的创新资源寻求型跨国并购而言，探索性技术创新的机会判别过程具有如下特征：

（1）机会判别是企业在并购中开展探索性技术创新的起点。探索性技术创新是企业在偏离既有技术框架较远的领域进行的技术创新（O'Reilly 和 Tushman，2013；李悦和王怀勇，2018），在并购整合过程中，企业不断地审视内外部环境，关注非自身领域的潜在机会，通过搜寻、判断，决定是否进入全新技术领域，这是探索性技术创新的起点。在六个案例中，企业均进行了探索性创新的机会判别。

（2）本书六个案例企业机会判别的内容和方式一致性较高。在并购整合中，几乎六家企业都是通过市场机会搜索、判断市场机会与自身战略的匹配程度以及企业进入这一新领域在技术上是否具有可行性。可见，并购中的探索性创新必然要经历机会判别这一过程，而且判别的方式较为一致。

基于以上案例分析和案例总结，可以得出以下命题。

命题 3.4 中国企业创新资源寻求型跨国并购中，机会判别是双方进行探索性技术创新的起点；机会判别包括市场机会判别与技术机会判别两方面，不同企业在机会判别内容上表现出较强的一致性。

3.3.2 探索性技术创新中的知识获取

根据案例的编码分析发现，在创新资源寻求型跨国并购中，知识获取是企业实施探索技术创新的一个重要环节。在并购整合中，企业只有获取进入新领域所需的知识，才有能力进入一个新的领域。本部分将对其余五个案例的知识获取展开多案例研究，从知识获取的内容、方式进行案例描述，并在此基础上总结、提炼命题。

3.3.2.1 *多案例复制研究*

（1）案例 A：京东方并购 Hydis。

对于京东方并购 Hydis 的案例而言，并购后双方主要通过外部知识学习获取探索性技术创新所需要的技术和管理经验。双方借助并购之前 Hydis 所建立的外部关系，与韩国的庆熙大学、釜山国立大学、延世大学等合作进行相关的技术研究开发，在合作过程中进行新知识获取。此外，并购后，京东方每年都会派出大批员工到国外培训，派出优秀员工到国外研发中心了解新技术动向。

（2）案例 B：三一重工并购普茨迈斯特。

对于三一重工并购普茨迈斯特的案例而言，并购后双方主要通过外部知识学习来获取探索性技术创新所需要的技术。具体而言，双方通过三一重工来成立军工项目部，并与国防科学技术大学机电工程与自动化学院共同组建“无人装备工程中心”，面向军方共同开发高智能装备技术产品。

（3）案例 C：联想并购 IBM 的 PC 部门。

案例 C 中，并购后双方主要通过外部知识学习和内部知识创造来获取探索性技术创新所需技术。在外部知识获取方面，并购后的新联想积极参加泛电子行业国际技术交流；为更好获取发达国家前沿技术，新联想在日本、美国设立研发中心，积极学习和引进先进技术。此外，新联想通过自主研发来创造探索性技术创新所需要的知识，在芯片系统设计方面，不断研究新的低成本和功耗小的芯片技术，并开发集多媒体处理、无线连接以及安全保护为一体的系统芯片；在智能手机制造方面，新联想积极引入提高用户使用体验的创新业务模式，专注于用户研究的理论和技术，以用户导向为理念，充分挖掘用户需求，积极探索人机交互设计技术。

（4）案例 E：中国化工集团并购安迪苏。

在并购后的整合过程中，企业主要通过外部知识学习、内部知识创造来获取探索性技术创新所需知识。其中，外部知识获取主要包括酶制剂、过瘤胃保护性蛋氨酸、有机硒等特种生产技术。在生产技术获取途径方面，主要通过与行业内战略合作伙伴合作完成。例如，2017 年安迪苏与四川农业大学签署启动的动物营养研发合作新项目。在内部知识创造方面，安迪苏分别在欧洲和中国拥有 2 个生产平台、7 个研发中心，200 名余技术专家。安迪苏通过与研发、战略、特种产品等业务部门密切合作，保证了开发目标与业务目标一致。在本案例中，需要指出的是，对整个知识获取过程而言，无论是外部知识获取还是内部知识创造均由目标方来具体执行和完成。换言之，探索性技术创新中的知识获取是由安迪苏一方完成的。

（5）案例 F：郑煤机并购 Bosch SG。

对郑煤机并购 Bosch SG 的案例而言，在并购整合过程中，企业主要通过内部知识创造的方式来获取探索性技术创新所需要的知识。具体而言，在郑煤机的大力支持下，Bosch SG 建立起规模达到 600 人的资深研发团队，在德国、中国完善和新建了 2 个全球研发中心，并在西班牙、匈牙利等 8 个国家设立区域性研发中心。此外，由郑煤机投资，双方共建新能源汽车驱动电机研发中心，以应对未来市场技术前沿领域的新变化。郑煤机和 Bosch SG 强调，目前 Bosch SG 在汽车节能减排领域的技术已不属于对全球先进技术的跟随，而是进入了创新的无人区，Bosch SG 会牢牢把握并挖掘客户未来的需求，进行大胆革新。

3.3.2.2　案例总结

本书根据对单案例的编码分析得到，在中国企业对发达国家企业的创新资源寻求型跨国并购中，探索性技术创新是企业并购整合中所实施的一种技术创新，且这种技术创新的开展是建立在企业获取进入新领域必要的知识基础之上的。随后基于多案例研究的逐项复制法则，对单案例的研究发现在其余五个案例中开展了逐项复制研究。发现在本书所选的六个案例中，企业均进行了知识获取，获取内容主要是外部知识学习、内部知识创造。前者包括外部技术协同、外部技术引进。外部技术协同的具体内容是通过与外部技术研发机构的技术合作或建立技术联盟，而外部技术引进则大多是通过直接购买市场上的相关技术。内部知识创造的具体途径则是依靠企业研发力量进行自主研发。本书将这些内容总结如表 3－7 所示。

本书发现，对由中国企业发起的创新资源寻求型跨国并购而言，探索性技术创新的知识获取过程有如下特征：

（1）探索性技术创新的机会判别是知识获取的前提和基础。对开发性、探索性技术创新而言，获取足够知识是技术创新的必要条件。但探索性创新在初期并没有明确创新方向，这就导致企业也无法确定哪些知识是必要性的。换言之，

表 3－7 探索性技术创新的知识获取

知识获取的内容		知识获取的方式（具体案例）
外部知识学习	a. 外部技术协同	与外部机构展开技术合作或建立技术联盟（案例 A、案例 B、案例 C、案例 D、案例 E）
	b. 外部技术引进	直接购买外部既有技术（案例 C、案例 D）
内部知识创造		有组织研发力量进行自主研发（案例 C、案例 D、案例 E、案例 F）

在并购整合中，只有并购双方确定了要进入的新技术领域时，知识获取才会有明确方向。

（2）探索性技术创新中的知识获取内容和获取方式受到并购双方技术互补性的影响。当这种互补性较高时，并购后的新公司往往需要获取企业外部知识，通过与外部机构技术合作或建立技术联盟的方式，或直接购买外部技术的方式实现知识获取。此类方式适用于并购双方同属一个技术领域，不具有新技术领域的相关知识基础，因此需要从外部获取知识，如案例 A、案例 B。但当双方知识体系差异较大时，目标方企业往往会给并购方带来非既有技术框架内的新知识，使并购企业有技术基础进行探索性技术创新，如案例 E、案例 F。当双方技术差异性较大时，探索性技术创新的知识获取多由目标企业组织与实施。

基于以上案例分析和案例总结，可以得出以下命题：

命题 3.5 中国企业的创新资源寻求型跨国并购中，对探索性技术创新而言，机会判别是知识获取的前提和基础；知识获取主要包括外部知识学习和内部知识创造两个方面；不同企业在知识获取的内容和方式上有明显差异。

3.3.3 探索性技术创新中的新领域进入

根据案例的编码分析发现，在创新资源寻求型跨国并购中，新领域进入是企业实施探索技术创新的必要环节。在并购整合中，企业只有在新领域中拥有生产产品的工艺和能力，并开发出具体的新产品才能说明真正进入一个新领域中，最终完成探索性技术创新的过程。本部分将对其余五个案例的知识共享展开多案例研究，从机会判别的内容、方式进行案例描述，并在此基础上总结、提炼命题。

3.3.3.1 多案例复制研究

（1）案例 A：京东方并购 Hydis。

在京东方并购 Hydis 的案例中，探索性技术创新的新领域进入表现为在新技术领域的知识尝试。京东方通过与外部机构合作研发，在功能性显示领域取得成果，于 2003 年 10 月成功地开发了 AFFS 技术，并及时申请了技术专利。该技术具有上下左右 180 度宽视角、高对比度、无色彩偏移、低能耗等特点。之所以将这个过程称作知识尝试，是因为在这种活动中并购双方一方面确实产出了全新的知识，但尚未将这些知识全面商业化，没有实际的产品投放市场。

（2）案例 B：三一重工并购普茨迈斯特。

三一重工并购普茨迈斯特的案例中，探索性技术创新的新领域进入主要表现在新技术领域的知识尝试。2016 年 2 月，三一重工已取得“武器装备科研生产许可证”，具备从事许可范围内武器装备科研生产活动的资格。公司与保利科技防务投资有限公司、中天引控科技股份有限公司签订《投资合作协议》并根据协议成立合资公司。之所以将这个过程称为知识尝试，是因为在这种活动中并购双方确实产出了全新知识，但尚未将这些知识全面商业化，无实际产品投放市场。

（3）案例 C：联想并购 IBM 的 PC 部门。

在此案例中，探索性技术创新的新领域进入表现为新产品开发、产品推广。在新产品开发方面，联想融合并购双方核心技术力量，开发出当时被誉为“中国安全第一芯的”的“恒智”安全芯片。同样，并购后的新联想继续大力投入，开发出 S 系列、K 系列及 Z 系列多款先进技术智能手机。双方共建的卡板设计中心为手机、掌上电脑、网络终端以及局端设备等提供了卡板设计、技术服务和解决方案。在产品推广方面，联想借助双方的 PC 业务建立了全球性销售网络，积极推动新产品入市，在国产手机全行业亏损情况下，联想手机业务实现大规模盈利。

（4）案例 E：中国化工集团并购安迪苏。

在案例 E 中，探索型技术创新的新领域进入表现为新产品开发、新产品市场推广。在新产品开发方面，自 2014 年以来，安迪苏连续每年推出一款全新产品（2014 年的机硒添加剂 Selisseo；2015 年的非淀粉多糖酶罗酶宝；2016 年的益生菌产品，2017 的罗迪美 A – Dry +）。在市场推广方面，得益于有效的“全球市场准入”规划及流程，安迪苏能针对不同市场需求确立技术规范，从而进行产品调整，正因如此，安迪苏通过全球布局抓住国际市场的机遇，快速地将探索性技术的创新成果向全球推广。需要特别指出的是，针对中国化工集团并购安迪苏的案例而言，探索性技术创新的新领域进入也大多是由安迪苏一方完成的。

（5）案例 F：郑煤机并购 Bosch SG。

在郑煤机并购 Bosch 的案例中，探索型技术创新的新领域进入表现在新技术领域的知识尝试。并购后，Bosch SG 的汽车节能减排技术专利快速增加，其专利总数已从并购前的 900 项增加到当前的 1000 余项。此外，Bosch SG 还以历史悠久的技术积淀和强大的研发体系，调研探索电气化相关技术，努力实现转型升级。

3.3.3.2　案例总结

根据对单案例的编码分析得到，在中国企业对发达国家企业的创新资源寻求型跨国并购中，探索性技术创新是企业并购整合中所实施的一种技术创新，且这种技术创新的开展是建立在以企业进入新领域为前提的。随后基于多案例研究的逐项复制法则，本书对单案例的研究发现在其余五个案例中开展了逐项复制研究。研究发现，在本书所选的六个案例中，企业均进行了新领域的进入。新领域进入主要包含新技术领域的知识尝试、新产品开发与产品推广三个方面。其中，新技术领域的知识尝试主要通过在新的领域申请技术专利实现，新产品开发则基于所获取的知识开发出属于新技术领域的产品，而产品推广则是将所开发的产品成功推向市场。如表 3－8 所示。

表 3－8　探索性技术创新的新领域进入

新领域进入的内容	新领域进入的方式（具体案例）
新技术领域内的知识尝试	在新技术领域申请技术专利（案例 A、案例 B）
新产品开发	在新领域开发出具有推广性的新产品（案例 C、案例 D、案例 E、案例 F）
产品推广	将所开发产品成功推向市场（案例 C、案例 D、案例 E、案例 F）

对由中国企业发起的创新资源寻求型跨国并购而言，探索性技术创新的新领域进入过程有如下特征：

第一，知识获取是新领域进入的前提和基础。对开发性与探索性技术创新而言，获取足够多知识是技术创新的必要条件。尤其对探索性技术创新更为明显，有并购双方几乎不掌握或仅掌握较少的新领域的技术知识，而仅当并购后的企业获取足够知识，才能产生相应的创新成果，如获得专利许可，或是开发出新产品，才可真正进入新的技术领域。

第二，探索性技术创新中新领域进入的内容与方式受到并购双方技术互补性的影响。当互补性较高时，并购后的新公司多倾向于将精力放在既有技术领域的创新，探索性技术创新往往是为了令企业不至于仅关注技术领域而出现创新失衡。因此，探索性创新多是为企业储备前沿技术知识，而很少推出具体产品，进行产品推广（案例 A、案例 B）。但当并购双方知识体系差异较大时，后新公司由于在目标方所在的新技术领域投放较多资源，使并购后企业需要在新技术领域开发出具体产品推向市场（案例 E、案例 F）。但当这种差异性较大时，探索性技术创新的新领域进入多由目标企业组织和实施。

基于以上案例分析与总结，可以得出以下命题：

命题 3.6 中国企业创新资源寻求型跨国并购中，知识获取是新领域进入的前提和基础；新领域进入主要包含新技术领域内的知识尝试、新产品开发与产品推广三个方面；不同企业在新领域进入的内容和方式上有明显差异。

3.3.4 探索性技术创新的过程模型

通过对单案例的编码分析发现，在对发达国家企业的创新资源寻求型跨国并购中，企业通过寻找新组织惯例和发现新的技术、业务、流程和产品，而在新领域为市场提供新的设计，创造新的产品和服务。根据已有的研究以及本书对探索性技术创新的界定，这一过程可被归为探索性技术创新过程。单案例探索研究还发现，对创新资源寻求型跨国并购而言，探索性技术创新过程包含机会判别、知识获取与新领域进入三个不同过程。

随后，研究基于多案例逐项复制法，将以上发现在其他五个案例中逐行复制研究，研究结果不仅支持了单案例研究发现，更通过案例间对比分析提炼出三个命题，从而得出中国企业创新资源寻求型跨国并购中探索性技术创新过程模型，如图 3－3 所示。

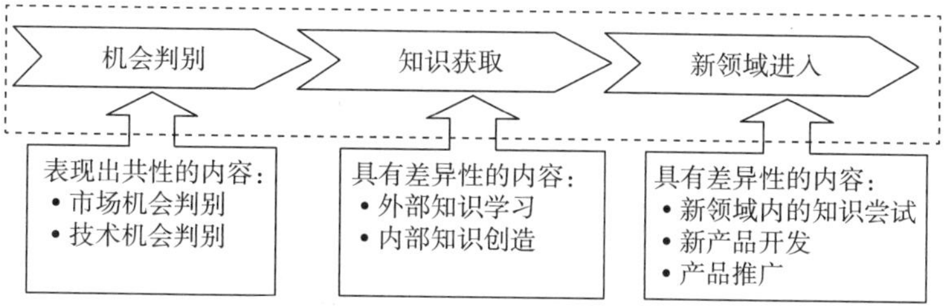

图 3－3 中国企业跨国并购中的探索性技术创新过程

图 3－3 所涵盖的主要研究发现和研究结论如下：

第一，在中国企业发起的创新资源寻求型跨国并购中，探索性技术创新是并购整合中并购双方共同实施的一种技术创新类型，该技术创新过程包含机会判别、知识获取与新领域进入三个不同阶段。并且这三个阶段是首尾衔接的连续过程。其中，机会判别是知识获取的前提和基础，知识获取是新领域进入的前提和基础，而新领域进入是探索性技术创新的最后阶段。

第二，探索性技术创新的机会判别包含市场机会判别、技术机会判别两方面。其中，市场机会判别又包含市场机会搜索、市场机会判断；对中国企业知识型寻求型跨国并购而言，不同企业在机会判别方面表现出较强的一致性。

第三，探索性技术创新的知识获取主要包含外部知识学习与内部知识创造两个方面。其中，外部知识获取包括外部技术协同与外部技术引进；但不同企业在知识获取内容和方式上存在明显差异：当并购双方技术互补性较高时，并购后的新公司往往通过获取企业外部知识，与外部机构展开技术合作、建立技术联盟，或直接购买外部技术的方式进行知识获取；当并购双方知识体系差异较大时，并购企业往往通过自主研发获取知识。而当差异性较小时，探索性技术创新的知识获取多由目标企业组织实施。

第四，开发性技术创新的知识再创造主要包含已有产品升级、产品系列拓展、产品品质提升与新市场进入；不同并购案例中，并购双方仅在市场进入方面表现出共性，其他方面知识再创造内容差异较大。当并购双方技术互补性较高时，企业进行探索性创新仅仅是为储备前沿技术知识，而很少有具体产品产出和产品推广；当并购双方知识体系差异较大时，并购后的企业需要在新技术领域开发具体产品推向市场，增强企业竞争优势。而当这种差异性较大时，探索性技术创新的新领域进入多由目标企业来组织实施。

3.4 不同企业的技术创新组合：跨案例比较

经过对单个案例的探索研究以及对其余五个案例的逐项复制研究，本书总结、提炼出中国企业对发达国家企业的创新资源寻求型跨国并购中，企业所实施的开发性与探索性两种技术创新，并基于知识视角打开了两种技术创新的具体过程，构建了相应的技术创新的过程模型。基于多案例研究逐项复制法则的研究结果多是体现所选案例的共性问题，但无法对比识别、分析案例间的差异。为此，本书根据多案例研究差异复制原则，进行了案例间对比，找出了不同案例中企业开展技术创新的差异，进而得到一些有益的研究结论。

研究发现，尽管案例中企业均实施开发性和探索性技术创新，但不同企业针对两种创新的投入有明显的差异。例如，案例 A 中，并购后双方将主要资源用于既有产品的 TFT－LCD 第五代的开发、建设以及产品研发，虽然也进行了探索性的技术创新，但是并未推出具体的创新产品。案例 E 中，中国化工和安迪苏的开发性技术创新，多局限于基于双方销售网络拓展各自产品的销售区域，但在探索性技术创新方面，却连续推出系列全新产品成果。本书认为，除需探讨案例企业探索和开发性技术创新外，还应对比分析企业并购整合中两种技术创新组合的差异之处，通过系统梳理企业并购中形成的不同组合方式及影响因素。

3.4.1 案例企业的技术创新实践比较

本部分重点比较案例企业在并购整合中的创新实践。通过对其创新实践进行编码；研究根据案例资料结构采取共同陈述形成类别，并根据陈诉内容和频次给部分类别证据指示强、中、弱三种强度。六个案例企业在并购中技术创新实践的编码结果如表3-9所示。

表3-9 并购整合中企业的技术创新实践比较

案例	创新类型	并购整合中主要的技术创新实践	创新主体	创新强度
案例A	开发性技术创新	(1) 京东方与日本日立等签署TFT-LCD技术交叉许可协议①②	并购方、目标方	强
		(2) 派出数百名员工去Hydis观摩、学习①②		
		(3) 重用Hydis原有工程师，将其吸引到国内，在国内建设TFT-LCD第3.5代生产线①②③		
		(4) 通过转让获取Hydis在韩国已申请的2400项专利的大部分①②		
		(5) 立足3.5代生产线，积极布局第5代线的研发和投建①②		
		(6) 原Hydis社长崔炳斗被任命为京东方TFT-LCD事业的执行副总裁①③		
		(7) 显示光源产品由双方共同设计、京东方具体生产①③		
		(8) 立足5代生产线，研发、投建第8代线①②③		
		(9) 在5代线基础上，积极开发各类TFT-LCD显示器、家用电视和商用显示牌①②③		
		(10) 融合双方销售网络，建立全球统一的销售网络①②③		
	探索性技术创新	(1) 借助Hydis外部关系，京东方和韩国庆熙大学、釜山国立大学、延世大学等合作进行全新技术研究和产品开发①②	并购方	弱
		(2) 开发出AFFS技术，及时申请技术专利①②③		

续表

案例	创新类型	并购整合中主要的技术创新实践	创新主体	创新强度
案例B	开发性技术创新	(1) 三一重工根据普茨迈斯特技术标准优化产品，提升产品品质①②③	并购方、目标方	强
		(2) 融合双方销售网络，建立全球统一的销售网络①②③		
		(3) 借助普茨迈斯特核心技术团队指导，在生产流程和技术细节上优化三一的技术系统①②		
		(4) 双方共享彼此优秀零部件供应商，建立统一的供应商体系；①②		
		(5) 互派核心员工举办不定期技术讲座或技术沙龙①②		
		(6) 融合双方技术特长，建立统一技术标准①③		
		(7) 研发出三级混凝土泵，泵送高度创下492米的新纪录①③		
		(8) 履带式起重机的最大吨位提升到3600吨，刷新全球纪录①②		
		(9) 创造出世界首台全液压平地机①②③		
		(10) 普茨迈斯特向三一重工转让大多数技术专利①②		
	探索性技术创新	(1) 双方依托三一重工成立军工项目部，与中国人民解放军国防科学技术大学共同组建“无人装备工程中心”①②	并购方	弱
		(2) 取得“武器装备科研生产许可证”①②		
		(3) 与保利科技防务投资有限公司、中天引控科技股份有限公司成立合资公司②③		
案例C	开发性技术创新	(1) IBM PC事业部将自身4000多项专利全部转让给联想①②	并购方、目标方	中
		(2) 组建新联想，各有90人进入新公司高层①②		
		(3) 融合双方销售网络，建立统一全球性销售网络①②③		
		(4) 基于双方独立技术，建立了统一的技术标准①②		
		(5) 双方共享彼此优秀零部件供应商，建立统一的供应商体系①②③		
		(6) Lenovo旗下推出了多款在中国国内热销的笔记本①②③		
		(7) Think品牌推出一些功能缩减的高性价比产品①②		
	探索性技术创新	(1) 并购后的新联想在日本大和、美国罗利设立了研发中心，致力在电子领域深耕①②	并购方、目标方	中
		(2) 新联想在智能手机制造方面投入大量资源进行自主研发①②③		
		(3) 新联想不断研发低成本和功耗小的芯片技术，并开发集多种功能为一体的系统芯片①③		
		(4) 开发出被誉为“中国安全第一芯”的恒智安全芯片①③		
		(5) 双方积极共享优秀零部件供应商，建立统一的供应商体系②③		
		(6) 开发出S系列、K系列、Z系列多款代表当时先进技术的智能手机①②		

续表

案例	创新类型	并购整合中主要的技术创新实践	创新主体	创新强度
案例D	开发性技术创新	(1) 吉利吸收并采用 Volvo 先进的技术标准，与 Volvo 建立一致的技术指标体系，提升了产品质量①②③	并购方、目标方	中
		(2) 采用 Volvo 的冰雪试验场、风洞实验室、碰撞实验室①②		
		(3) Volvo 帮助吉利优化既有车型，提升品质①②		
		(4) Volvo 主动向吉利共享研发、销售数据库②③		
		(5) 结合吉利和 Volvo 双方既有的研发力量，打造全新中级车模块化架构及相关部件①②		
		(6) 吉利向 Volvo 派出员工进行学习、观摩①②		
	探索性技术创新	(1) Volvo 在 VPDS 算法模型基础上，为吉利研发出 NPDS 新产品开发体系①②③	并购方、目标方	中
		(2) 吉利 Volvo 共同出资，创建全新第三品牌领克，共同开发整车架构技术、高效清洁动力总成等领域的前沿技术①②③		
		(3) Volvo 正式推出全新 CMA（Compact Modular Architecture），基于该平台实现 Volvo 智能化、新能源和自动驾驶等新的技术在概念车领域的布局①②		
		(4) Volvo 在最强动力 Drive－E 动力总成中开发三缸发动机序列，以支持 Volvo 已经全面开启的新能源电气化战略①③		
		(5) 推出首款 B 级新能源汽车博瑞 GE，搭载 48V－BSG 系统②③		
		(6) 在智能互联 GKUI 生态系统和智能驾驶技术领域投入研发力量与资金②③		
案例E	开发性技术创新	(1) 并购后双方将蛋氨基酸生产技术引入南京和天津①②	并购方、目标方	弱
		(2) 中国化工支持安迪苏在印度和西班牙投资扩产①②		
		(3) 双方融合各自销售网络，建立了全球统一的销售网络②③		
	探索性技术创新	(1) 安迪苏与四川农业大学签署启动全新动物营养研发项目①②③	目标方	强
		(2) 安迪苏于 2017 年创建的创新实验室，力求在非蛋氨基酸领域发展、选择和开发创新解决方案②③		
		(3) 并购后，双方在维持蛋氨基酸市场优势的基础上，重点发展特种产品①②③		
		(4) 并购后安迪苏建立特种产品事业部、维生素事业部、创新实验室与创新孵化器②③		

续表

案例	创新类型	并购整合中主要的技术创新实践	创新主体	创新强度
案例E	探索性技术创新	(5) 2014年，安迪苏推出有机硒添加剂 Selisseo①②③	目标方	强
		(6) 2015年，安迪苏推出非淀粉多糖酶罗酶宝 Advance①②③		
		(7) 2016年，安迪苏推出益生菌产品 Alterion①②③		
		(8) 由“全球市场准入”规划及流程项目，推动新产品市场推广①②		
		(9) 安迪苏于2017年收购饲料添加剂制造商 Nutriad，从而进军霉菌毒素管理、改善消化性能等领域①②③		
		(10) 安迪苏在养殖领域开发出一种新型解决方案，通过将益生菌，抗球虫病结合，控制家禽养殖中坏死性肠炎①③		
案例F	开发性技术创新	(1) 双方融合销售网络，建立了全球统一的销售网络①②③	并购方、目标方	弱
		(2) 郑煤机与 Bosch SG 开展人力资源共享①②		
	探索性技术创新	(1) 并购后，在郑煤机的支持下，Bosch SG 建立起规模达600人的资深研发团队①②	目标方	强
		(2) 在德国、中国完善和新建了两个全球研发中心①②		
		(3) 在西班牙、匈牙利等8个国家设立区域性研发中心①②		
		(4) 并购后，Bosch SG 在汽车节能减排方面的技术专利快速增加，增加近百项专利①②		
		(5) 并购后，Bosch SG 积极探索电气化技术，努力实现转型升级①②③		
		(6) 并购后 Bosch SG 在长沙设立启动机、发电机技术研发中心①②		
		(7) 在郑煤机的支持下，Bosch SG 拓展墨西哥、印度等海外市场①②		

注：①表示资料来源于访谈；②表示资料来源于二手资料；③表示资料来源于调研中的观察。

表3-9详细列出了研究所选六个案例企业在并购整合中的技术创新情况，包括技术创新类型、技术创新实践、创新主体与创新强度。通过在多个方面进行跨案例对比，得出如下发现：

第一，在中国企业发起的创新资源寻求型跨国并购中，推动企业技术创新、提升技术创新能力是企业重要战略目标。体现在以下两个方面：①所有案例企业均实施两种类型的创新；②至少有一种创新强度为中等以上，意味着企业在并购中投入了相当多资源进行技术创新，而非满足双方既有知识的共享和转移。可见，创新资源获取动机和战略已成为创新资源寻求型跨国并购的重要目标。

第二，开发性技术创新多由并购双方共同实施，而探索性开发创新随着创新程度的增强，创新主体出现规律性变化。通过对六个案例对比分析发现，开发性技术创新的创新主体均由并购双方共同承担。意味着，融合双方创新资源、进行协同创新是开发性技术创新的主要路径。而对探索性技术创新而言，随着创新强度增大，创新主体从完全由并购方承担，到双方共同承担，直至完全由目标方承担。这种规律表现为探索性技术创新强度越强，越依赖目标方的贡献。

第三，在中国企业发起的创新资源寻求型跨国并购中，根据两种创新方式的强度差异，形成了三种不同的组合：以开放性技术创新为主、以探索性技术创新为主、两种技术创新并重的组合。这意味着在跨国并购整合中，不同企业技术创新侧重点有所不同。接下来，本书将对三种不同技术创新组合进行深入分析和总结。

3.4.2　不同案例的企业技术创新组合

在以上跨案例的比较分析中研究发现，根据开放和探索性技术创新强度差异，在中国企业的知识资源寻求型跨国并购整合中，形成了三种不同的组合，如图 3－4 所示。

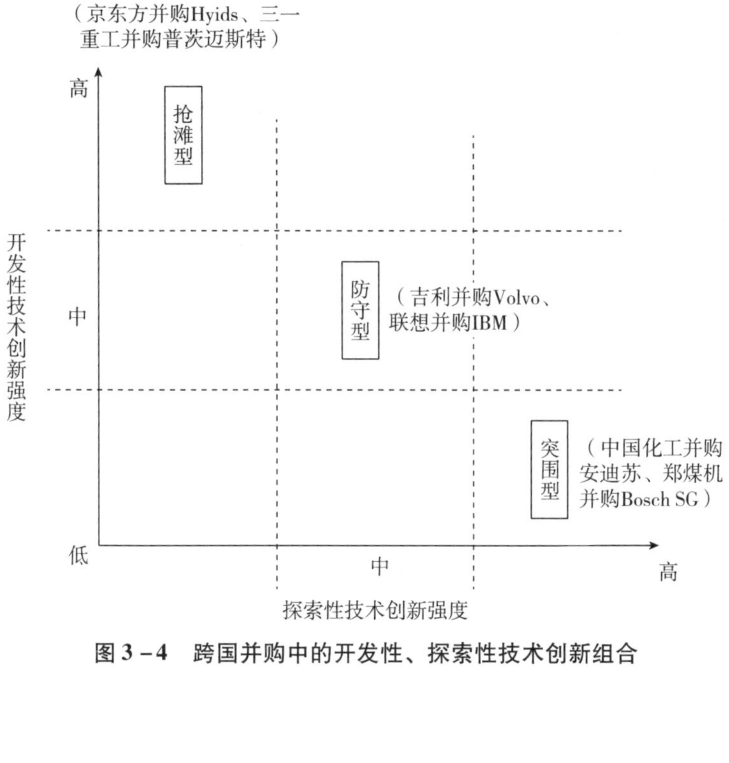

图 3－4　跨国并购中的开发性、探索性技术创新组合

（1）抢滩型组合。

在跨国并购中，若企业开发性技术创新强度高，探索性技术创新强度低，即以开发性技术创新为主、探索性技术创新为辅，可称作一种“抢滩型技术创新组合”。对应案例：京东方并购 Hydis（案例 A）和三一重工并购普茨迈斯特（案例 B）。

案例 A 中，并购后的新跨国公司致力于深耕 TFT－LCD 领域，因此并购整合中技术创新主要围绕 TFT－LCD，而该领域正是并购前双方所在技术领域。为此，并购交易完成后，尽管当时双方已掌握最先进的第 3.5 代生产线技术，但均毅然启动第 5 代生产线的研发与建设。而为确保生产线高质量如期竣工，Hydis 工程师将知识和技术带到中国，投身于新厂建设，并传授中方员工知识。并购后基于当时较先进的生产线，开发出多款高技术含量的显示器、电视及商用显示屏。尽管并购后双方也尝试在其他领域拓展和创新，但投入资源较少，并未产出创新产品。因此，案例分析结果说明：企业以开发性技术创新为主，以探索性技术创新为辅。

案例 B 中，并购后三一重工与普茨迈斯特紧紧围绕工程机械领域展开技术创新。因为普茨迈斯特在该领域极具技术优势，处于劣势方的三一重工较多融合普茨迈斯特的先进技术，而后者借助三一重工平台开展研发创新活动。通过核心员工层面的技术交流指导，双方实现了创新资源的协同共享，取得了丰硕的创新成果。例如，创下 492 米新纪录的三级混凝土泵、全球最大吨位 3600 吨的履带式起重机、世界首台全液压平地机等。然而，并购后双方也在技术偏离较远领域进行了一些尝试，例如，联合外部机构成立“无人装备工程中心”，并取得了“武器装备科研生产许可证”，虽为初步尝试，未来仍有较大的创新进步空间。在本案例中，企业以开发性技术创新为主，探索性技术创新为辅。

（2）防守型组合。

在跨国并购中，开发性与探索性技术创新并重的组合，可称为“防守型技术创新组合”，此时，两种创新方式均受到并购双方的重视。联想并购 IBM PC 部门（案例 C）与吉利集团并购 Volvo 汽车（案例 D）均属于开发和探索性技术创新并重实际案例。

在案例 C 中，并购后新联想将企业愿景调整为“高科技的联想，服务的联想，国际化的联想”，通过实施多元化的发展战略，新联想在发展 PC 业务同时，更注重在其他技术领域的探索尝试，而这种继续发展 PC 过程，属于开发性技术创新。在开发性技术创新方面，主要表现为融合双方技术，尤其在 IBM PC 部门技术基础之上的创新。一方面，新联想的组织架构中，原联想与 IBM 的管理和技术人员各占一半，双方通过积极开展技术专利共享，建立统一技术标准、融合双方的销售网络。借助开发性创新融合，联想推出旗下 Lenovo 品牌多款畅销笔记本，而 Think 更推出功能缩减办公低价产品，吸引更多普通客户。此外，并购后的新联想借助日本、美国新研发中心，在智能手机制造领域投入大量资源进行自主研发。通过研发低成本、功耗小的芯片技术，例如，“恒智”安全芯片，S 系列、K 系列、Z 系列智能手机，新联想的创新产品迅速成功地推向市场。由此判断，本案例中，企业并购后的开发性、探索性技术创新是并重的。

在案例 D 中，吉利与 Volvo 在继续深耕燃油汽车领域（开发性技术创新）的同时，更大举开发新能源汽车、智能驾驶技术（开发性技术创新）。而由于 Volvo 汽车的技术优势，开发性创新过程较多体现为吉利在融合 Volvo 技术的基础上，进行技术升级、开发新款汽油汽车。双方还通过创新协同，丰富了产品系列（拥有 A、B、C 级车），完善了产品布局（生产 SUV、MPV 车型能力），使新吉利产品质量显著提升（车辆问题从 2.98 个降至不足 1.5 个）。通过协同双方研发力量，Volvo 也不断取得突破。而在探索性技术创新方面，双方在并购整合中均投入了大量资源。并购后，Volvo 正式推出了全新的 CMA（Compact Modular Architecture），使 Volvo 在智能化、新能源和自动驾驶等新技术上，完成概念车领域布局。而吉利更在 2018 年的 3 个月内连续推出了 3 款新能源汽车。通过此案例可做出判断，企业并购后的开发性技术创新和探索性技术创新是并重的。

（3）突围型组合。

在跨国并购中，若企业探索性技术创新强度高、开发性技术创新强度低，即以探索性技术创新为主、开发性为辅，此种情况可被总结为“突围型技术创新组合”。对应案例：中国化工并购安迪苏（案例 E）与郑煤机并购 Bosch SG（案例 F）。

案例 E 中，并购后中国化工与安迪苏以双方既有产品市场优势为基础，依托安迪苏品牌，大力研发生产特种产品，并将其作为企业“第二支柱”。在既有技术领域，双方虽然仅拓展蛋氨基酸的生产能力、销售区域，融合销售网络，建立全球统一的销售网络这两方面开发性技术创新，而在探索性技术创新领域，双方却投入了主要资源。基于中国化工的支持，并购后的安迪苏建立致力于在非蛋氨基酸领域发展、选择和开发创新解决方案，例如，推出有机硒添加剂 Selisseo、非淀粉多糖酶罗酶宝 Advance、益生菌产品 Alterion、罗迪美 A - Dry + 等产品。此外，安迪苏于收购后进军霉菌毒素养殖、管理、改善消化性能等领域。通过“全球市场准入”规划及流程项目，安迪苏顺利实现了新产品的市场推广。由此可判断，在本案例中，企业以探索性技术创新为主，开发性技术创新为辅。

而在案例 F 中，郑煤机并购了 Bosch 旗下汽车电机和启停技术、能量回收系统部门，即 Bosch SG。双方在维持郑煤机主业优势的同时，依托 Bosch SG 技术与平台，全面进军汽车零部件行业，大力发展节能减排技术。双方虽然仅通过融合自有销售体系，建立全球统一营销网络，实现开发式技术创新。但在探索性技术创新方面，郑煤机的大力支持 Bosch SG 新建中国、德国 2 个全球研发中心，设立西班牙、匈牙利等 8 个区域性研发中心；建立规模达到 600 人的资深研发团队。当前，Bosch SG 在汽车节能减排技术专利快速增加（近百项专利）。此外，在郑煤机支持下，Bosch SG 积极向墨西哥、印度等海外市场拓展。这说明，在这个案例中，企业是以探索性技术创新为主，开发性技术创新为辅的。

在中国企业实施的知识资源寻求型跨国并购中，企业会实施开发与探索性两种技术创新，而根据创新强度不同，可形成三种创新组合：抢滩型、防守型与突围型。其中，抢滩型组合以开发性技术创新为主、探索性技术创新为辅；防守型组合表现为两种技术创新并重；突围型组合则以探索性技术创新为主、开发性技术创新为辅。

3.4.3 技术创新组合选择的影响因素

通过案例比较发现，企业在跨国并购中会形成不同的技术创新组合，由此产生如下问题：影响企业在跨国并购中技术创新组合选择的因素有哪些？影响机理是怎样的？通过案例分析得出，企业在并购整合中对两种技术创新组合的选择，同时受两种技术创新的互补性、企业内外部因素的影响。其中，内部因素主要是企业资源的有限性，外部因素是并购方所处产业的生命周期阶段。

（1）开发性与探索性技术创新的互补性。

随着技术变革、产品生命周期缩短，技术创新地位日益凸显，越来越多的企业意识到同时培育两种创新能力，能够成为其在动态市场环境中制胜的法宝（吕鸿江等，2017）。企业整合利用现有知识与资源，进行开发性技术创新，能够渐进式改进产品质量与服务、扩展完善组织流程和结构，通过提高组织效率满足客户与市场需要（Lin 和 Chang，2015），而探索性技术创新则是企业利用从外部网络获取知识与资源进行新的设计与创造、开发新产品新服务，开拓分销新渠道，以满足新兴客户与市场需求的激进式创新（Benner 和 Tushman，2003）。若只进行开发性技术创新，虽可短期提升绩效，但可能因此陷入不充分回应环境变化的“成功陷阱”；同样，实施探索性技术创新也可能由于创新周期长、风险高，陷入长期无回报的“失败陷阱”（Gupta 等，2007；Raisch 等，2009；林筠和张敏，2017）。

Beckman 等（2004）和崔月慧等（2018）指出，开发性技术创新能使企业满足现有市场需求获得短期利益；而探索性技术创新能使企业保持对外部环境变化的适应能力，获得探索新市场的机会，并使企业保持长期竞争优势。正如林筠和张敏（2017）所言，企业提升现有产品和服务，扩大市场份额，即进行开发性技术创新是确保生存的重要途径；而为保证未来存活，还需不断探索新技术、商业模式，开发新产品、新服务，即进行探索性技术创新。

开发性、探索性技术创新在企业内部的互补性，分别从长、短期构成企业竞争优势。企业想要维持这种优势，必须同时开展两种创新。当今社会，那些在市场先取得耀眼成就、表现出极强竞争力的企业，往往十分注重同时推进两种创新。例如，谷歌不仅注重开发性创新（搜索技术），也聚焦占据未来竞争制高点的移动互联、人工智能等探索性创新技术，并借此获得骄人业绩。再如，百度除在网络搜索领域持续深耕外，还投入大量精力进军无人驾驶和智能家居领域，通过积极开展探索性技术创新，有力增强企业未来竞争力。开发性和探索性技术创新的互补性，确定了创新过程中同时进行两种技术创新的必然性。解释了研究所选的案例企业在跨国并购中同时进行探索性和开发性技术创新的缘由，而两种创新并存必然带来实践中的不同创新组合。由此，两种技术创新互补性对企业在并购中以组合的方式开展技术创新的影响机理得以揭示。

（2）企业内部资源的有限性。

March（1991）认为，组织无法兼顾探索与开发这两种创新活动，原因在于它们存在资源竞争。被竞争资源体现在人、财、物等有形资源以及时间、精力等方面（Gibson 和 Birkinshaw，2004）基于资源有限性视角认为，在企业内部，探索性和开发性技术创新可能是对立的，两者被视为连续统一的两端，面临资源稀缺时，会呈现此消彼长的竞争关系（吕鸿江等，2017；Raisch 等，2009），甚至两者在组织模式和组织结构方面也充满竞争性（崔月慧等，2018）。若组织把大量资源用于开发性创新，意味着用于探索性创新的资源较少；反之亦然（李剑力，2009）。因此，企业内部资源有限性会对技术创新组合的选择产生重要影响。这种影响在小企业更为明显，由于其资源紧缺现象更为明显与持久，迫使其仅能进行两种创新中的一种。

由此可以总结：企业内部资源的有限性，令其难以同时进行高强度探索性和开发性技术创新。这也就解释了在研究所选案例中，企业以开发性技术创新为主、探索性技术创新为辅；两者并重（两种创新均为中等程度）；探索性技术创新为主、开发性技术创新为辅等不同的组合开展技术创新，却未出现两者同为高强度的组合方式。

（3）产业生命周期所处阶段。

案例间比较分析发现，影响企业技术创新组合决策的还有并购方所在产业生命周期所处的阶段。产业生命周期（也称行业生命周期）是指产业从初生到衰亡的过程（刘焰，2017），它体现了单个产业或行业发展的规律性及阶段性（刘志阳等，2017）。根据产业生命周期理论，产业发展往往经历导入期、成长期、成熟期和衰退期四个不同阶段（Klepper，1996）。在导入期与成长期，企业进入壁垒较低，虽然行业利润率较低，但市场增长率高，需求增长快，发展空间大，存在难得的机遇。而随着行业进入成熟期，其发展前景逐渐明朗，同行业企业间竞争日益激烈，行业发展机遇与空间不断减少，而进入衰退期，行业销售收入大幅下降，企业生存困难，迫使大量企业退出行业竞争（刘刚和于晓东，2015）。所选案例中，并购方所处行业的生命周期以及企业在并购中的技术创新组合选择如表3－10所示。导入期和成长期均为行业早期发展阶段，因此将其合并为成长期。

表3－10　目标方所在产业的周期及并购中技术创新组合

案例	目标方	所在行业	生命周期阶段	技术创新组合
A	京东方	电子显示器	成长期	开发性技术创新为主、探索性技术创新为辅（抢滩型）
B	三一重工	特种机械	成长期	开发性技术创新为主、探索性技术创新为辅（抢滩型）
C	联想集团	个人电脑	成熟期	开发性、探索性技术创新并重（防守型）
D	吉利集团	汽车行业	成熟期	开发性、探索性技术创新并重（防守型）
E	中国化工	传统化工	衰退期	探索性技术创新为主、开发性技术创新为辅（突围型）
F	郑煤机	煤炭行业	衰退期	探索性技术创新为主、开发性技术创新为辅（突围型）

Hambrick和Mason（1984）研究发现，企业战略选择受市场环境、经济背景等因素的影响，其中企业所在产业生命周期是影响战略选择的重要因素之一。对创新资源寻求型跨国并购而言，企业如何进行技术创新组合会直接决定并购战略成败，而战略选择也会受到产业生命周期影响，即形成“产业生命周期—战略选择—企业技术创新组合”的影响链（Sirmon等，2011）。正如He和Wong（2004）的研究结论所示，企业探索性、开发性创新活动与组织创新事前战略目标密切相关，而这种战略又会受企业所在外部环境影响。

研究认为，当行业处于生命周期的成长期时，企业会加大行业资源配置；而进入衰退期时，会减少在该行业中的资源配置，将资源投入新行业以进行战略转型；而到成熟期后时，面临激烈竞争，需寻找新机会与新空间，因此企业会同时向既有行业与新行业投入资源（Sirmon 等，2011；刘刚和于晓东，2015）。针对并购中的技术创新，当目标方所处行业为成长期时，企业并购整合中会以开发性技术创新为主，即在既有行业深耕；当处于成熟期时，会同时并重两种技术创新；而处于衰退期时，会以探索性技术创新为主，即主要在新行业开展技术创新。

由此可知，基于战略管理视角，目标方所在行业的生命周期阶段决定了企业战略，进而影响了企业在并购整合中技术创新组合的选择，即当目标方所处行业处于成长期时，并购整合中的技术创新主要为企业在具有较大发展空间行业中进行“抢滩”战略；处于成熟期时，技术创新要帮助企业保持在既有行业的地位，又要开展新的利润空间，实现“防守”战略；而进入衰退期，并购整合中的技术创新主要帮助企业实现进入新领域的战略，即进行“突围”。通过案例分析研究证实，不同企业会根据其所在行业的不同生命周期，选择差异化技术创新组合。

3.5 本章小结

本章从知识过程视角出发，基于技术创新理论，通过探索性多案例分析，识别出创新资源寻求型跨国并购整合中，企业开展技术创新类型及其过程。总体而言，并购整合中，企业会开展开发性和探索性两种技术创新，其中开发性技术创新包含知识共享、知识融合和知识再创造三个阶段，而探索性技术创新过程则包含机会识别、知识获取和新领域进入三个阶段。受到两种技术创新的互补性、企业内部资源有限性以及产业生命周期的影响，企业在并购整合中会在两种技术创新中有所侧重，进而形成抢滩型、防守型和突围型三种组合。

4 跨国并购中知识治理过程、机制和治理模式研究

并购中，一些企业的知识治理促成了并购双方取得“双赢”的结果，在创新资源寻求型跨国并购中形成了诸多具有借鉴价值的案例。然而，当前鲜有文献对企业在跨国并购中应如何进行知识治理、如何设计知识治理机制等问题展开系统研究。为此，本章采用多案例研究方法，对企业跨国并购中的知识治理过程进行总结，对成功的治理机制和治理模式进行提炼。首先，基于单案例探索性研究，提炼企业并购中的知识治理过程；其次，在多案例研究的逐项复制法则下，基于单案例研究发现展开多案例重复性研究；最后，基于多案例研究的差异复制原则，展开跨案例比较研究，寻找不同企业知识治理的差异，探索知识治理与企业技术创新组合的匹配关系，提炼适合不同企业的知识治理模式。

4.1 对知识治理过程的探索

并购整合中，技术创新主要发生在并购整合阶段，但与技术创新不同，并购方为取得并购的成功、实现既定的创新战略，往往在并购准备阶段就开始对目标方员工采取相应的治理措施。这意味着，企业并购中的知识治理贯穿于整个并购过程，包括并购准备、交易等不同阶段。学者们从不同视角对国际并购整合过程进行了阶段划分。例如，Lucks 和 Meckl（2002）、李自杰等（2014）将国际并购的整合过程分为：①准备阶段，终止于确定并购目标和正式提出并购申请等行为；②交易阶段，终止于资产所有权和股权变更完成；③整合阶段，短期时间内不会终止，直到达到企业战略期望。三个阶段的关系如图 4－1 所示。Luck 和 Meckl（2002）对并购整合的划分既有清晰的划分依据，又能体现并购整合过程中双方关系、接触程度和沟通渠道的变化。因此，本书在其研究的基础上对跨国

并购中的知识治理过程展开分析。

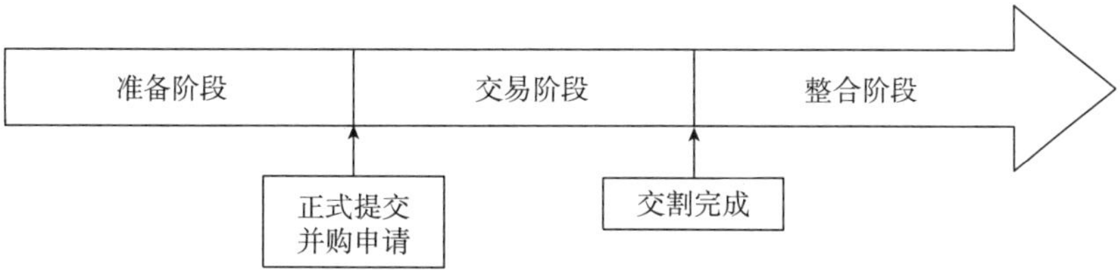

图 4－1 跨国并购过程的阶段划分

4.1.1 开放编码

本部分按照“贴标签”“概念化”“范畴化”的规范程序进行开放式编码。编码过程中，tD_{c}^{i} 为案例资料编码结果的代码，其中，D 为案例的编号，t＝1，2，3，分别表示并购准备阶段、交易阶段和整合阶段，c＝Ⅰ、Ⅱ、Ⅲ，分别表示贴标签、概念化和范畴化过程，i＝1，2，3，…，n，表示第 i 条编码结果。例如，$1D_{\text{Ⅱ}}^{2}$ 表示案例并购准备阶段资料概念化过程中的第 2 条编码结果。

经过对案例 D 的开放式编码，本书最终得到有关并购中知识治理的 49 个标签，49 个概念和 42 个范畴，如表 4－1 所示。据此，研究可聚焦案例资料的收集范围，确定资料重点，以便对后续案例展开重复研究。

4.1.2 主轴编码

本书选择“条件—行动/互动策略—结果”的范式模型将开放新编码所得的 42 范畴联结在一起。例如，在“信任缺失”“文化差异”“知识共享需要时间和精力投入”“个人利益最大化”“双方交流困难”以及“对并购方持怀疑态度”等范畴中，便蕴含着这样一条“轴线”：目标方知识员工对并购方没有足够信任，双方企业存在文化差异，此外知识共享需大量的时间和精力，在此情况下，目标方知识员工对并购方持怀疑态度，并选择个人利益最大化，由此产生机会主义，不愿意共享知识或选择“磨洋工”。这条轴线描述了目标方知识员工在配合知识转移中动力不足的问题，因此，研究将这条轴线中的相关范畴归纳到“配合动力不足”这一主范畴中，而原有的范畴对应成为副范畴。再如，轴线 1 所描述的是：在信息不对称、不完全理性的以及并购会给目标方员工带来风险的条件下，并购会给目标方员工尤其是知识员工带来诸多风险，导致他们倾向于通过离职来规避风险。这条轴线描述了在中国企业对发达国家企业的创新资源寻求型跨

表 4－1　案例 D 有关知识治理的开放式编码示例

并购阶段	案例资料	贴标签	概念化	范畴化
并购准备阶段	Volvo 的知识员工在得知吉利有并购意向时表现出意外，对这家来自中国的民营企业知之甚少①	$1D^{1}_{\mathrm{I}}$ 不了解对方信息	$1D^{1}_{\mathrm{II}}$ 不掌握并购方信息	$1D^{1}_{\mathrm{III}}$ 信息不对称
	Volvo 到吉利已并购的英国锰铜工会考察，询问吉利是一家什么样的企业，怎样对待锰铜工会①②	$1D^{2}_{\mathrm{I}}$ 目标方工会担心得不到善待	$1D^{2}_{\mathrm{II}}$ 担心得不到善待	$1D^{2}_{\mathrm{III}}$ 员工对并购方持怀疑态度
	在欧美国家企业决策中工会起到主导作用，工会不同意则收购失败。Volvo 工会对吉利做了考察，他们要摸清吉利的背景、对员工的态度，以及为什么要并购 Volvo①②	$1D^{3}_{\mathrm{I}}$ 目标方工会对并购方的并购目标持怀疑态度	$1D^{3}_{\mathrm{II}}$ 对并购方并购动机持怀疑态度	
	收购后会进行相应的人事调整，涉及原核心员工利益①②	$1D^{4}_{\mathrm{I}}$ 并购会给目标方知识员工带来风险	$1D^{4}_{\mathrm{II}}$ 并购会给目标方知识员工带来风险	$1D^{3}_{\mathrm{III}}$ 并购会带来风险
	吉利认识到被福特购买的 10 年内，Volvo 未能充分发挥潜能，核心员工受累颇深①②	$1D^{5}_{\mathrm{I}}$ 对目标方及员工现存的困境进行分析	$1D^{5}_{\mathrm{II}}$ 分析目标方及员工困境	$1D^{4}_{\mathrm{III}}$ 分析目标方困境
	因福特已经在中国建厂，而中国政府只允许一个外资企业在中国建两家工厂，因此福特旗下，Volvo 失去了进入中国市场的良机，吉利正好为它打开了中国市场①②	$1D^{6}_{\mathrm{I}}$ 通过并购可以助其拓展市场	$1D^{6}_{\mathrm{II}}$ 可助其拓展市场	$1D^{5}_{\mathrm{III}}$ 有能力助目标方发展
	……	……	……	……

续表

并购阶段	案例资料	贴标签	概念化	范畴化
并购谈判阶段	并购谈判前，个别 Volvo 员工担心并购后不受重用而离职了①	$2D_{I}^{2}$ 目标方员工主动离职以规避风险	$2D_{II}^{3}$ 主动离职规避风险	$2D_{III}^{2}$ 主动离职规避风险
	……	……	……	……
并购整合阶段	因为双方文化差异和技术水平的差距，加之地域差别，并购双方进行知识分享需要花费一定时间与精力①②③	$3D_{I}^{1}$ 受客观因素影响，知识共享需要时间和精力投入	$3D_{II}^{1}$ 承诺不裁员	$3D_{III}^{1}$ 知识共享需要时间和精力投入
	吉利和 Volvo 来自两个不同国别，企业文化也有明显差异①②	$3D_{I}^{2}$ 双方面临文化差异	$3D_{II}^{2}$ 面临文化差异	$3D_{III}^{2}$ 文化差异带来整合障碍
	“收购以后，我们首先被怀疑的就是文化融合，怀疑李书福虽然收购了，但是能不能管得了……”①	$3D_{I}^{3}$ 文化差异存在的情况下，整合面临难题	$3D_{II}^{3}$ 整合面临挑战	
	“他们（Volvo 员工）的思维确实与我们不一样，很多地方跟我们想的完全不一样。”①	$3D_{I}^{4}$ 思维存在差异	$3D_{II}^{4}$ 想法难以取得一致	$3D_{III}^{3}$ 认同不足
	有一次李书福到瑞典的 Volvo 总部开董事会，结果不欢而散，Volvo 的人完全不接受李书福的想法①②	$3D_{I}^{5}$ 不接受对方思路	$3D_{II}^{5}$ 不接受对方思路	
	双方各自好好经营企业，不要小聪明，彼此很坦诚，都坦诚相对①②③	$3D_{I}^{6}$ 并购双方彼此坦诚相待	$3D_{II}^{6}$ 并购双方彼此坦诚相待	$3D_{III}^{4}$ 坦诚相待

续表

并购阶段	案例资料	贴标签	概念化	范畴化
并购整合阶段	我们要打造全球高绩效组织和企业文化，收购 Volvo 机理是激励，Volvo 与吉利相互独立，吉利没派任何人去 Volvo，不干涉 Volvo 的运行…… ①	$3D_{I}^{7}$ 采用激励机理，不强制管理，不干涉具体运营	$3D_{II}^{7}$ 不干涉具体运行	$3D_{III}^{5}$ 管理放权
	未指派高层管理 Volvo 对进行管控，仅派出保障沟通的相关人员①②	$3D_{I}^{8}$ 没有指派直接管理者	$3D_{II}^{8}$ 未指派管理人员	
	吉利总裁对 Volvo 员工书面承诺其瑞典总部和研发机构的地位不变，不裁员并保障 Volvo 员工的福利待遇①②	$3D_{I}^{9}$ 承诺不裁员，保证福利待遇	$3D_{II}^{9}$ 承诺不裁员，保证福利待遇	$3D_{III}^{6}$ 保证目标方员工的福利待遇
	吉利汽车董事长说："福特大公司，收购之后与 Volvo 是父子关系，吉利汽车是家小公司，Volvo 有着 80 多年的历史，吉利只有向 Volvo 学习的可能，视 Volvo 为兄弟……"①②	$3D_{I}^{10}$ 需要向对方学习，尊重对方	$3D_{II}^{10}$ 尊重目标方，向其学习	$3D_{III}^{7}$ 尊重目标方
	李书福向 Volvo 员工承诺，吉利不但不会关闭 Volvo 的欧洲工厂，反而要对其注资，帮助 Volvo 变得更强大①②	$3D_{I}^{11}$ 对 Volvo 注资，帮助其发展	$3D_{II}^{11}$ 对 Volvo 注资，帮助其发展	$3D_{III}^{8}$ 对其注资
	并购以后，吉利和 Volvo 两个品牌彼此独立、并行，Volvo 是高端豪华品牌，吉利是大众品牌，携手参与市场竞争①②③	$3D_{I}^{12}$ 保持两个企业各自品牌并行发展	$3D_{II}^{12}$ 两个品牌并行发展	$3D_{III}^{9}$ 双品牌战略
	……	……	……	……

注：①表示资料来源于访谈，②表示资料来源于二手资料，③表示资料来源于企业调研中的观察。

国并购中，目标方员工产生明显离职倾向的现象和原因，因此本书将这一轴线总结、提炼为“离职倾向明显”。通过这一过程，本书将42个副范畴归纳到9个主范畴中，如表4-2所示。

表4-2 对案例D的主轴编码

轴线编号	副范畴			主范畴
	条件	行动/策略	结果	
1	信息不对称，不完全理性，并购会给目标方员工带来风险	自保行为	存在诸多风险，主动离职规避风险	离职倾向明显
2	信任缺失、文化差异，知识共享需时间和精力投入	个人利益最大化，对并购方持怀疑态度	双方交流困难，机会主义	配合动力不足
3	双方存在差距，认同不足	产生负面情绪	工作热情和投入度受到影响	工作积极性差
4	并购会给目标方员工带来风险，信任缺失	建立吸引，保持对目标方尊重，承诺目标方员工福利待遇，建立共同企业愿景	目标方员工面临风险得到控制，促使信任和认同的形成，	人员凝聚
5	认同不足，目标方员工的利益诉求	不裁员、管理放权、双品牌战略以及建立共同的管理与技术标准	目标方获得较大的自由度，促使信任与认同形成	组织平等构建
6	并购双方存在地理距离、文化差异	文化渗透、加强交流，建立情感交流项目、技术交流项目	适应对方文化，降低文化差异、地理距离的不利影响	跨文化交流
7	深入分析目标方困境，有能力助目标方发展	帮助目标方拓展市场，对其注资帮助其降低成本	目标方摆脱困境，绩效改善	发展助推
8	所在行业处于成熟期；双方技术互补性高	知识共享；知识融合；知识再创造	既有产品升级；既有产品系列拓展	顺利推进开发性技术创新
9	目标方与并购行业均处于成熟期	机会识别；知识学习；新知识创造	全新的工艺；全新的产品	顺利推进探索性技术创新

4.1.3 选择性编码

通过选择性编码对主范畴系统关联，可以形成或直接构成核心范畴，并在核心范畴间开发故事线，扼要说明全部现象（Corbin 和 Strauss，1990；陶厚永等，2010）。例如“人员凝聚”“组织协同”“跨文化交流”等都是并购方在跨国并购中的知识转移战略，根据目标方组织与知识员工的行为特点而采取正式与非正式的治理安排，意在稳定知识员工，尤其是对管理经验丰富和掌握核心技术的知识员工，激励他们进行知识转移和创造，因此，这些主范畴可归到“知识治理机制”核心范畴中。“顺利推进探索性技术创新”和“顺利推进开发性技术创新”则可以归到“顺利实现既定技术创新战略”核心范畴，而其他主范畴可直接构成对应的核心范畴，由此我们得到五个核心范畴。根据“条件—行动/互动策略—结果”的范式模型，最终形成如下故事线：在中国企业对发达国家企业的知识寻求型跨国并购中，目标方知识员工具有明显离职倾向、知识转移配合动力不足、工作积极性较差等问题，将不利于企业通过并购获取创新资源、提升技术创新能力、推动技术创新发展；为此，并购方通过知识治理激励目标方知识员工，最终在并购中顺利实现既定技术创新战略的效果。核心范畴形成的范式模型如图 4－2 所示。

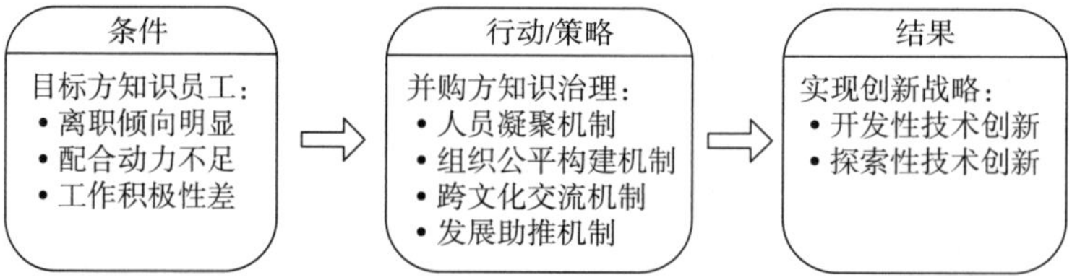

图 4－2 核心范畴的范式模型

经过三次编码，完成对案例 D 企业跨国并购中知识治理机制的提炼。具体而言，企业在并购整合中的知识治理包含人员凝聚机制、组织公平构建机制、跨文化交流机制与发展助推机制。人员凝聚机制包含建立吸引、保持尊重、承诺待遇与建立愿景四个具体措施，组织公平构建机制包含不裁员、管理放权、双品牌战略和统一管理及技术标准四个方面，跨文化交流机制包含文化渗透、情感交流和技术交流三种措施，而发展助推机制则分为分析困局、拓展市场、降低成本以及直接投资四种。这些措施贯穿于并购整合的整个过程（准备、交易与整合阶段）。

4.2 员工视角下知识治理的动因

知识治理是通过正式和非正式组织机制及实践，激励和塑造知识行动者的动机与行为，最终使组织的知识活动得到最优化（Peltokorpi 和 Tsuyuki，2006；王雎，2009）。知识治理本质是在知识行动者激励、引导、规范和控制等方面的多种组织安排（李维安，2006）。而在并购过程中，企业通过正式和非正式组织机制及实践，激励、引导、规制和约束目标方知识员工行为和动机，以确保企业提升技术创新能力、推动创新发展等技术创新战略的实现，此过程可称为创新资源需求型跨国并购中的知识治理。通过案例编码分析，本书发现了在对发达国家企业的创新资源寻求型跨国并购中，中国企业开展知识治理的直接原因，具体过程和结果如下：

在对案例开放式编码所形成的范畴进行主轴编码的过程中，依据“条件—行动/策略—结果”的逻辑范式模型，本书发现，在信息不对称、不完全理性、个人利益最大化、工作人情和投入度受到影响等 21 个范畴中，可以形成三条轴线：①在信息不对称、不完全理性以及并购会给目标方员工带来风险的条件下，并购会给目标方员工尤其是知识员工带来诸多风险，导致他们倾向于通过离职来规避风险。这条轴线描述了在中国企业对发达国家企业的创新资源寻求型跨国并购中，目标方员工产生明显离职倾向的现象和原因，因此本书将这一轴线总结、提炼为“离职倾向明显”。②在并购双方信任缺失、文化存在差异以及知识共享和创造需要时间和精力投入的条件下，目标方知识员工选择个人利益最大化，对并购方持怀疑态度，由此导致并购双方人员尤其是知识员工之间交流困难，甚至产生机会主义。这条轴线描述了在中国企业对发达国家企业的创新资源寻求型跨国并购中，目标方知识员工配合动力不足的现象和原因，因此本书将这一轴线总结、提炼为“配合动力不足”。③在并购双方在管理和技术水平方面存在差距以及认同不足的条件下，目标方知识员工会产生负面情绪，导致他们的工作热情和投入度均受到影响。这条轴线描述了在中国企业对发达国家企业的创新资源寻求型跨国并购中，目标方知识员工在工作中积极性差的现象和原因，因此本书将这一轴线总结、提炼为“工作积极性差”。由此，本书完成了对创新资源寻求型跨国并购中，中国企业开展知识治理的直接原因的探索，主要包括目标方知识员工在并购中离职倾向明显、配合动力不足以及工作积极性差三个问题。

但这些发现仅来源于单案例。根据案例研究规则，结论需要在多个案例中得到验证，才可证明其普遍适用性（Eisenhardt，1991；Yin，2013）。因此，遵循多案例研究的逐项复制法则（毛基业和李高勇，2014），需要将离职倾向明显、配合动力缺乏以及工作积极性差三个问题在所选其他五个案例中一一进行复制，以对这三个问题在多个案例中展开重复研究。

4.2.1 离职倾向明显

根据案例编码分析发现，在创新资源寻求型跨国并购中，存在目标员工尤其是知识员工离职倾向明显的问题。这一问题会阻碍企业在跨国并购中获取知识资源，于企业在跨国并购中实现既定的技术创新战略十分不利。本部分将对其余五个案例中目标方知识员工离职倾向明显的问题展开多案例研究，具体分析导致这一问题产生的机理，并在此基础上总结、提炼命题。

4.2.1.1 多案例复制研究

（1）案例 A：京东方并购 Hydis。

2003 年 2 月，Hydis 被京东方全资收购。根据 Hydis 一位卢姓中层管理人员描述，当时“Hydis 整个事业部人心慌慌”“大家都不知道未来将发生什么，企业将走向哪里……”“我们是谁?”并购后 Hydis 老员工对自己在新公司的新角色不断产生疑问。事实上，当被并购消息刚出现时，Hydis 员工已出现“人心不稳”的情况，当知道要被一家中国企业收购时，一些员工便着手准备“换工作”。Hydis 老员工的离职倾向一直持续到整合初期。在京东方最初从 Hydis 招募的 160 名韩籍员工，到京东方光电投产时，仅剩 130 人，相当一部分韩籍技术员工从并购整合伊始便陆续离职。

（2）案例 B：三一重工并购普茨迈斯特。

2008 年，受全球金融危机的影响，普茨迈斯特 50 年无亏损经营历史被打破。直到 2010 年，公司仍未扭转财务与经营的不利局面。面对各方压力，Schlecht 最终决定出售公司。三一重工作为一个强有力的竞购者，抢先和普茨迈斯特签订了并购协议。但普茨迈斯特员工得知后引起了很大骚动。由于不了解，甚至误解中国企业，被并购方员工担心德国设计被三一带走，夺走属于他们的成果。当得知在 2010 年以前，中国企业对德国的 30 起并购投资至少有 7 宗是以完全失败而告终（破产、清算或出局）时，他们更为焦虑。部分员工层因担心丢失工作，进行过集体抗议。少部分员工甚至直接选择离职，这些离职不仅发生在并购交易前，甚至在并购整合中依然存在。例如，朴茨迈斯特高级副总裁 Norbert Scheuch 便是在并购交易结束后提出辞职的。

（3）案例 C：联想并购 IBM 的 PC 部门。

2004 年 12 月 8 日，联想与 IBM 签订并购协议，确定联想收购 IBM 的 PC 部门。事实上，2002 年 IBM 就已有将 PC 事业部卖掉的打算，并将中国的联想集团锁定为首要的出售对象。但当时联想个人电脑的销售额不足 IBM 的 1/3。由于并不清楚联想并购后会以多大的努力去帮助和推进 IBM PC 部门的发展，IBM 的员工在和联想谈判的过程中显得急躁而自信，他们在薪酬福利上不做任何让步，对可能的利益趋之如骛。起初，他们对联想尽力挽留他们的努力并不买账。并购完成之初，在 IBM PC 部门的大本营美国罗利，士气一片低沉，IBM PC 事业部主管研发和技术工作的高级副总裁彼得·霍腾休斯曾说，那时候“人人自危”，“想要逃离的冲动时常涌上心头……”可见，在该案例中，IBM PC 部门人员的离职倾向不言自明。

（4）案例 E：中国化工集团并购安迪苏。

2005 年，中国化工集团收购了全球第二大蛋氨酸生产企业法国安迪苏集团。虽然中国化工在本国市场拥有丰富经验，但由于在化工业务相关领域缺乏核心技术，其产品无力进入国际市场。相比之下，老牌国际跨国公司拥有世界领先的技术、良好品牌形象和较大市场份额。由此通过并购实现技术和市场的双重互补，成为安迪苏跨国并购的主要战略。事实上，中国化工每次海外并购后都会将工作重心转移到全面发挥协同效应上来，包括资产与业务整合，加强不同国家员工的相互理解与文化认同等。然而，这些信息安迪苏并没有掌握，对他们而言，中国化工的并购动机与未来整合模式，都是未知的。因此，在并购谈判中，安迪苏员工对并购后的整合表现出极大的关切和担忧，而安迪苏原有管理与技术人员更无法确定在新公司中是否依然受重用。由此，出现了离职倾向。

（5）案例 F：郑煤机并购 Bosch SG。

2017 年 12 月，郑煤机耗时 17 个月以 41 亿元人民币并购德国 Bosch SG 的相关业务和资产。在并购接触阶段，并购双方就十分关注 Bosch SG 员工动向，他们明白，并购对员工动荡将带来一场大震动，极易引发内部混乱与员工离职。郑煤机意识到并购消息本身就足以令 Bosch SG 员工离职，尽管并购当时尚未发生，但他们已经产生危机感，且没有渠道获取足够信息驱除内心不安、评估潜在风险。在这种情况下，Bosch SG 员工有可能选择离开公司。当然，也会存在部分误信谣言或者产生误解的员工做出草率决定。在并购进入实时性谈判前，Bosch SG 员工要求实地考察郑煤机，他们希望对买方有更多的了解，以确信并购是否会给企业带来转机，而不是深陷泥潭。

4.2.1.2 案例总结

根据对单案例的编码分析，本书得到，在中国企业对发达国家企业的创新资源寻求型跨国并购中，存在目标方知识员工产生明显离职倾向的问题。创新资源寻求型跨国并购中，由于知识尤其是隐性知识多由目标方知识员工所掌握，因此他们离职倾向明显会对中国企业在跨国并购中实现既定的技术创新目标不利。随后基于多案例研究的逐项复制法则，本书对单案例的研究发现在其余五个案例中开展了逐项复制研究。研究发现，在本书所选的六个案例中，在并购整合初期，目标方知识员工均存在离职倾向明显的问题。案例研究结果显示，目标方员工之所以往往具有明显的离职倾向，是在并购双方信息不对等、并购整合会给目标方员工带来风险，以及人的行为是非完全理性的情况下，目标方员工会采取机会主义与自保行为，并最终导致明显的离职倾向。如图 4 –3 所示。

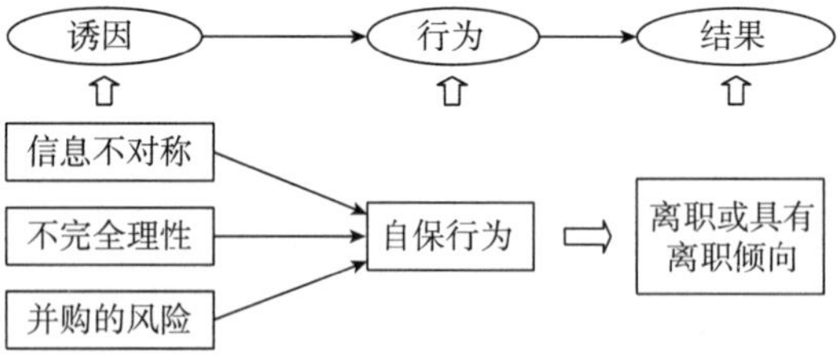

图 4 –3　目标方员工产生离职倾向的机理

对由中国企业对发达国家企业发起的创新资源寻求型跨国并购而言，目标方员工的离职问题具有如下特征：

第一，对并购方企业而言，目标方员工尤其是知识员工是否留任，对并购战略的实现极为重要。这是由两方面原因导致的：一方面，目标方知识员工掌握了大量的知识，包括隐性知识，他们的离职势必导致知识的大量流失；另一方面，目标方知识员工，尤其是研发人员，是企业开展技术创新的主要力量，相对而言他们在经验和实力上均较强，他们的离职将导致创新资源的流失。

第二，引发目标方员工离职或产生离职意愿的包括主观和客观两方面的因素，其中客观因素是主要方面，这些因素多是跨国并购所特有的，如文化差异、地理距离带来的信息不对称，以及并购整合本身的风险。

第三，从过程视角来看，目标方员工的离职行为和离职倾向并非仅产生于并购整合的某一阶段，而是贯穿于整个并购整合过程，但在合适的治理措施下，员工的离职问题和离职倾向在并购整合阶段可以得到很大的缓解。

基于案例分析和研究发现，可以得到以下命题：

命题 4.1　在中国企业对发达国家企业的创新资源寻求型跨国并购过程中，受信息不对称、人的不完全理性以及并购整合风险的影响，目标方知识员工将产生自保动机，由此引发其离职或明显离职倾向。

4.2.2 配合动力缺乏

根据案例编码分析发现，在创新资源寻求型跨国并购中，存在目标员工尤其是知识员工配合动力差的问题。这一问题会阻碍企业在跨国并购中获取知识资源、开展协同创新，于企业实现既定的技术创新战略十分不利。本部分将对其余五个案例中的目标方知识员工配合动力缺乏问题展开多案例研究，具体分析导致这一问题产生的机理，并在此基础上总结、提炼命题。

4.2.2.1 多案例复制研究

（1）案例 A：京东方并购 Hydis。

并购交易完成后，京东方为发展 TFT 事业，从 Hydis 原有员工中聘请 100 多名技术骨干，将其请到北京筹备新工厂（亦庄开发区）。当面对一片荒凉厂区时，韩国员工背井离乡感油然而生。虽然中韩地理位置相近，但语言障碍、文化差异等问题依然突出。而从并购伊始到整合初期，韩籍员工始终没有放下防备，他们对中国企业“只为获取技术”的判断使其始终保持着警惕，以至于不愿过多交流技术或管理经验。虽然并购后的跨国公司强调：在新工厂要尽可能使用韩语，并为每个部门配备了韩籍翻译，但韩国员工依然“人以群分”，“扎堆”现象明显，与中国员工的沟通交流存在诸多隐性障碍，这一度导致兼并后相当一段时间内 TFT 的核心技术依然由韩方控制。

（2）案例 B：三一重工并购普茨迈斯特。

早在收购事宜初步交涉阶段，便遇到来自德国的众多质疑。担心中国企业会“偷”走技术，并将就业转移出德国。质疑来自普茨迈斯特的员工，甚至德国政客们表示出怀疑。显然，双方信任在起始便是缺失的，目标方对并购方信任严重不足。而文化差异让并购面临更多挑战。由于中方员工只有少数能说英语，这让双方交流设置更多障碍。普茨迈斯特前任 CEO Norbert Scheuch 更难以适应两家企业的文化差异，更因为中国企业等级主导的管理模式而频繁受挫。由于不会说中文，Scheuch 经常被排除在决策之外，更被称为“在聚会上扫兴的人”，因为他会给对进入已饱和的欧洲市场持过于乐观态度的三一重工“泼冷水”。Scheuch 只是普茨迈斯特员工在并购中配合动力不足的代表。事实上，并购整合初期，普茨迈斯特技术员工对三一重工始终保持高度关注，为防止自身处境的恶化，他们不愿意过多交谈技术细节。

（3）案例 C：联想并购 IBM 的 PC 部门。

文化差异带来的困难从谈判之初就十分明显。在谈判过程中，让双方感到困难的不仅是语言的障碍，还有截然不同的工作作风和商务礼仪。双方整合初期时，彼此间不同的理念很难让公司领导层在决策时达成共识，会议越开越拖沓，讨论越来越复杂，大成效甚微，远低于预期。双方人员变得异常沮丧，每个人都苦不堪言。即便在文化融合上富有经验的高管，面对双方文化的差异依然一筹莫展。伊敏负责并购后双方的文化融合，担任文化融合总监，但工作中她依然发现很多IBM的专业术语，她完全听不懂。此外，并购融合显然也需要双方人员做出牺牲和努力。当并购事件宣布后，当时有人采访IBM PC部门员工，他们接受采访表现其最大的担忧便是：被并购后是否必须要去中国工作。IBM PC部门的原CEO沃德向该部门员工如此表达真诚："我很抱歉，虽然合并并非一个人可以扭转，但对工作上的变动，你们及家人必然要承受很大的压力，对此我感到抱歉。"

（4）案例E：中国化工集团并购安迪苏。

获得国外先进技术，是中国企业跨国并购的主要动力，但技术如何落地国内，却有很大的学问。有钱也未必能买到技术，中国化工并购安迪苏之初，由于中国生产成本低，安迪苏员工担心被收购后技术被拿走，工厂移到中国，海外公司会关闭，自己面临失业。事实上，在正式发出并购申请前，中国化工就曾与安迪苏寻求技术合作，但被无情拒绝，原因在于中国企业仅仅为得到技术，而不是真正发展安迪苏。中国化工集团董事长任建新亲自给安迪苏高管写信，然而，安迪苏方面表现得非常谨慎。这种不信任一直延续到并购整合初期。此外，文化差异也令双方融合缓慢。安迪苏的一位高管回忆并购后新公司第一次开会的场景，"……我们听到好几国语言，很难get到所有信息……""最开始，我们发现法国人做事情非常细致，接待中国员工培训，机票、医疗与日常生活等事务都较为关注。但中国员工觉得这样是不是有点小题大做。"

（5）案例F：郑煤机并购Bosch SG。

2017年5月3日，郑煤机Bosch SG同时向媒体宣布并购交易方案，标志着并购事件的尘埃落定。这场汽车制造行业期盼已久的跨境并购，一共历经了3轮竞标，而被并购方Bosch SG始终没有签订排他协议，这意味着即便进入最后一轮，Bosch SG也可随时终止交易，另寻其他买家。可见郑煤机想要取得Bosch SG的充分信任，十分不易。同样，并购中文化的差异也是双方难以回避的难题。郑煤机全面负责并购适宜的贾浩总经理坦言，并购准备、谈判，甚至到了并购整合的初期，双方一直都存在严重的沟通隔阂。让贾浩感受最深刻的一次是，在并购后的演讲中，他用中文讲，然后再译成英文，英文再译成西班牙文。本来简短的发言，因文化的差异导致两个小时还未结束。语言、文化、技术层面的差异，造成了严重的沟通障碍，也令并购出现过多次反复。

4.2.2.2 案例总结

根据对单案例的编码分析得到，在中国企业对发达国家企业的创新资源寻求型跨国并购中，存在目标方知识员工配合动力不足的问题。在创新资源寻求型跨国并购中，由于知识尤其是隐性知识多由目标方知识员工所掌握，因此他们配合动力不足会对并购双方间知识共享、协同创新等造成不利，阻碍中国企业在跨国并购中实现既定的技术创新目标。随后，基于多案例研究的逐项复制法则，本书对单案例的研究发现在其余五个案例中开展了逐项复制研究。研究发现，在本书所选的六个案例中，在并购整合初期，目标方知识员工均存在配合动力不足的问题。案例研究结果显示，目标方员工之所以配合动力不足，在并购谈判与整合初期，并购双方人员未建立足够信任，尤其是目标方知识员工对并购方信任尚处缺失状态。加之，跨国并购中无法避免的文化（民族、企业文化）差异，知识共享和创造过程中大量时间与精力投入等因素的存在，使目标方员工做出最大化个人利益的行为策略，最终导致对并购方持怀疑态度，而不予配合。如图 4－4 所示。

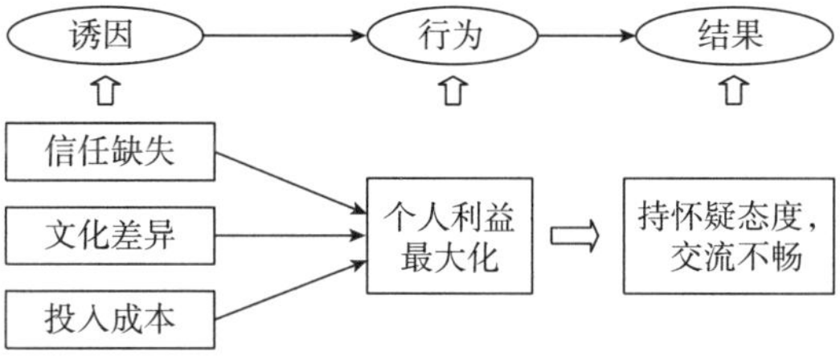

图 4－4 目标方员工配合动力不足的机理

对由中国企业对发达国家企业发起的创新资源寻求型跨国并购而言，目标方员工在并购中配合动力不足的问题具有如下特征：

第一，对并购方企业而言，目标方员工尤其是知识员工在并购中是否配合，对技术创新目标的实现极为重要。这是因为，首先，目标方员工对并购事件是否欢迎，可以直接决定并购能否顺利实施；其次，他们掌握着大量的关键技术和丰富的管理经验，这是企业在并购中开展技术创新的关键资源；最后，他们是企业在并购中开展技术创新的核心力量。

第二，影响目标方员工在并购中配合动力的因素包括主观和客观两方面，其中主观因素是主要方面，这主要来自目标方知识员工对并购方信任的缺失。一方面，并购方作为发达国家企业，目标方员工往往对并购方的并购动机产生怀疑；另一方面，对并购方的能力也有质疑。

第三，从过程视角看，目标方员工配合动力不足的问题在并购整个过程中均有体现，但在并购准备阶段表现得最为明显。

基于以上案例研究，可得出如下命题。

命题4.2 在中国企业对发达国家企业的创新资源寻求型跨国并购的整个过程中，受到信任缺失、文化差异以及知识共享、创造需要时间和精力投入等的影响，目标方知识员工将选择个人利益最大化的行为策略，由此引发其配合动力不足。

4.2.3 工作积极性差

根据案例编码分析发现，在创新资源寻求型跨国并购中，存在目标员工尤其是知识员工工作积极性差的问题。这一问题会阻碍他们在跨国并购中积极共享知识、创造新知识以及开展协同创新，于企业在跨国并购中实现既定的技术创新战略十分不利。本部分将对其余五个案例中目标方知识员工工作积极性差的问题展开多案例研究，具体分析导致这一问题产生的机理，并在此基础上总结、提炼命题。

4.2.3.1 多案例复制研究

（1）案例A：京东方并购Hydis。

作为被并购方的Hydis在业内有着强大实力。截至2002年7月，Hydis已拥有研发人员、工程技术人员及技师436人。1995～2001年已在韩国国内申请1702项技术专利。Hydis研发体系设有独立TFT－LCD研发机构，具有丰富的技术储备，产品型号开发规模大，涉及材料、生产线、零部件、生产、管理技术等多方面。Hydis的TFT－LCD技术不仅支持现有先进产品的生产，更有良好的发展前景。此外，Hydis还是一家较早实现国际化的企业，有着丰富的国际管理经验。相比之下，京东方虽已在中国上市，但在TFT－LCD领域，不论是技术实力还是国际化运作经验都与Hydis相差甚远。面对比自身实力弱的并购方，Hydis员工感到失落。此外，Hydis对京东方始终缺乏认同，导致诸多并购整合实施难以实施，例如整合前期京东方准备把Hydis在韩国的技术模块厂搬到北京，但遭到后者工会的强烈反对。多重因素抑制了并购整合中Hydis员工的工作热情与投入程度。

（2）案例B：三一重工并购普茨迈斯特。

尽管三一重工有着全球扩张的宏伟计划，但截至2011年，其海外销售收入不足20亿元，仅占当年销售总收入的5%，因此，三一重工并不是严格意义上的跨国企业。而普茨迈斯特在当时已是业内普遍承认的工程机械国际第一巨头，他们用53年建立的全球销售体系和高端品牌形象，三一重工更是难以在短期超越。尽管三一重工在销售量、营业利润与产品链完备度方面已远超普茨迈斯特，但是，后者具有德国工程机械业特有的技术优势，使其核心产品——混凝土泵覆盖全球154个国家，市场占有率（除中国外）高达60%，三一重工远不能望其项背。实力的明显差距使普茨迈斯特员工对三一重工并没有好感，也未能形成足够认同。例如，当普茨迈斯特 CEO 对三一重工强力推进欧洲市场“泼冷水”。普茨迈斯特的核心员工一度出现悲观情绪，严重影响了工作效率和工作热情。

（3）案例 C：联想并购 IBM 的 PC 部门。

自 1911 年由三家公司合并而来，IBM 多年来均是信息技术行业的标杆性企业，其 PC 产品的美国市场占有率一度超过 50%。成为业界效仿的标准，IBM 笔记本更成为世界著名品牌。并购中，柳传志将整合预想为“毛巾里拧水”，把 IBM PC 部门 25% 的高毛利率与联想低成本运营能力相结合，扩大利润空间。然而，技术和管理的巨大落差令设想束之高阁。面对 IBM，联想表现得不自信与患得患失，加之缺乏国际化专业人才储备，仓促上阵，这种劣势不是“每天学一小时英语”能改变的。为确保成功整合，联想迁就 IBM 成为化解分歧的第一原则，处处忍让。这也恰恰从侧面说明了双方实力的差距给 IBM 员工所带来的负面影响。

（4）案例 E：中国化工集团并购安迪苏。

作为全球第三大营养添加剂生产商，安迪苏的专利数达 755 项。2012 年，安迪苏拥有全球蛋氨酸市场 29% 的份额，市场排名第二。相比之下，当时整个中国都不具有自主生产蛋氨基酸的能力（蛋氨基酸：新化工材料中的一种）。事实上，中国化工在成立之初将战略定位为“老化工、新材料”，意在化工新材料领域做大做强，然而当时中国在该领域整体技术水平较弱，产业化水平偏低，仅靠国内技术管理资源很难与国际强手抗衡。因此，与安迪苏相比，中国化工技术实力和管理经验都有明显差距。面对中国化工，安迪苏知识员工感到了落差与冲击，影响了并购中员工的士气，以致中方企业需花大量心血安抚员工情绪。同时，双方文化的认同度较低，目标方人员的士气问题也为中国化工实现既定技术创新战略带来了障碍。

（5）案例 F：郑煤机并购 Bosch SG。

郑煤机作为在中国煤炭行业有着骄人成绩的企业，虽在煤炭行业树立了全球性品牌，但其几乎没有任何汽车行业技术基础和运营经验。相比之下，Bosch SG 是目前世界领先的汽车技术及服务供应商。郑煤机并购的是其旗下的汽车起动机、发电机、48V BRM 能量回收系统等开发、制造、销售等业务。与日本电装、三菱电机等竞争对手相比，Bosch SG 拥有种类更齐全的乘用车、商用车起动机、发电机产品组合。就汽车配件领域而言，郑煤机与 Bosch SG 的差距显而易见。因此，对 7000 名 Bosch SG 员工而言，企业未来不确定性增多，并购整合带给员工更大的迷茫感，而文化认同也是影响并购整合中 Bosch SG 员工工作状态的关键因素。

4.2.3.2　案例总结

根据对单案例的编码分析得到，在中国企业对发达国家企业的创新资源寻求型跨国并购中，存在目标方知识员工工作积极性差的问题。创新资源寻求型跨国并购中，由于目标知识员工既是知识尤其是隐性知识的载体，同时又是知识的创造者，他们工作积极性差会对跨国并购中的知识共享、知识创造以及协同创新不利，会阻碍中国企业在跨国并购中实现既定的技术创新目标。随后基于多案例研究的逐项复制法则，本书对单案例的研究发现在其余五个案例中开展了逐项复制研究。研究发现，在本书所选的六个案例中，在并购整合初期，目标方知识员工均存在工作积极性差的问题。案例研究结果显示，目标方员工之所以工作积极性差，是并购双方实力差距以及认同不足诱发的目标方知识员工产生负面情绪所导致的，这些负面情绪诱发他们在并购过程中工作热情和投入度不高。如图 4－5 所示。

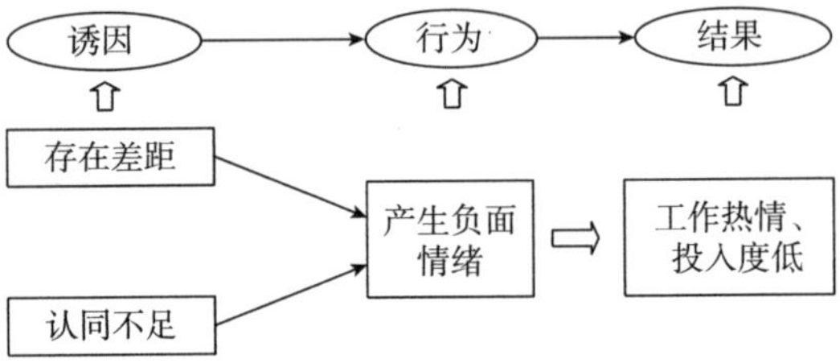

图 4－5　目标方员工工作积极性差的机理

对由中国企业对发达国家企业发起的创新资源寻求型跨国并购而言，目标方员工在并购后的工作中表现出积极性差的问题具有如下特征：

第一，对并购方企业而言，目标方员工尤其是知识员工在并购整合中能否积极工作，焕发出新活力，对技术创新目标的实现极为重要。这是因为，一方面，目标方员工是知识尤其是隐性知识的载体，只有他们积极工作，才会向并购方知识员工积极共享知识；另一方面，他们是主要的知识创造者。并购方通过并购获取研发力量，这种力量的发挥正是需要借助目标方知识员工研发活力的焕发。

第二，影响目标方员工在并购整合阶段工作积极性的因素包括主观和客观两方面，其中客观因素是主要方面，主要来自并购方和目标方在技术实力和管理经验上的差距。相对一般员工，这种差距对目标方知识员工的影响尤为明显。

第三，从过程视角看，目标方员工配合动力不足的问题主要表现在并购整合阶段。

基于以上案例分析和研究发现，可得出以下命题。

命题 4.3 在中国企业对发达国家企业的创新资源寻求型跨国并购的整合阶段，受并购双方实力差距与认同不足影响，目标方知识员工将产生负面情绪，由此引发其工作积极性差。

4.3 跨国并购中的知识治理机制

在知识治理研究领域，较多学者认同知识治理应划分为正式与非正式机制（王雎，2009；Foss 等，2010；曹勇和向阳，2014）。然而这种划分法虽概括性强，但会因过于笼统而损失实践指导力。知识治理概念的提出者——Grandori（2001）旗帜鲜明地指出，并不存在“具有明显区分的、单一的”治理形式，组织模式（治理机制）应在具体情景与过程中构建，而不应该事前确定以免造成设计谬误。有效的知识治理机制应该是一组可运用的控制与协调元素组合。Peltokorpi 和 Tsuyuki（2006）认为，凡是可用于促进组织成员贡献知识的正式与非正式组织实践均可被纳入知识治理机制。综合来看，知识治理机制可被视为企业多样化的治理措施组合。加之，知识治理本质是一种组织过程（赵旭和刘新梅，2015），因此，研究从过程视角探讨跨国并购中的知识治理机制。

4.3.1 人员凝聚机制

根据案例编码分析发现，在对发达国家企业的创新资源寻求型跨国并购中存在以下具有逻辑关系的范畴：并购方给目标方知识员工带来风险、信任缺失、建立吸引、保持尊重、对目标方知识员工承诺福利待遇、建立共同的企业愿景、目标方知识员工面临的风险得以控制以及促使信任和认同的形成等。根据“条件—行动/策略—结果”的逻辑范式模型，这些范畴可以形成这样一条轴线：在并购方会给目标方知识员工带来风险以及并购双方知识员工之间信任缺失的条件下，并购方通过对目标知识员工建立吸引、保持尊重、对他们承诺待遇和福利以及建立共同的企业愿景，在这些措施下，目标方知识员工面临的风险得以控制，并促使双方知识员工之间形成信任与认同。根据知识治理理论，知识治理并非一套固定的规制或实践集合，那些能够促进组织成员贡献知识或提升成员知识创造与交互的治理实践均应被纳入知识治理的范畴之内（Grandori，2001；Peltokorpi 和 Tsuyuki，2006）。因此，从知识治理的视角出发，这条轴线所描述的现象可被概括为：为凝聚并购双方知识员工尤其是目标方知识员工，并购方在创新资源寻求型跨国并购中所采取的一系列知识治理措施。因此，本书将这一轴线总结、提炼为创新资源寻求型跨国中知识治理的“人员凝聚机制”。在对发达国家企业的创新资源寻求型跨国并购中，中国企业所实施的人员凝聚知识治理机制包含建立吸引、保持尊重、对目标方知识员工承诺福利待遇、建立共同愿景四个方面的治理措施。

以上研究发现仅来源于单案例。根据案例研究规则，结论需要在多个案例中得到验证，才可证明其普遍适用性（Eisenhardt，1991；Yin，2013）。因此，遵循多案例研究的逐项复制法则（毛基业和李高勇，2014），需要将上述研究发现在其余五个案例中一一进行复制，以检验在被选案例中企业是否均实施了知识治理的人员凝集机制，以及人员凝聚机制是否均包含建立吸引、保持尊重、对目标方知识员工承诺福利待遇、建立共同愿景四个方面的治理措施。

4.3.1.1 多案例复制研究

（1）案例 A：京东方并购 Hydis。

几乎所有的跨国并购过程都会面临目标方员工（尤其是知识员工）流失问题。由于知识员工既是创新资源又是创新主体，因而对创新资源获取型跨国并购而言，知识员工流失对并购方风险更大。为了避免知识员工主动离职或被竞争对手挖走，京东方迅速采取措施稳定军心。并购谈判阶段，京东方高层做出 Hydis 既有员工不降低福利待遇，三年内现有职位不流失的承诺。尽管双方上存在语言差异，并购后京东方为 Hydis 每个部门配备一名翻译，这体现了对目标方民族文化的尊重。在并购整合阶段，为尊重韩国员工的饮食习惯，京东方特意在北京的新厂餐厅设立韩籍员工专用窗口，提供精致可口的韩国风味饮食。

（2）案例 B：三一重工并购普茨迈斯特。

在梁稳根与 Schletcth 初次进行并购商谈时，便承诺普茨迈斯特将保持运营和品牌独立性，保留所有管理团队。他还强调双方合作将提升到一个新高度，将有更强抵挡市场动荡的资本，普茨迈斯特的先进技术与三一重工的广阔市场结合，具备打造混凝土机械业全球领导者的实力。三一重工的雄心勃勃带给普茨迈斯特如释重负般的欣慰。会谈结束后，三一重工也便成了 Schletcth 的唯一选择。在并购交易阶段，三一重工多次向普茨迈斯特员工透露，合并后的普茨迈斯特将在三一重工保持独立品牌与管理团队。并承诺并购交易结束后，仍保留 Norbert Scheuch 在普茨迈斯特 CEO 的职位，并成为三一重工执行董事。同时，普茨迈斯特员工的福利待遇不会降低，反而会根据经营状况提升。并购后，三一重工应与诺普茨迈斯特联手打造共同发展愿景——成为全球混凝土泵设备行业的新领导者。

（3）案例 C：联想并购 IBM 的 PC 部门。

2004 年 4 月 1 日，在并购准备阶段，联想和 IBM 高层在美国北卡罗来纳州会见，尽管沟通过程较为艰辛，但是经过三天的深入交流，使 IBM PC 部门的管理人员再次体会到联想管理层的诚意，感受到联想团队为双方实现共赢所做出的努力。并购整合之初，联想对IBM既有的文化体系表现出极大的包容与尊重。联想并没有设法对 IBM PC 部门进行改造，而是保留了其既有的工作方式和工作流程。联想专门与对方的高层骨干沟通企业发展远景，承诺他们工资待遇不变，将前 IBM 股权、期权改成联想期权。联想原计划实施双总部战略，但最终因 IBM PC 部门高管的坚持改为单总部（仍设在纽约）。IBM 老员工、惠普和戴尔“空降兵”拥有更好薪酬待遇，出差头等舱，享受比联想员工高数倍的出差补助。

（4）案例 E：中国化工集团并购安迪苏。

2005 年，在获悉安迪苏不打算合资合作的想法后，中国化工没有灰心。时任中国化工董事长的任建新亲自致信表明合作意愿，让安迪苏了解中国化工的契约精神以及双方合作的巨大共赢结果。每次安迪苏高管到访北京，任建新都设家宴热情款待，甚至亲自下厨，事先也会准备一些小纪念品。这些表现都是中国化工在并购前对安迪苏建立的吸引。在整个并购中国化工对安迪苏表示出最大尊重，认同包容双方差异。任建新曾向安迪苏员工明确表示：“我们是企业产权上的所有者，但在经营管理上你们是老师。”收购协议签约后，任建新曾多次给海外高管、员工写信，介绍中国化工的企业理念、创业历程和发展远景，清晰表达收购意图、举措和下一步规划，尤其是公开对管理层和员工留用计划，使其增加对新股东的理解与认同。

（5）案例 F：郑煤机并购 Bosch SG。

在并购前的非正式接触阶段，郑煤机便邀请 Bosch SG 的工会成员与核心员工到郑煤机的总部参观和考察，使其了解企业实力和责任心。以至于该举措对稳定 Bosch SG 总部员工起到了重要作用。并购交易阶段与工会的谈判中，双方便达成协议，并向被并购部门和员工们承诺，并购后福利待遇不变，除必要人事调整，郑煤机会将尽可能保持员工既有职位；若被收购部门成员在新公司工作不满意，可随时再回到 Bosch 总部，Bosch 将无条件接收。并购整合中，郑煤机未并派出管理人员进入所并购部门，而只派出必要人员进驻部门监事会。并购整合后，双方虽保持独立文化体系，但对企业未来的愿景与发展进行了多次沟通和会谈，尽管并购时间较近，双方尚未形成具体明晰的发展愿景，但这种沟通和会谈的过程本身也增进了双方了解。

4.3.1.2 案例总结

通过对单案例的编码分析以及多案例复制研究发现，在创新资源寻求型跨国并购中，为有效应对目标方知识员工离职意愿明显、配合动力不足以及工作积极性差的问题，中国企业始终对目标方知识员工保持尊重，不以所有者自居，在并购准备阶段，对目标方知识员工建立吸引；并购准备或交易阶段，向目标方员工承诺不裁员，并保证其福利待遇；在并购整合阶段，积极建立双方共同愿景。通过实施以上措施，并购方意在有效凝聚目标方知识员工，实现企业的技术创新战略。根据知识治理理论，中国企业所采取的这些措施可视为中国企业在跨国并购中，为对凝聚双方人员尤其是目标方知识员工而实施的一系列知识治理措施。因此，本书把这一过程归为知识治理的“人员凝聚机制”。

基于以上案例分析和研究发现，可得出以下命题：

命题 4.4 在中国企业对发达国家企业的创新资源寻求型跨国并购中，为实现既定的技术创新战略，并购方需实施人员凝聚知识治理机制，具体包含建立吸引、保持尊重、承诺福利待遇、建立愿景四个方面，且这些措施实施于并购的不同阶段。

4.3.2 跨文化交流机制

根据案例编码分析发现，在对发达国家企业的创新资源寻求型跨国并购中存在这样几个具有逻辑关系的范畴：并购双方存在地理距离、文化差异、文化渗透、建立情感交流、建立技术交流项目、适应对方文化以及降低文化差异和地理距离的不利影响。根据“条件—行动/策略—结果”的逻辑范式模型，这些范畴可以形成这样一条轴线：在并购双方之间存在地理距离和文化差异的条件下，并购方通过文化渗透，建立情感交流项目以及技术交流项目加以应对，在这些的措施影响下，并购双方逐渐适应了对方的文化，并降低了文化差异和地理距离对技术创新的不利影响。根据知识治理理论，知识治理并非一套固定的规制或实践集合，那些能够促进组织成员贡献知识或提升成员知识创造与交互的治理实践均应被纳入知识治理的范畴之内（Grandori，2001；Peltokorpi 和 Tsuyuki，2006）。因此，从知识治理的视角出发，这条轴线所描述的现象可被概括为：为降低文化差异、地理距离给并购双方知识员工间知识共享和协同创新带来的不利影响，提升他们知识共享、创造和协同创新的积极性，并购方在创新资源寻求型跨国并购中所采取的一系列知识治理措施。由此，本书将这一轴线总结、提炼为创新资源寻求型跨国中企业知识治理的“跨文化交流机制”。在对发达国家企业的创新资源寻求型跨国并购中，中国企业所实施的跨文化交流机制包含文化渗透、建立情感交流项目以及建立技术交流项目三个方面的治理措施。

以上研究发现仅来源于单案例。根据案例研究规则，结论需要在多个案例中得到验证，才可证明其普遍适用性（Eisenhardt，1991；Yin，2013）。因此，遵循多案例研究的逐项复制法则（毛基业和李高勇，2014），需要将上述研究发现在其余五个案例中逐一进行复制，以检验在被选案例中企业是否均实施了知识治理的跨文化交流机制，以及跨文化交流机制是否均包含文化渗透、建立情感交流项目以及建立技术交流项目三个方面的治理措施。

4.3.2.1 多案例复制研究

（1）案例 A：京东方并购 Hydis。

在并购整合阶段，为增进双方员工相互了解，京东方做出很多努力。例如，并购后的新公司培训部设计了专门的礼仪课程，时常开展 Cosplay 等体验式研讨会，双方员工可以把工作、生活中的问题进行讨论协商。除此之外，新公司还常举行轻松的团队活动，中韩员工经常一起聚会聊天、吃着韩国料理、聊经典韩剧。而为增进双方技术交流，在并购整合阶段，新公司还建立了相互派遣的制度。在筹建京东方光电的过程中，Hydis 派出了百名技术骨干到北京援建新厂。京东方也先后多批次派出数百名员工到韩国 Hydids 学习，从管理制度、生产技术等方面全面观摩。

（2）案例 B：三一重工并购普茨迈斯特。

在并购整合阶段，三一重工和普茨迈斯特展开了多种形式的文化与技术交流。首先，三一重工并没有强硬地改变普茨迈斯特既有的文化，而是选择了差异文化的包容，完整地保留了普茨迈斯特既有的文化体系。其次，双方不定期地互派工程师交流技术，同时还会在不同部门之间开展各类形式的业务交流会，普茨迈斯特的核心研发团队曾多次专程飞长沙进行技术交流与沟通。除此之外，并购后的新公司经常为双方员工举办一些跨文化的非正式交流项目，例如，三一重工不定期邀请一些普茨迈斯特员工来中国旅游感受中国文化；参观三一重工中国工厂，近距离感知三一文化。

（3）案例 C：联想并购 IBM 的 PC 部门。

并购后，联想和 IBM PC 部门积极开展了多种形式的交流，包括经常举行电视电话会议。双方管理层时常通过电话会议进行头脑风暴，双方可以在畅所欲言后得到一个彼此认同的解决方案。事实上，并购后，双方都在从文化这条鸿沟入手，打通交流不畅的扭结。并购后，双方高管之间的联系非常频繁，在中美两国之间互飞成为他们的工作常态。联想高管还经常与 IBM PC 部门员工沟通情感。乔健作为联想高层管理人员，就经常安抚 IBM 人员的紧张情绪。开会的时候，总是尽量让 IBM 员工感受到她对大家的理解，和他们分享自己的经历和感受。并购后，双方的研发部门开始逐步融合，双方技术人员在协同工作中开始逐步熟悉，技术的交流随着整合的深入而增多。此外，并购后联想还为双方员工定期举行技术研讨会，帮助双方员工提供高工作效率，解决实际研发问题。

（4）案例 E：中国化工集团并购安迪苏。

中国化工认为，跨国并购成功的关键在于“文化的融合”，并购方应秉承着文化共融原则，发现被收购企业的亮点、优秀文化，而非将自己文化强行灌输。中国化工每年都会邀请国外员工子女来华参加夏令营，深度接触中国员工家庭，感受中国文化。夏令营结束后，总部收到孩子们寄来的感谢信，感受着孩子们在中国的喜悦与欢乐，无疑是双方文化渗透、建立亲密关系的重要表现。中国化工相信，国际并购不仅是商业行为，更是人的沟通与文化融合。“在商言商”的交流远不如真诚互动产生的信任更加可靠、持久。而在业务交流层面，安迪苏总部在其全球体系中招募员工到中国进行技术支持，安迪苏不少员工主动报名服务安迪苏南京生产基地。中国化工方面则派驻“实习生”，专门学习先进管理经验。而法国安迪苏核心高管层也积极参与中国化工集团全系统的生产运营管理提升。

（5）案例 F：郑煤机并购 Bosch SG。

郑煤机与 Bosch SG 存在民族与企业文化差异。而为尽快推进文化融合，并购整合过程中，双方在互相尊重理解的基础上，秉持忠诚、诚信和敬业等一致价值观逐步实现了文化融合。此外，双方还达成重要共识，即双方员工都在为企业利益相关者创造价值，股东并不是最大的贡献者。为加强双方了解，增进员工感情，并购后双方经常派员工进行正式和非正式互访，并建立电视、电话交流制度，实现部门、团队、个体等多层次的业务沟通和交流。由于双方分属不同行业，存在较大技术差异，但由于同属大制造类企业，双方的企业运营管理方面存在较多相似之处，因此管理人员的互访和交流更为频繁。

4.3.2.2　案例总结

通过对单案例的编码分析以及多案例复制研究，本书发现，在创新资源寻求型跨国并购中，有效应对目标方知识员工离职意愿明显、配合动力不足以及工作积极性差的问题，并购方在整合阶段推进双方文化融合、文化渗透；在尊重文化差异的前提下，推进双方员工情感交流与技术交流。通过实施以上措施，并购方意在降低文化差异给双方间的知识共享、知识创造和协同创新带来的不利影响，从而提升双方互通互联，进而确保企业在跨国并购实现既定的技术创新战略。根据知识治理理论，中国企业所采取的这些措施可视为中国企业在跨国并购中，为降低文化差异、地理距离给并购双方知识员工间知识共享和协同创新带来的不利影响，提升知识共享、创造和协同创新的积极性而采取的一系列知识治理措施。因此，本书把这一过程归为知识治理的“跨文化交流机制”。

基于以上案例分析，本书得出以下命题：

命题 4.5　在中国企业对发达国家企业的创新资源寻求型跨国并购中，为实现既定的技术创新战略，并购方需实施跨文化交流的知识治理机制，包含文化渗透、情感交流与技术交流三个方面，且这些措施均适用于并购整合阶段。

4.3.3 组织平等构建机制

根据案例编码分析发现，在对发达国家企业的创新资源寻求型跨国并购中存在以下具有逻辑关系的范畴：（目标方知识员工对并购方）认同不足、目标方知识员工存在利益诉求、不裁员、管理放权、双品牌战略、建立共同的管理和技术标准、目标方活动较大自由度以及促使信任和认同的形成。根据“条件—行动/策略—结果”的逻辑范式模型，这些范畴可以形成这样一条轴线：在目标方知识员工对并购方认同不足以及目标方知识员工存在利益诉求的情况下，并购方通过对目标方承诺不裁员，对目标方管理放权，保留目标方品牌（双品牌战略）并建立共同的管理和技术标准加以应对，在这些措施的影响下，目标方获得较高的尊重和自由度，促使目标知识员工对并购方产生信任和认同。根据知识治理理论，知识治理并非一套固定的规制或实践集合，那些能够促进组织成员贡献知识或提升成员知识创造与交互的治理实践均应被纳入知识治理的范畴之内（Grandori，2001；Peltokorpi 和 Tsuyuki，2006）。因此，从知识治理的视角出发，这条轴线所描述的现象可被概括为：为使目标方员工尤其是知识员工在跨国并购后的企业中感觉到组织的公平，从而促使他们留任，提升他们知识共享和创造的意愿，并购方在创新资源寻求型跨国并购中所采取的一系列知识治理措施。因此，本书将这一轴线总结、提炼为创新资源寻求型跨国中企业知识治理的“组织公平构建机制”。在对发达国家企业的创新资源寻求型跨国并购中，中国企业所实施的组织公平构建机制包含承诺不裁员、管理放权、双品牌战略以及建立共同的管理和技术标准四个方面的治理措施。

以上研究发现仅来源于单案例。根据案例研究规则，结论需要在多个案例中得到验证，才可证明其普遍适用性（Eisenhardt，1991；Yin，2013）。因此，遵循多案例研究的逐项复制法则（毛基业和李高勇，2014），需要将上述研究发现在其余五个案例中逐一进行复制，以检验在被选案例中企业是否均实施了知识治理的人员凝集机制，以及人员凝聚机制是否均包含承诺不裁员、管理放权、双品牌战略以及建立共同的管理和技术标准四个方面的治理措施。

4.3.3.1 多案例复制研究

（1）案例 A：京东方并购 Hydis。

早在并购谈判期，京东方高层便向 Hydis 员工承诺，并购后不会进行裁员，尽可能保持 Hydis 既有运作模式，京东方不过多干涉。在并购整合阶段，而为使双方更快融合，并购后的新公司以“基本法”形式推出人力资源运营管理模式，通过这种统一规则制度，中韩员工统一了思想，就行动纲领达成了共识。为统一并购后双方员工认识，准确找到自己在新公司中的定位，新公司专门聘请了中国科技大学管理学院的相关专家担任公司的高级顾问，为公司量身定制了统一的企业识别系统（CIS 系统）。最后，并购后的新公司保留了京东方和 Hydis 两个品牌，并将两个品牌合并运行。

（2）案例 B：三一重工并购普茨迈斯特。

在并购谈判阶段，三一重工向普茨迈斯特员工承诺不会裁员，并保证普茨迈斯特的独立运行。在并购整合阶段，三一重工信守承诺，不但没有改变普茨迈斯特的管理运行，还将德国 Aichtal 普茨迈斯特当时的总部设为三一海外混凝土机械的新总部。三一重工没有指派任何管理人员接手普茨迈斯特的管理，而仅派出必要的联络官和财务监理人员。在市场运营方面，新公司同时保留三一重工和普茨迈斯特两个品牌，三一重工主要关注中国市场，而后者作为独立高端品牌，继续主打国内外高端市场。此外，在并购整合中，为使技术融合更便捷，并购后的新公司建立了统一的技术标准。

（3）案例 C：联想并购 IBM 的 PC 部门。

并购整合之初，联想和 IBM 的 PC 部门均保持独立运行，联想并没有对 IBM PC 部门的管理做出改变，使 IBM 员工仍然坚持原有的工作方式和工作流程，联想人将这种模式称为“一个公司、两套体系”，联想 CEO 杨元庆一直称，这次并购是“双方平等的婚姻”。为此，他甚至将 CEO 的位置让出，并将联想的总部设在美国。并购后，联想和 Think 的品牌在新公司内均得以保留，双方共同运行这两个品牌。此外，并购后的联想还将英语作为唯一官方语言。而为了使双方更快地融合、发挥协同效应，双方共建了统一的企业用语词汇表，日常管理标准也得到统一。

（4）案例 E：中国化工集团并购安迪苏。

并购整合过程中，中国化工反复强调不会裁员；而基于传统的并购整合模式，并购方一旦取得 100% 的公司股权和业务控制权，便会派出多数管理者担任高级管理职务，导致原高层人员纷纷离职。中国化工突破这种模式，只委派少量管理者进入目标公司担任副职，除将安迪苏 CEO 更换为原 COO 外，原高层人员职位基本不变或提升，以上措施令安迪苏品牌不论在中国境内还是境外均得以保留。此外，为让海外员工更安心，中国化工特意把南京安迪苏并入法国安迪苏，使前者成为安迪苏的海外工厂，减少了两场竞争的可能性。这种子公司与母公司高度对等的关系，在中国海外并购中可谓创新之举。

（5）案例 F：郑煤机并购 Bosch SG。

在并购谈判阶段，郑煤机向被收购的 Bosch SG 部门员工承诺，未来三年内不裁员不减薪。在并购整合阶段，郑煤机并没有对 Bosch SG 在运行管理上过多干预，郑煤机所派出的人员也仅仅是进入了该部门的监事会。并购整合中，郑煤机保留了郑煤机和 Bosch SG 两个品牌，且两个品牌独立运营。虽然双方日常经营管理彼此独立，但并不妨碍双方在共同协商的基础上形成统一的管理标准。Bosch 作为国际知名品牌，Bosch SG 作为其子部门，管理经验也更为丰富。在郑煤机的支持下，由 Bosch SG 起草，双方形成了统一的内部日常管理规范和准则。

4.3.3.2 案例总结

通过对单案例的编码分析以及多案例复制研究发现，在创新资源寻求型跨国并购中，有效应对目标方知识员工离职意愿明显、配合动力不足以及工作积极性差的问题，并购方在并购整合阶段承诺不裁员，确保目标方管理独立、管理放权；并通过双品牌战略并建立统一的管理或技术标准，以给予目标方足够的自主权，充分激发目标方知识员工的活力，进而实现企业的技术创新战略。根据知识治理理论，中国企业所采取的这些措施可视为中国企业在跨国并购中，为使目标方员工尤其是知识员工在跨国并购后的企业中感觉到组织的公平，促使他们留任，提升他们知识共享和创造的意愿而采取的一系列知识治理措施。因此，本书把这一过程归为知识治理的“组织公平构建机制”。

基于以上案例分析，本书得出以下命题：

命题 4.6 在中国企业对发达国家企业的创新资源寻求型跨国并购中，为实现既定的技术创新战略，并购方需实施组织平等构建知识治理机制，具体包含承诺不裁员、管理放权、双品牌战略、统一管理或技术标准四个方面，其中并购交易或整合阶段可实施承诺不裁员，而其他三个方面的治理措施均实施于并购整合阶段。

4.3.4 发展助推机制

根据案例编码分析发现，在对发达国家企业的创新资源寻求型跨国并购中存在这样几个具有逻辑关系的范畴：深入分析目标方困境、（确认）有能力帮助目标方企业发展、帮助目标方拓展市场、对其（目标方）注资、帮其（目标方）降低成本、目标方摆脱困境以及绩效改善。根据“条件—行动/策略—结果”的逻辑范式模型，这些范畴可以形成这样一条轴线：在深入分析目标方困境、确认有能力帮助目标方企业摆脱困境、助其发展的条件下，并购方在并购整合中帮助目标方拓展市场，对其注资，帮其降低成本，使目标方很快摆脱困境，改善了绩效，从而促使目标方员工包括知识员工对并购方形成信任和认同，积极参与技术创新。根据知识治理理论，知识治理并非一套固定的规制或实践集合，那些能够促进组织成员贡献知识或提升成员知识创造与交互的治理实践均应被纳入知识治理的范畴之内（Grandori，2001；Peltokorpi 和 Tsuyuki，2006）。因此，从知识治理的视角出发，这条轴线所描述的现象可被概括为：为使目标方员工尤其是知识员工感觉到并购方帮助目标方发展、实现共赢的诚意和决心，从促使他们留任、提升他们知识共享和创造的意愿，并购方在创新资源寻求型跨国并购中所采取的一系列知识治理措施。因此，本书将这一轴线总结、提炼为创新资源寻求型跨国中企业知识治理的“发展助推机制”。在对发达国家企业的创新资源寻求型跨国并购中，中国企业所实施的组织公平构建机制包含分析困局、拓展市场、降低成本与直接投资四个方面的治理措施。

以上研究发现仅来源于单案例。根据案例研究规则，结论需要在多个案例中得到验证，才可证明其普遍适用性（Eisenhardt，1991；Yin，2013）。因此，遵循多案例研究的逐项复制法则（毛基业和李高勇，2014），需要将上述研究发现在其余五个案例中逐一进行复制，以检验在被选案例中企业是否均实施了知识治理的人员凝集机制，以及人员凝聚机制是否均包含分析困局、拓展市场、降低成本与直接投资四个方面的治理措施。

4.3.4.1　*多案例复制研究*

（1）案例 A：京东方并购 Hydis。

Hydis 作为专业从事 TFT - LCD 显示器件技术与产品开发、生产与销售的企业，年生产能力达 300 余万片，全球市场占有率 3.5%，排名第 9 位。但 2001 年以来的现金短缺困境，令 Hydis 决定出让 TFT - LCD 业务。京东方有信心帮助 Hydis 扭转困局的主要原因在于，代表先进技术的 TFT - LCD 必是未来消费主流。Hydis 出让并非技术落后，而是受母公司经营不善拖累。2003 年以来，中国无论从电视（全球第二大市场）、电脑（全球第二大市场）、手机（全球第一大市场）的消费总量与销售规模上均位于全球领先水平。现有条件与规模均为发展 FTF - LCD 业务提供广阔市场空间。因此，自 1998 年起，京东方便将企业资源开始集中于 TFT 显示技术，直到 2003 年实施并购，战略准备期至少 5 年，这 5 年间京东方储备充足人才和资源，确保以自身能力帮助 Hydis 走出困境。并购交易完成后，通过京东方在中国的销售网络，Hydis 产品快速进入中国市场，帮助 Hydis 扭亏为盈。此外，双方通过供应商体系融合，进一步降低了 Hydis 的部分采购成本。

（2）案例 B：三一重工并购普茨迈斯特。

20 世纪 60 ~90 年代，普茨迈斯特的核心产品“大象牌”混凝土泵始终是全球混凝土机械行业的第一品牌。进入 2000 年后，制造业的全球化浪潮，令其进入高速发展的扩张期，核心产品混凝土泵的全球市场（除中国外）占有率更高达 60%，覆盖全球 154 个国家。然而，2008 年的金融危机令普茨迈斯特 50 年来首次出现亏损。在随后的三年间依然未能再现巅峰。最终，创始人 Schlecht 在无心经营与后继无人的管理困境中，决定出售普茨迈斯特。作为收购方，三一重工清楚，普茨迈斯特的困境不是企业自身更不是技术，而是经营问题。若借助自身力量可帮助普茨迈斯特全面打开中国市场。因此，并购双方的协同效应，必将创造重现普茨迈斯特昔日辉煌，因此，并购是势在必行的。并购整合阶段，借助三一重工完善的全国销售网络，以及质优价廉的供应商，能够以双方共享的方式降低后者的运营成本。除此之外，通过出资提升普茨迈斯特研发技术，并采取海外设立分支机构的方式，拓展普茨迈斯特的产品全球销路。

（3）案例 C：联想并购 IBM 的 PC 部门。

并购伊始，如何尽快帮助 IBM PC 部门获取更优质低价供应商，如何降低运行成本便成为联想工作重心之一。并购完成之初，IBM PC 部门整个供应链费用为 60 美元/台，加工费用为 25 元/台，而联想这两块对应的费用却分别只有 11 美元和 3 美元。双方从以下三个层面展开供应链体系的协同：①统一部件，当双方采购过程中出现价格差异，此时应取价低者；②实现量化效应，即通过双方采购量的叠加，争取到采购价格的全面降低；③合并供应商实现新的量化，通过规模效应，实现单位产品价格下降。此外，由于联想在中国市场有着其他对手难以匹敌的市场份额，双方通过销售网络体系的融合，使 IBM 在中国获了更多的客户资源，IBM 的产品在中国市场得以迅速拓展。

（4）案例 E：中国化工集团并购安迪苏。

与案例 B 类似，安迪苏这样有着先进技术水平与较高市场占有率的企业，之所以被出售，均受到外部环境的影响。由于 2005 年全球禽流感爆发和 2008 年全球金融、经济危机，促成了中国化工与安迪苏的跨国并购。中国化工认为，中国市场对其生产的蛋氨酸等动物饲料市场需求巨大。而自身具有实力帮助安迪苏化解颓势。时任董事长任建新表示，“要想成功引进先进技术，就不能只想自己要什么，而是从共赢角度出发，真诚帮助海外企业取得良好发展。海外企业技术和市场经验都比我们丰富，我们多支持、少干预，给予他们充分信任，他们自己就能发展很好”。并购后，中国化工出资帮助安迪苏在印度和西班牙扩厂，更在南京直接投资建厂。采购方面，双方团队整合资源、实现优势互补，缩小与同类原材料的价格差异，大幅度降低成本，优化了采购管理，为下一步推出绿色采购战略，实现可持续发展奠定基础。

（5）案例 F：郑煤机并购 Bosch SG。

在并购前，郑煤机了解到，集汽车起动机、发电机与 48V 启停技术于一身的 Bosch SG 之所以被 Bosch 总部出售，原因在于欧盟国家基于 2016 年 4 月签署的《巴黎协定》承诺，到 2030 年大幅降低碳排放，甚至“零排放”，这就导致油耗汽车将快速退出欧盟市场。但根据该协定，中国的主要任务是缩减碳排放，也意味着设法降低汽车碳排放。而汽车减排方面具有独特性的启停技术，在欧洲市场越来越小，在中国却大有用武之地。由此郑煤机通过帮助该部门打开中国市场，可完全改变该部分现有处境。在并购整合中，郑煤机直接出资为 Bosch SG 设立长沙研发中心，并帮其建立设计产能（1500 万台/年）的起动机与发电机生产基地。最后，通过整合双方销售网络，降低了 Bosch 的运营成本，使其全球销售体系完善。

4.3.4.2　案例总结

通过对单案例的编码分析以及多案例复制研究发现，在创新资源寻求型跨国并购中，为有效应对目标方知识员工离职意愿明显、配合动力不足以及工作积极性差的问题，并购方通过分析目标方困局，判断其是否具有帮助目标方摆脱困境的能力；同时在整合阶段，实施对目标方直接投资、帮助其拓展市场、降低成本等措施，以促使目标方知识员工对并购方形成信任与认同，进而促进跨国并购中的技术创新。根据知识治理理论，中国企业所采取的这些措施可视为中国企业在跨国并购中，为使目标方员工尤其是知识员工感觉到并购方帮助目标方发展、实现共赢的诚意和决心，从促使他们留任、提升他们知识共享和创造的意愿而采取的一系列知识治理措施。因此，本书把这一过程归为知识治理的“发展助推机制”。

基于以上案例分析，本书可得出以下命题：

命题 4.7　在中国企业对发达国家企业的创新资源寻求型跨国并购中，为实现既定的技术创新战略，并购方需实施发展助推知识治理机制，具体措施包含分析目标方困局、为目标方拓展市场、为目标方降低成本、对目标方直接投资四个方面，这些措施均在购整合阶段实施。

4.3.5　知识治理的过程模型

通过对吉利并购 Volvo 的单案例探索性研究发现，在对发达国家企业的创新资源寻求型跨国并购中，企业为激励、引导和约束目标方知识员工行为，确保并购战略实现，并购方会在并购整合的不同阶段采用人员凝聚、跨文化交流、组织平等构建与发展助推的知识治理机制。同时，通过多案例复制分析，本书发现研究结果不仅支持单案例发现，同时还得出一些其他结论。根据这些结论以及由这些结论提炼的命题，研究得到中国企业创新资源寻求型跨国并购中的知识治理机制模型，如图 4－6 所示。

图 4－6 涵盖的主要研究发现与结论如下：

第一，在对发达国家企业的创新资源寻求型跨国并购中，企业为激励、引导与约束目标方知识员工行为，确保并购战略能够实现，并购方在并购整个过程中会以知识治理机制约束、规制、引导和激励目标方员工的行为。

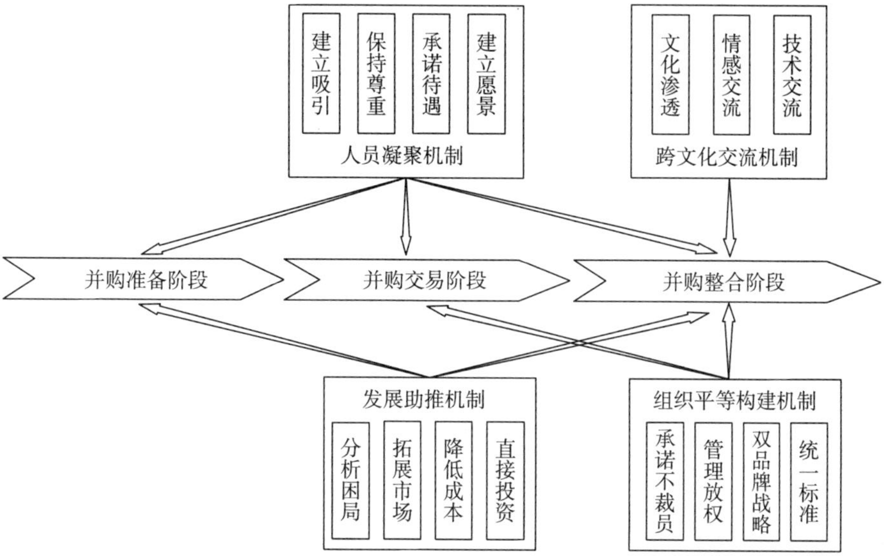

图 4－6　创新资源寻求型跨国并购中的知识治理过程模型

第二，这些知识治理机制包含人员凝聚、跨文化交流、组织平等构建与发展助推。人员凝聚机制包含建立吸引、保持尊重、承诺（福利）待遇以及建立（共同）愿景四方面具体措施，跨文化交流机制包含文化渗透、情感交流和技术交流三方面措施，组织平等构建机制包含承诺不裁员、管理放权、双品牌战略、统一（技术或管理）标准。

第三，不同知识治理机制在并购整合的不同阶段分别实施。人员凝聚机制贯穿于整个并购过程，并购准备与整合阶段实施发展助推机制，并购交易与整合阶段实施组织平等构建机制，而跨文化交流机制只存在于并购整合阶段。

第四，从并购过程来看，知识治理应始于并购准备阶段，并贯穿于整个并购过程。其中，并购整合阶段是知识治理最重要阶段，知识治理四方面机制均在该阶段实施。

4.4　不同企业的知识治理机制组合：跨案例比较

经过对单个案例的探索研究以及对其余五个案例的逐项复制研究，本书总结、提炼出在中国企业对发达国家企业的创新资源寻求型跨国并购中，企业所实施的人员凝聚、跨文化交流、组织公平构建、发展助推四个方面的知识治理机制，且不同的机制适用不同并购阶段。基于多案例研究逐项复制法则的研究，研究结果多是体现所选案例的共性问题，但无法对识别、分析案例间的差异。为此，本书还根据多案例研究差异复制原则，进行案例间对比，找出不同案例中企业开展知识治理的差异，进而得出一些有益的研究结论。

对比分析六个案例中的知识治理过程发现，企业均实施了人员凝聚、跨文化交流、组织公平构建、发展助推四个方面的知识治理机制，但不同企业的侧重点有所不同。例如，在案例 A 中，企业虽实施了人员凝聚与跨文化交流机制，但是相较于组织公平构建与发展助推机制，实施力度明显较弱。案例 E 中，中国化工集团尊重目标方员工，给予其极大管理自由度，并通过多种方式进行文化渗透和情感交流，尽管实施发展助推和组织公平构建机制，但程度弱于人员凝聚与跨文化交流机制。由此，研究认为除对案例企业间知识治理中的共性问题探究外，还应对案例间知识治理的差异性展开对比分析，系统梳理并购中形成的不同知识治理机制组合，以及企业选择不同组合的动因。

4.4.1 案例企业的知识治理实践比较

4.4.1.1 跨国并购中知识治理机制的维度构成

知识治理实践构成了知识治理机制的核心内容，对某一项具体知识治理实践而言，可被归为某一种知识治理机制。比较不同企业的知识治理实践，有助于找到知识治理机制的差异。通过单案例、基于逐项复制法则的多案例研究得到，在创新资源寻求型跨国并购中，企业知识治理机制包含人员凝聚、跨文化交流、组织公平共构与发展助推四个方面。其中，人员凝聚机制包含对目标方建立吸引、保持尊重、承诺福利待遇与建立双方共同愿景；跨文化交流机制包含文化渗透、情感交流和技术交流；组织平等构建机制包括承诺不裁员、管理放权、双品牌战略以及统一管理和技术标准；发展助推机制包括分析困局、拓展市场、降低成本以及对目标方直接投资。

当前有关知识治理研究多参照 Foss（2007）、Foss 等（2010）的观点，将其分为正式和非正式机制。这种划分法虽概括性强，但因过于笼统而损失了实践指导意义，因此，需对以上两种机制进行二次划分，即需找知识治理机制的二级维度。根据已有研究，正式治理机制包括组织结构、工作设计、契约安排、领导方式以及激励计划等（Grandori，2001；曹勇和向阳，2014），而非正式治理机制则包含组织文化、管理支持和人际网络关系等非正式约束和互动等内容（Foss 等，2010；Zhang 等，2015）。基于以上研究成果与本书的发现，得出了四个知识治理机制与正式、非正式治理机制划分法并非矛盾，而是统一的。基于正式和非正式治理机制的内涵界定，研究提炼的人员凝聚机制与跨文化交流机制对应了非正式治理机制；而组织公平构建与发展助推机制则对应正式治理机制。通过研究结论的融合，可得到创新资源获取型跨国并购中知识治理机制的二层级维度结构，如图4－7所示。

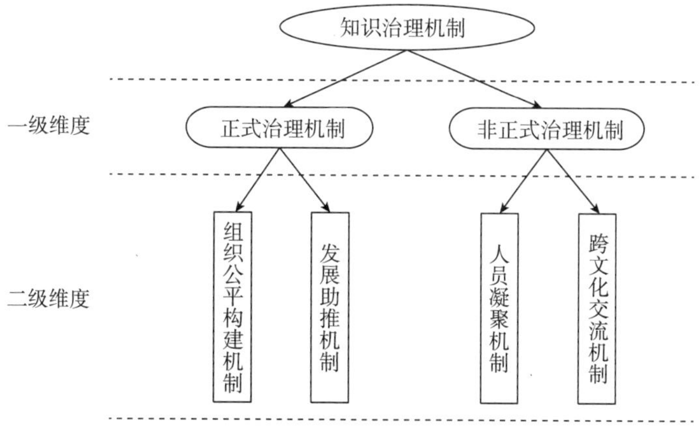

图4－7　创新资源寻求型跨国并购中知识治理机制二层级维度结构

4.4.1.2　企业知识治理实践的比较

本部分基于知识治理机制二层级维度结构，重点比较案例企业在并购中的知识治理实践。通过对知识治理实践编码，形成基于案例资料结果共用陈述的类别，并根据陈诉内容和频次，得出案例证据指示强、弱两种相对强度。六个案例企业在并购中的知识治理实践比较结果如表4－3所示。

表4－3　跨国并购中企业的知识治理实践比较

案例	知识治理机制		案例中具体的知识治理实践	相对强度
	一级维度	二级维度		
案例A	正式治理机制	组织公平构建	承诺并购后不会对Hydis进行裁员①② 在对Hydis发展战略进行调整时以妥协为主①② 关键技术职位使用Hydis的技术工程师为正职，中国员工任副职①② 招募Hydis原有员工建设北京5代线，薪资为在韩国工资的1.8倍①②③ 对Hydis原高级管理、技术开发、市场营销等人员采取特殊政策①② 京东方光电依据Hydis技术标准，设立与其一致的技术标准① 原Hydis社长崔炳斗被任命为京东方TFT－LCD事业执行副总裁①②③ 将Hydis原有的核心团队作为京东方光电的建设和管理主体①②	强

续表

案例	知识治理机制		案例中具体的知识治理实践	相对强度
	一级维度	二级维度		
案例A	正式治理机制	发展助推	京东方认为，随着光电产业的不断进步，代表先进技术的 TFT－LCD 必将是今后的消费主流，进而决定并购 Hydis①② 并购准备期 5 年，准备期内进行人才和资源的储备①② 帮助 Hydis 全面打开中国市场①② 整合双方供应链体，帮助 Hydis 降低成本采购成本①②③	强
	非正式治理机制	人员凝聚	对 Hydis 员工承诺不降低福利待遇①② 对 Hydis 员工十分尊重，并为韩国员工配备翻译①② 没有强硬改变 Hydis 原有的技术发展愿景①②	弱
		跨文化交流	京东方每年派出大批员工去 Hydis 学习，在生产线上实际操作①②③ 经常举行轻松的团队活动，中韩员工经常聚会，非正式沟通①②③ 为韩国员工专门开设韩国风味餐厅①③	
案例B	正式治理机制	组织公平构建	三一重工向普茨迈斯特的工会及员工承诺不会裁员①② 保持普茨迈斯特的独立运行，三一重工仅向普茨迈斯特派出了必要的联络官①② 将德国 Aichtal 普茨迈斯特当时的总部设为三一重工海外混凝土机械的新总部①②③ 同时保留了三一重工和普茨迈斯特两个品牌，两个品牌各有不同的市场竞争路线①②③ 三一重工中国吸收普茨迈斯特 CEO 为三一重工的执行董事①③ 在融合双方技术标准的基础之上，并购后的新公司还建立了统一的技术标准①② 与普茨迈斯特积极开展短期和长期合作研发项目①② 在允许的框架内与普茨迈斯特展开技术专利转让①②	强

续表

案例	知识治理机制		案例中具体的知识治理实践	相对强度
	一级维度	二级维度		
案例B	正式治理机制	发展助推	三一重工高层对普茨迈斯特出现困境的原因进行了详尽的分析，确定有能力帮助其走出困境①② 向普茨迈斯特共享中国质优价廉的零件供应商②③ 三一重工出资帮助普茨迈斯特研发技术、在海外设立分支机构①② 依托自身在全国的销售网络帮助普茨迈斯特拓展中国市场①②③	强
	非正式治理机制	人员凝聚	在早期接触阶段就向普茨迈斯特承诺并购后会给予足够的自由度①② 三一重工中国向普茨迈斯特表示，并购后双方将联手创造混凝土机械行业一个新的全球领导者①② 承诺普茨迈斯特员工的福利待遇不会降低，并会根据经营状况的改善而提升①②	弱
		跨文化交流	三一重工选择包容普茨迈斯特既有的文化① 双方互派工程师进行不定期技术交流，在部门间开展业务交流①②③ 为双方员工举办一些跨文化的非正式交流项目①②③	
案例C	正式治理机制	组织公平构建	并购之初，联想和 IBM PC 部门保持独立运行①② 同时保留联想和 Think 两个品牌，实施双拳组合①②③ 将并购后的联想总部设在美国①③ 联想方面让出 CEO 职位，并购后的新公司重新选定 CEO①② 将英语设定为并购后联想的唯一官方语言②③ 建立统一的管理与技术标准①②	强
		发展助推	时刻对个人电脑行业保持高度敏感，寻找对 IBM 发起收购的有利时机①②③ 帮助 IBM PC 部门降低管理成本①② 通过融合双方销售网络体系，为 IBM 提供更多的客户资源，在中国拓展市场①②③ 出资帮助 IBM PC 部门完善研发体系建设①②	
	非正式治理机制	人员凝聚	并购前与 IBM 高管深入交流，表达诚意①② 保持文化尊重，没有强硬改变 IBM PC 部门既有文化和工作流程①② 承诺薪资待遇①② 承认 IBM PC 部门员工持有的股权、期权，并兑换成联想期权①②③ 给予 IBM PC 部门资历较老的员工特殊待遇①② 与 IBM PC 部门员工一道共商并购后企业发展愿景①③	强
		跨文化交流	双方高管积极开展电视电话会议，寻找问题的解决方案①② 高管之间在频繁互飞，沟通、交流企业运行中的事项①② 工作之余经常与 IBM PC 部门员工沟通感情，安抚他们的情绪①②③	

续表

案例	知识治理机制		案例中具体的知识治理实践	相对强度
	一级维度	二级维度		
案例D	正式治理机制	组织公平构建	向沃尔沃承诺不裁员，不关闭沃尔沃欧洲的工厂①② 同时保留吉利和沃尔沃两个品牌，两者携手共同分别在高端和中低端参与市场竞争①②③ 在允许的框架内与沃尔沃展开技术专利转让①② 吉利、沃尔沃销售网络和销售人员整合，整个销售体系协同①②③ 零部件联合采购，引导优秀供应商进行跨平台、差异化、规模化供货②③ 日常经营管理完全放权，任命沃尔沃总裁为吉利造型设计副总裁①② 参照沃尔沃技术和管理标准，吉利建立与沃尔沃一致的标准体系①②	强
		发展助推	了解到沃尔沃被福特收购的10年内停滞不前，决心收购沃尔沃，对其“放虎归山”，恢复品牌的光荣①② 向沃尔沃共享自身质优价廉的供应商，帮助沃尔沃降低运营成本②③ 由吉利出资，为双方设立共同运营的全新第三品牌“领克”①③ 本着共同受益的目的，与沃尔沃共建CEVT（吉利欧洲汽车技术研发中心）①②③ 借助吉利已经在中国国内的销售网络，帮助沃尔沃全面打开中国市场①③	
	非正式治理机制	人员凝聚	向沃尔沃员工承诺并购后他们的资待遇不降低①② 邀请沃尔沃员工参观吉利总部，参观吉利所并购的英国锰铜总部，了解吉利的责任心①② 双方设立共同的发展愿景，即创造最环保、最安全的汽车，简化人们的生活①② 强调吉利和沃尔沃不是“父子”关系而是“兄弟”关系①② 安全、环保是吉利和沃尔沃共同的追求，基于这一点寻求到价值观的认同①②③ 保持文化尊重，不对沃尔沃既有文化做强硬调整，强调相互欣赏①②	强
		跨文化交流	双方不定期进行高端员工（如工程师、高层管理人员）交流①② 大力资助沃尔沃员工的每年举行的海上帆船运动①②③ 邀请沃尔沃设计师Peter带领吉利设计团队为吉利开发出新车型（博瑞）①②③ 并购后在欧洲进行交响音乐演出，特别演出了吉利成立20周年的金曲①② 为双方企业专门接入一条国际网络，专门用以支持双方员工和部门间的电视电话会议①②③	

续表

案例	知识治理机制		案例中具体的知识治理实践	相对强度
	一级维度	二级维度		
案例E	正式治理机制	组织公平构建	向安迪苏员工承诺，并购后三年内不会进行裁员①② 在管理上保留安迪苏原有的运营体系，确保研发安迪苏的连续性①② 南京安迪苏由法国安迪苏总部具体经营管理，中国化工不直接参与管理①②③	弱
		发展助推	帮助安迪苏在全球形成2个生产平台和7个研发中心的产、研配置格局①②③ 帮助安迪苏将生产装备引入中国南京和天津，抢占中国市场①② 帮助安迪苏进一步缩小了同类原材料价格和价差，大幅度降低了成本①②	
	非正式治理机制	人员凝聚	意见分歧时，蓝星集团尽量尊重法国团队的意见，因为法方经验更丰富①② 中国化工集团仅对安迪苏的战略发展方有所把控，强调文化融合，而非征服①②③ 形成利益共同体，真诚融合换来安迪苏原有员工的信任与忠诚①②③ 要求派出人员先虚心学习后参与管理，当好联系纽带②③ 向安迪苏员工明确表示“管理上你们是老师”①② 向安迪苏员工强调，并购后随着公司业绩的增长，员工的待遇将会获得提升①②	强
		跨文化交流	任建新亲自给安迪苏的高管写信，表明蓝星公司真诚的合作意愿，努力让安迪苏了解到中国化工是一个十分负责任的公司①② 收购后，任建新亲自给海外企业高管和员工写信，介绍蓝星的文化战略①②③ 将法国文化引入中国化工，使公司成为具有多元文化的公司②③ 向安迪苏员工反复讲公司的未来的规划和发展战略，使员工充分理解并购是为了寻求双方的共赢①② 为安迪苏员工及子女每年举办中国夏令营活动，使员工及其子女更好地了解中国文化①②③ 安迪苏高管层参与蓝星集团全系统的生产运营管理提升①②③ 安迪苏的高管到北京访问，任建新常常自接待，并将他们接到家中，甚至亲自设家宴款待①②	

续表

案例	知识治理机制		案例中具体的知识治理实践	相对强度
	一级维度	二级维度		
案例F	正式治理机制	组织公平构建	郑煤机与Bosch签署协议，并购后除进行必要人事调整，郑煤机会尽可能保持员工的既有职位①② 郑煤机并没有派出管理人员进入所并购部门的运营管理层，而仅仅只派出了进驻部门监事会的必要人员①② 在郑煤机的支持下，由Bosch SG起草，双方在形成一个统一的内部日常管理规范和准则①②③	弱
		发展助推	郑煤机了解到Bosch SG在欧洲国家发展空间有限，但其技术在中国还有很大空间，因此有能力帮助其摆脱困境①② 郑煤机直接出资帮助所并购的Bosch SG在中国长沙设立研发中心和生产基地②③ 通过整合双方的销售网络Bosch SG在提升了在中国销售，运营成本也有所下降①③	
	非正式治理机制	人员凝聚	邀请Bosch的工会成员与核心员工来中国河南郑州，郑煤机总部进行参观和考察①② 向Bosch员工承诺并购的福利待遇将不变①② 双方各自保持既有的文化体系①②③ 双方就企业未来的发展以及企业愿景进行了多次的沟通和会谈①② 双方在尊重对方不同文化的基础上，在忠诚、诚信和敬业等价值观方面取得了高度一致①②③ 在价值观上还有一个重要的共识是，双方员工都在为企业利益相关者创造价值，而不是股东第一位①②③	强
		跨文化交流	并购后双方开始互派员工进行正式和非正式的互访②③ 并购双方建立了电视电话交流制度，双方员工时常共同开会讨论公司经营问题①② Bosch SG的管理层在郑煤机管理结构优化上时常提供建议①② 并购后双方管理层采取多举措鼓励双方员工在部门、团队以及个体多个层次上进行业务沟通和交流①② 郑煤机董事长焦总在并购后对Bosch SG员工的心理动向非常关注，与索恩多次讨论并购后稳定员工的方案①②③ 双方及时沟通信息，尽可能将未来要做的事情提前发布，2018年底就已经将2019年4月前所需召开的会议确定①②	

注：①表示资料来源于访谈；②表示资料来源于二手资料；③表示资料来源于调研中的观察。

表4－3列出6个案例中企业知识治理实践情况，包括企业不同知识治理实践所属的治理机制。正式治理机制和非正式治理机制是知识治理机制的一级维度，并对不同企业的正式和非正式治理机制强度给出判断。通过对多案例企业知识治理的对比分析，得出如下结论：

第一，在中国企业对发达国家企业的创新资源寻求型跨国并购中，知识治理是企业确保并购成功、实现既定技术创新目标的重要组织机制。从其二级维度来看，通过跨案例比较发现，企业均实施了人员凝聚、跨文化交流、组织公平构建以及发展助推四方面知识治理机制。而从一级维度来看，正式和非正式治理机制至少有一种是被企业高度重视的，即至少有一种的强度等级为强。

第二，基于知识治理机制的一级维度，跨国并购中企业的知识治理呈出三种不同的组合，如表4－4所示：①企业在并购中以正式治理机制为主，非正式治理机制为辅，即正式治理机制强度强，非正式治理机制强度弱（案例A和案例E）。②企业同时并重正式和非正式治理机制，即两者机制均为强强度（案例C和案例D）。③以非正式治理机制为主，正式治理机制为辅，即正式治理机制强度弱，而非正式治理机制强度强（案例E和案例F）。本书将三种不同机制组合总结为“防守型”“混合型”与“合作型”知识治理。④知识治理机制的二级维度层面，对于这三种不同组合，企业非正式和正式治理机制无明显区别。由此可得出结论，企业知识治理机制组合仅在一级维度上有明显区别。例如，若某企业在并购中实施了威权型知识治理，则该企业与其他企业的区别仅在于：它是以正式治理机制为主，以非正式制治理机制为辅，而企业在正式治理机制中的组织公平构建机制和发展助推机制上并没有表现出倾向性。

表4－4 跨国并购中企业不同的知识治理机制组合

案例编号	治理机制	强度		知识治理机制组合类型
		强	弱	
案例A、案例B	正式治理机制	√		威权型
	非正式治理机制		√	
案例C、案例D	正式治理机制	√		混合型
	非正式治理机制	√		
案例E、案例F	正式治理机制		√	合作型
	非正式治理机制	√		

4.4.2 知识治理机制组合与技术创新模式的匹配

（1）知识治理机制、治理目标与技术创新模式的匹配关系。

根据上节的跨案例比较研究发现，从知识治理的一级维度来看，企业并购中知识治理具有不同组合，即威权型、混合型与合作型知识治理。结合第3章技术创新的研究结论，本书发现在并购中知识治理机制、知识治理目标与技术创新模式存在对应的匹配关系。企业采取不同的机制组合首先是与企业知识治理的目标是相匹配的，而知识治理的目的在于引导、约束、规制和激励目标方知识员工，实现企业既定技术创新目标，即知识治理目标与既定的技术创新目标是相匹配的。

在案例A、案例B中，知识治理机制组合以正式治理机制为主、非正式治理机制为辅，这与企业在跨国并购中优化开发性技术创新过程为主的治理目标是相匹配的，而这种治理目标又同时与企业开发性技术创新为主、探索性技术创新为辅的抢滩型技术创新模式相匹配。

在案例C、案例D中，知识治理机制组合为正式和非正式机制并重，这与企业在跨国并购中同时优化开发和探索性技术创新的治理目标是匹配的，而这种治理目标又同时与企业开发和探索性技术创新并举的防守型技术创新模式相匹配。

在案例E、案例F中，知识治理机制组合为非正式治理机制为主、正式治理机制为辅，这与企业在跨国并购中优化探索性技术创新为主的治理目标是相匹配的，而这种治理目标又同时与企业探索性技术创新为主、开发性技术创新为辅的突围型技术创新模式相匹配。

不同案例中，企业跨国并购中的知识治理机制组合、知识治理目标以及技术创新模式的匹配关系如表4-5所示。

表4-5 知识治理机制组合、知识治理目标与技术创新模式的匹配

案例	并购中的知识治理		并购中的技术创新模式
	知识治理机制组合	知识治理目标	
案例A、案例B	正式治理机制为主，非正式治理机制为辅	优化开发性创新过程为主	开发性技术创新为主，探索性技术创新为辅
案例C、案例D	正式、非正式治理机制并重	同时优化两种创新过程	开发性技术创新和探索性技术创新并重
案例E、案例F	非正式治理机制为主，正式治理机制为辅	优化探索性创新过程为主	探索性技术创新为主，开发性技术创新为辅

(2) 三者相匹配的机理分析。

通过跨案例比较分析发现，中国企业在创新资源寻求型跨国并购中产生了三种不同的知识治理机制组合，同时，形成了三种不同的技术创新模式，且三种机制组合与三种创新模式存在相互匹配的关系。即正式治理机制为主、非正式治理机制为辅的机制组合与抢滩型技术创新模式相匹配；正式、非正式治理机制并重的机制组合与防守型技术创新模式相匹配；非正式治理机制为主、正式治理机制为辅的机制组合则与突围型技术创新模式相匹配。经过梳理，本书将这种匹配关系的产生机理总结如下：

第一，在创新资源寻求型跨国并购中，企业实施知识治理的目标在于引导、约束、规制和激励目标方知识员工行为，优化技术创新过程，最终实现既定的技术创新战略。因此，企业知识治理机制设计以及选择不同机制组合，与企业技术创新战略必然是相对应的。技术创新过程对应着不同知识活动过程，根据知识治理理论，不同知识活动应设计与之对应的知识治理机制。换言之，知识治理是为了促进企业在跨国并购中顺利开展技术创新，因此知识治理机制组合需要与技术创新模式匹配。

第二，在知识治理机制与技术创新匹配关系中，知识治理目标起着中介作用。从知识治理的研究框架出发，选择什么样的知识治理机制是由组织的知识治理目标决定的（任志安，2007），因此知识治理机制组合首先需要与治理目标相匹配。但知识治理仅仅是企业实现战略目标的手段，知识治理之上是企业的战略管理，企业跨国并购中的技术创新模式是企业的战略选择，企业的知识治理目标应与企业的战略选择相匹配。

第三，正式、非正式的知识治理机制特征，以及开发、探索性及创新特点，决定了知识治理机制组合与技术创新模式之间如何匹配。根据技术创新理论，开发性技术创新规模较大、集权程度较高、管理流程严密；而探索性技术创新对分权程度需求高、管理流程需要较宽松的特点（Benner 和 Tushman，2003；王朝晖，2016），开发性技术创新应与效率、集权及约束性的关系更紧密；同时，探索性技术创新更多地依赖柔性、分权及开放性文化来实现（吕鸿江等，2017）。根据知识治理理论，正式治理机制更多强调通过权威、契约等体现集权特征的治理措施来约束、规制和激励人们行为（Grandori，2001；曹勇和向阳，2014）；而非正式治理机制强调公平、柔性等体现着分权特征的治理措施来引导、约束和激励人们行为（Foss 等，2010；Zhang 等，2015）。结合技术创新与知识治理理论，正式治理机制更能促进开发性技术创新，而非正式治理机制更适合用于促进探索性技术创新。

4.4.3 并购中不同企业的知识治理模式

治理环境、治理机制、实施和治理目标共同构成了知识治理的分析框架（任志安，2007）。本书聚焦创新资源寻求型跨国并购这一具有唯一性的组织环境。同时，知识治理实施是对知识治理机制随时间的展开过程，是衍生维度，不具独立性。因此，本书从治理机制和治理目标两个维度区分并购方不同知识治理模式。根据前文研究成果得出，在并购中，企业因不同技术创新模式产生三种差异化知识治理目标：①以优化开发性技术创新过程为主；②优化两种技术创新过程为主；③优化探索性技术创新为主。也存在三种知识治理机制组合：①以正式治理机制为主、非正式治理机制为辅。②正式、非正式治理机制并重。③非正式治理机制为主、正式治理机制为辅。企业若选择三种治理目标中的一种，可选择一种与之匹配的知识治理机制。根据六个案例企业的知识治理目标与知识治理机制组合，本书得出三种不同知识治理模式。如图 4－8 所示。

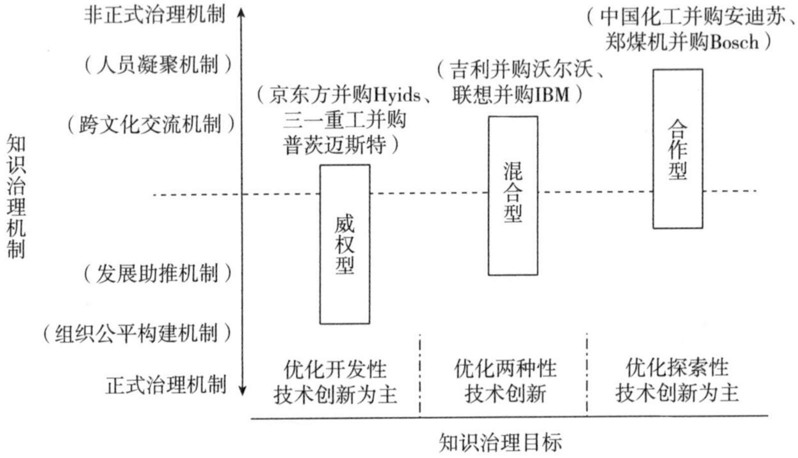

图 4－8　跨国并购中企业不同的知识治理模式

在威权型知识治理模式下，企业在并购中以优化开发性技术创新为知识治理的主要目标，同时兼顾探索性技术创新；同时，企业知识治理机制组合是以正式治理机制为主、非正式治理机制为辅。在所选的案例中，案例 A 和案例 B 采用了威权型的知识治理模式。在混合型知识治理模式下，企业在并购中以同时优化两种技术创新为知识治理的主要目标；同时，企业的知识治理机制组合亦是同时并重正式和非正式两种治理机制。在所选的案例中，案例 C 和案例 D 采用了混合型知识治理模式。在合作型知识治理模式下，企业在并购中以优化探索性技术创新为知识治理的主要目标，同时兼顾开放性技术创新；同时，企业的知识治理机制以非正式治理机制为主、正式治理机制为辅（案例 E 和案例 F）。

4.5 本章小结

本章从过程视角出发，基于知识治理理论，通过对多个创新资源寻求型跨国并购案例的分析、总结和归纳，提炼出企业的知识治理机制主要包括组织公平构建、发展助推、跨文化交流与人员凝聚四个方面，以上四种机制分别实施于并购的不同阶段，基于知识治理机制的一级维度、正式治理机制和非正式治理机制，本节构建了知识治理的二级维度。而通过跨案例比较分析，从知识治理目标和治理机制两个维度出发，本书发现，创新资源寻求型跨国并购中，知识治理有威权型、混合型和合作型三种模式。在威权型知识治理模式下，企业的知识治理机制组合是以正式治理机制为主、非正式治理机制为辅；在混合型知识治理模式下，同时并重正式和非正式两种治理机制；在合作型知识治理模式下，知识治理机制以非正式治理机制为主、正式治理机制为辅。

5 社会资本中介下知识治理对技术创新的影响

本章采用多案例研究方法，针对创新资源寻求型跨国并购这一具体的组织情形，探索知识治理对技术创新的影响机制。无论是组织内还是组织间的知识活动，总是嵌入一定的社会关系之中。社会资本是嵌入于社会管理网络中的一种资源，它代表了人们之间关系的紧密程度、关系的质量等。通过单案例的探索，本书发现并购双方间的社会关系是知识传播或共享的重要途径，而双方人员之间的认同与信任是知识尤其是隐性知识传播与共享的前提和基础。换言之，知识治理对技术创新产生影响，需经过社会资本的中介。因此，本章将从社会资本的视角探索知识治理与技术创新具体的影响路径。

5.1 跨国并购中知识治理对技术创新影响机理的探索

与第3章、第4章相同，本章根据 Strauss 和 Corbin（1990）的“程序化的扎根理论”方法，首先进行吉利并购的单案例探索性研究，依次通过开放性译码、主轴译码、选择性译码来开展单案例探索性研究。

5.1.1 开放式编码

在第4章、第5章中，已对案例D有关技术创新与知识治理材料进行了开放式编码，因此，编码所得范畴可继续使用。然而，由于前两章未对体现知识治理与技术创新关系的材料编码，因此本节重点任务是对体现两者关系的案例材料编码。D_c^i 为案例资料编码结果的代码，其中，D为案例的编号，c = Ⅰ、Ⅱ、Ⅲ，分别表示贴标签、概念化和范畴化过程，i=1，2，3，…，n，表示第i条编码结果。例如，D_{III}^{3}表示案例资料的范畴化过程中的第 3 条编码结果。基于以上编码流程，本书对案例 D 有关知识治理与技术创新关系的资料进行开放式编码，所得新增范畴如表 5－1 所示。

表 5－1 案例 D 有关知识治理与技术创新类型的开放式编码

案例材料	贴标签	概念化	范畴化
Volvo 早期是遵循低调、务实和有品位的路线；李书福说光低调不行；带他们参观中国汽车行业的现状后，Volvo 员工很有触动①	D_{I}^{1} 对共同市场认识的统一	D_{II}^{1} 对双方特征的理解	D_{III}^{1}形成了社会资本的认知维度
吉利员工表示“收购 Volvo，不是要把它拉回去过五六万元（一台车）的日子，而是让我们去过五六十万元（一台车）的日子”①②	D_{I}^{2} 对双方关系的认识		
双方共建了制造体系和物流体系①②③	D_{I}^{3} 建立了共同的基础体系	D_{II}^{2} 共同的语意体系	
吉利无论在技术上还是在语言支持上，都采用和 Volvo 一样的国际化通用系统①②③	D_{I}^{4} 建立了共同的语言体系		
Volvo 管理人员认为，吉利管理团队做事果断，真的很优秀①	D_{I}^{5} 对吉利员工的认可	D_{II}^{3} 相互认同	D_{III}^{2}形成了社会资本的关系维度
Volvo 最初认为，价格高才能找到优质供应商，吉利采购体系认为成本一定时，也能找到更好的供应商，这一观点逐步得到了 Volvo 的认同①②	D_{I}^{6} 对吉利采购体系的认同		
对吉利安全环保、造福全世界的人的理念，Volvo 高层十分认同①②	D_{I}^{7} 对吉利发展理念的认同	D_{II}^{4} 相互尊重	
吉利和 Volvo 相互欣赏，没有谁必须服从谁①	D_{I}^{8} 双方相互尊重		
双方各自经营企业，任何一方不要小聪明①	D_{I}^{9} 双方彼此相信	D_{II}^{5} 相互信任	
彼此很坦诚，大家都坦诚相对①③	D_{I}^{10} 双方彼此坦诚		
通过统一工作平台研发人员可与其他中心人员进行及时沟通①②③	D_{I}^{11} 双方员工可以及时沟通	D_{II}^{6} 及时地联系	D_{III}^{3}形成了社会资本的结构
吉利研究院与吉利和 Volvo 在欧洲的联合研发中心联系非常紧密，有时同一天的同一时段有 6 个视频会议同时进行①②	D_{I}^{12} 双方员工之间的互动非常频繁	D_{II}^{7} 高频率地联系	
吉利在瑞典的研发中心由吉利和 Volvo 双方共同主持工作①②	D_{I}^{13} 高层协同治理	D_{II}^{8} 各个层次的联系	
吉利带着中国经销商去瑞典参观学习，去了半个月①②	D_{I}^{14} 吉利经销商参观 Volvo		

续表

案例材料	贴标签	概念化	范畴化
成立了 IT 共享委员会①③	D_{I}^{15} IT 技术支撑方面的合作	D_{II}^{9} 丰富的联系途径	D_{III}^{3} 形成了社会资本的结构
吉利董事长李书福邀请 Volvo 设计人员到中国参观，了解中国国情①②	D_{I}^{16} 通过参观进行联系		
大家都用一种语言来描述，工作效率就很高，大家相互借鉴，他们也从我们这学到很多①	D_{I}^{17} 具有同一种语言，可以高效交流	D_{II}^{10} 具有同一种语言	D_{III}^{4} 具备知识共享的能力
因为思维方式不一样，Volvo 也从我们这里学到了很多不一样的，帮他们找到更好的思维方式，他们的思想一下就解放了①②	D_{I}^{18} 为对方带来不一样的思维方式，解放了思想	D_{II}^{11} 打开了视野	
吉利员工表示，通过与 Volvo 方面的分享交流，大家感觉到在意识和专业上都有了很大提升，带给吉利很大的财富①②	D_{I}^{19} 提升了认识和专业能力	D_{II}^{12} 提升了工作能力	
谈判团队中有长期在美国工作的成员，对美国文化非常了解，十分清楚应该怎么和美国人谈判①②	D_{I}^{20} 通过彼此熟悉，可以跨越文化差异的障碍	D_{II}^{13} 适应了文化差异	
Volvo 挂牌出售过程中，工会考察的第一个购买方并不是吉利，当了解李书福对待英国锰铜的做法后，在收购时对吉利投了赞成票①②	D_{I}^{21} 了解吉利的并购策略后，赞成与吉利的并购交易	D_{II}^{14} 赞成并购交易	D_{III}^{5} 具有知识共享的意愿
在签订并购交易后的演讲中，当听到李书福说吉利和 Volvo 是兄弟关系，不会关闭 Volvo 欧洲工厂，两家公司将共同携手参与全球竞争，Volvo 员工给出了热烈的掌声①②	D_{I}^{22} 对吉利的态度和承诺十分欢迎与期待	D_{II}^{15} 期待双方的整合	
Volvo 被福特收购以后，每年请第三方做员工满意度调查，均不超过 80 分；被吉利收购以后，Volvo 员工满意度达到了 84 分（十几年来最高），充分体现了 Volvo 员工在新的治理框架下凝聚的战斗力①②	D_{I}^{23} Volvo 员工的工作满意度达到最高	D_{II}^{16} 满意整合进程	D_{III}^{6} 多样的共享知识途径
结合了吉利汽车和研发中心的架构和资源，在瑞典，Volvo 整个部门和吉利通力合作①②	D_{I}^{24} 与吉利通力合作	D_{II}^{17} 愿意全方位合作	
Volvo 所有数据库，全球营销网全部向吉利共享①②③	D_{I}^{25} 主动分享自身资源	D_{II}^{18} 主动分享	

续表

案例材料	贴标签	概念化	范畴化
IT 共享方面，Volvo 专门派一个跟吉利合作，现在双方共同的项目有七八个①③	D_{I}^{26} 双方人员共同参与项目	D_{II}^{19} 共同项目	D_{III}^{6} 多样的共享知识途径
Volvo 设计师 Peter 带领吉利设计团队为吉利开发出博瑞这款车①②③	D_{I}^{27} 对吉利进行设计指导	D_{II}^{20} 设计指导	
并购整合过程中邀请 Volvo 技术人员来吉利举行讲座形式的技术交流，也组织吉利员工到 Volvo 进行技术观摩学习①②③	D_{I}^{29} 通过知识讲座、观摩学习进行技术交流	D_{II}^{21} 多种形式的技术交流	

注：①表示资料来源于访谈；②表示资料来源于二手资料；③表示资料来源于企业调研中的观察。

经过对案例 D 的开放式编码，得到有关知识治理与技术创新关系的 29 个新增标签、22 个新增概念和 6 个新增范畴。据此，研究聚焦案例资料的收集范围，确定资料重点，以便对后续案例展开重复性编码。

5.1.2 主轴编码

通过本章的开放式编码，结合前两章的编码结果，本书共得到有关知识治理与技术创新的 78 个范畴。为在范畴中建立关联，寻找逻辑轴线（故事线），尚需进行主轴编码。本书选择“条件—行动/互动策略—结果”的范式模型将范畴连接，以开发轴线（陈芳和鲁萌，2013，陶厚永等，2010；Corbin 和 Strauss，1990）。通过这一过程，本书将 78 个副范畴归纳到 9 个主范畴中，如表 5－2 所示。

表 5－2 案例 D 有关知识治理与技术创新关系的主轴编码

轴线编号	副范畴			主范畴
	条件	行动/策略	结果	
1	并购会给目标方员工带来风险，信任缺失	建立吸引，保持对目标方的尊重，承诺目标方员工的福利待遇，建立共同的企业愿景	目标方员工面临的风险得到控制	人员凝聚
2	认同不足，目标方员工的利益诉求	不裁员、管理放权、双品牌战略以及建立共同的管理和技术标准	目标方获得较大的自由度	组织平等构建

续表

轴线编号	副范畴			主范畴
	条件	行动/策略	结果	
3	并购双方存在地理距离、文化差异	文化渗透、加强交流，建立情感交流项目、技术交流项目	适应对方文化，降低文化差异、地理距离的不利影响	跨文化交流
4	深入分析目标方困境，有能力助目标方发展	帮助目标方拓展市场，对其注资，帮助其降低成本	目标方摆脱困境，绩效改善	发展助推
5	建立吸引，保持对目标方的尊重；不裁员、管理放权；文化渗透、加强交流等	适应对方文化，降低文化差异、地理距离的不利影响；目标方获得较大的自由度	及时的联系；高频率的联系；丰富的联系途径	形成了社会资本的结构维度
6	建立吸引，保持对目标方的尊重；不裁员、管理放权；文化渗透、加强交流等	目标方员工面临的风险得到控制；目标方获得较大的自由度；目标方摆脱困境，绩效改善	相互认同；相互尊重；相互信任	形成了社会资本的关系维度
7	建立吸引，保持对目标方的尊重；不裁员、管理放权；文化渗透、加强交流等	适应对方文化，降低文化差异、地理距离的不利影响；目标方获得较大的自由度；目标方摆脱困境，绩效改善	理解双方特征；形成共同的语意体系	形成了社会资本的认知维度
8	目标方员工面临的风险得到控制；目标方获得较大的自由度；目标方摆脱困境，绩效改善等	共同的语意体系；相互认同；相互尊重；丰富的联系途径等	知识共享的动机、能力与途径，知识融合和新知识创造	顺利推进开发性技术创新
9	目标方员工面临的风险得到控制；目标方获得较大的自由度；目标方摆脱困境，绩效改善等	共同的语意体系；相互认同；相互尊重；丰富的联系途径等	机会判别、知识获取与新领域进入	顺利推进探索性技术创新

5.1.3 选择性编码

通过选择性编码可对主范畴进行系统关联，通过形成或直接构成核心范畴，并开发故事线，扼要说明全部现象（Corbin 和 Strauss，1990；陶厚永等，2010）。例如，“形成社会资本关系维度”“形成社会资本结构维度”以及“形成社会资本认知维度”这三个范畴完整说明了并购双方形成了社会资本，而根据社会资本理论，社会资本包含认知、结构和关系三个维度（Nahapiet 和 Ghoshal，1998），因此可将这三个范畴归于“形成社会资本”这一核心范畴中。由此，得出本书的核心范畴，分别是知识治理、形成社会资本与技术创新顺利开展。根据“条件—行动/互动策略—结果”范式模型，以上范畴可形成以下故事线：在创新资源寻求型跨国并购中，并购方为实现既定创新战略目标，在并购整合中实施知识治理，具体包含人员凝聚、跨文化交流、组织公平构建与发展助推四个方面机制；能够促使双方企业和员工间形成社会资本（认知、结构与关系三个方面），最终，目标方员工积极实施知识共享、融合、获取与新领域进入等知识活动，确保了开发性和探索性技术创新顺利推进。故事线描述了并购中知识治理与技术创新的关系，即知识治理通过促进并购双方形成社会资本，从而提升技术创新，其范式模型如图 5－1 所示。

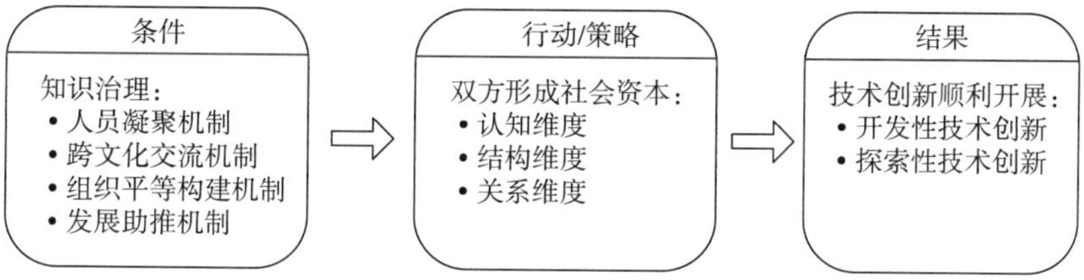

图 5－1　核心范畴的范式模型

经过编码，研究完成了对案例 D 中知识治理与技术创新关系的探索。具体而言，企业通过实施知识治理机制，促使双方企业和员工间形成社会资本，使目标方知识员工有能力、有意愿、有途径向并购方共享知识，借助机会判别和新领域进入等知识活动，使顺利开展并购中的技术创新，企业并购战略得以实现。即企业知识治理通过促使并购双方企业和员工间形成社会资本进而提升技术创新，社会资本在知识治理与技术创新中起着中介作用。

5.2　知识治理对并购双方企业间社会资本的影响

根据社会资本理论，社会资本是嵌入社会关系网络中实际与潜在资源的集合，借助社会资本，有助于个人或组织实现目标（Nahapiet 和 Ghoshal，1998）。

不同学者就社会资本构成理解不一，梳理已有文献，当前三维度说被较多采纳（Inkpen 和 Tsang，2005）。根据三维度架构，社会资本包含认知、结构与关系三个不同维度，体现了社会关系网络的不同层面。根据社会网络范围差异，可分为内部与外部社会资本（边燕杰和丘海雄，2000；韩子天等，2008）。其中，内部社会资本是指嵌入于企业内部社会网络的潜在与实际资源总和。通过编码分析本书发现，在对发达国家企业的创新资源寻求型跨国并购中，中国企业的知识治理对并购双方员工尤其是知识员工间社会资本的形成和积累产生了明显的正向作用。本部分将从社会资本的三个维度分别阐述。

5.2.1 对社会资本结构维度的影响

在对案例开放式编码所形成的范畴进行主轴编码的过程中，依据“条件—行动/策略—结果”的逻辑范式模型本书发现，在建立吸引、保持对目标方的尊重、承诺不裁员、文化渗透、降低成本、直接投资、适应对方文化、目标方获得较大自由度、及时的联系、丰富的联系途径等 16 个范畴中，可以形成这样一条轴线：在并购方实施建立吸引、保持对目标方尊重、承诺不裁员、管理放权、文化渗透、降低成本以及直接投资等多方面的知识治理措施的条件下，并购双方适应了彼此的文化，并降低了文化差异以及地理距离给双方人员之间联系带来的不利影响，同时，目标方还获得较大自由度，这使并购双方人员之间，尤其是知识员工之间可以及时建立高频率的联系，并可以通过多种方式和角色建立多层次的联系。

根据社会资本理论，社会资本的结构维度是企业各种社会关系的总和，以及这些联系的强弱、密度、中心性等结构方面的特征（Tjosvold 和 Weicker，1993；Bolino 等，2002）。本书用并购双方联系途径的丰富程度来衡量双方联系的强弱，用频率来衡量联系的密度，用双方联系的层次来表示联系的中心性。从社会资本和知识治理理论视角出发，上述轴线所描述的现象可以被总结为：在对发达国家企业的创新资源型跨国并购中，中国企业的知识治理可以促使双方人员之间建立多途径的高频联系，而且联系的层次也较为丰富，从而形成结构维度的社会资本。由此，这条轴线可以被总结为“形成了社会资本的结构维度”，具体包含联系的途径、频率和层次三个方面。

以上研究发现仅来源于单案例，结论尚需在多个案例中得到验证（Eisenhardt，1991；Yin，2013）。遵循多案例研究的逐项复制法则（毛基业和李高勇，2014），需要将上述研究发现在其余五个案例中逐一进行复制，以检验在被选案例中并购双方人员之间是否均形成了结构维度的社会资本，具体从联系的途径、频率和层次三个方面检验。

5.2.1.1 多案例复制研究

（1）案例 A：京东方并购 Hydis。

在京东方的知识治理机制中，跨文化交流、组织平等构建与发展助推机制对双方间结构维度的形成产生了积极影响。京东方时常举行体验式研讨会促进双方员工情感交流、通过配备翻译进行文化渗透，借助相互派遣制度和人员抽调方式进行技术交流。这些丰富的治理措施在员工、团队、部门不同层次间建立了联系（内部网络联结）。由于频繁地交流沟通，保证了联系的频率。而京东方的跨文化交流机制将有助于结构维度社会资本的形成。对组织平等构建机制而言，京东方在并购整合中不但保留了 Hydis 品牌与运作模式，还对并日常经营管理放权，不做过多干涉。使 Hydis 虽为京东方海外子公司都拥有较高自由度，也令双方的互联互通更具层次与方向。此外，京东方统一的管理和技术标准（组织平等构建机制），不但能够减少因企业或民族文化差异带来的障碍，更令双向联系更为通畅频繁。除此之外，京东方通过整合双方销售网络体系、共享质优价廉供应商，丰富了并购双方间的联系途径，拓宽了联系的范围。因此，在本案例中，知识治理可对结构维度的形成产生促进作用。

（2）案例 B：三一重工并购普茨迈斯特。

三一重工与普茨迈斯特通过互派工程师不定期座谈，国际电视电话进行业务沟通和协商，非正式的文化渗透与情感交流项目，可在员工个体、团队、部门等不同层次间建立联系，丰富双方的沟通途径。三一重工还多次邀请到普茨迈斯特的核心研发团队专程飞抵长沙，进行技术交流与沟通。这些经常性的交流沟通，确保了双方联系的频率，即由跨文化交流机制促进了社会资本结构维度的形成与积累。此外，三一重工还将德国 Aichtal（普茨迈斯特总部）设为三一重工海外混凝土机械新总部，维持了原有海外公司的独立性与自主权，保留普茨迈斯特的既有品牌，这些都提升了母公司（三一重工）与普茨迈斯特（子公司）的纵向联系，使双方的沟通更具层次与方向。而对于组织平等构建机制而言，三一重工实施的管理和技术标准统一措施，可降低文化差异对双方联系产生的障碍，提升沟通的频率。而帮助普茨迈斯特提升研发技术，在海外设立分支机构，共享双方销售网络体系都是丰富双方联系的途径与联系的宽度。因此，在本案例中，发展助推机制可助推社会资本结构维度的形成。

（3）案例 C：联想并购 IBM 的 PC 部门。

在本案例中，跨文化交流、组织平等构建与发展助推机制对双方间结构维度的形成产生了积极影响。并购后，联想高管与 IBM PC 部门管理人员经常召开电视电话会议，双方总能在畅所欲言之后找到问题解决方案。同时，并购后的新联想也为双方员工开设多种形式的研讨会，培训跨文化交流和沟通的技巧，高管之间更是频繁互飞，交流管理经验。由此可见，跨文化交流机制对双方建立丰富的、多层次的联系发挥了促进作用。并购后，联想将总部移至纽约，这使其余IBM部门距离大大缩减，提升了双方联系的频率，也使双方有更灵活的方式建立联系。而将英语作为并购后公司唯一官方语言，建立统一管理技术标准，可极大降低语言差异带来的沟通障碍。由此，组织公平构建能够促进社会结构维度资本的形成和积累。最后，双方通过将采购、销售网络体系融合，直接使两部门员工建立多途径、高频率的沟通路径。因此，发展助推机制也可以促进社会资本结构维度的形成。

（4）案例E：中国化工集团并购安迪苏。

通过梳理案例发现，中国化工为展现包容度，采取举办员工子女中国夏令营等活动，实现了与安迪苏这类在大化工行业背景下的交流互动。由于中国化工在整合中基于人际沟通的信任，尽可能避免“在商言商”式交流，也使并购双方有了高质量的情感互动，建立了多层次、多部门间的联结。在交流的方式和途径上，多次采取邀约、互派、抽调等方式提供管理改革意见，体现出双方具有丰富沟通途径与密集的联系频率。同样，中国化工在并购整合中保留了安迪苏品牌、管理团队与运作自主权，特意为其出资建设归并法国安迪苏的南京工厂。并允许法国安迪苏（作为海外子公司）独立运行，以上措施均使并购双方具有多层次、多维度、多方向的联系和沟通。就发展助推机制而言，中国化工与安迪苏借助自身营销网络、质优价廉供应商资源，有效地扩大了安迪苏产能，也因此丰富了双方企业层面的联系途径与范围。总体来看，发展助推机制可以对结构维度的形成产生明显的促进作用。

（5）案例F：郑煤机并购Bosch SG。

为加强双方了解，增进员工感情，并购后郑煤机与Bosch SG常派员工进行正式和非正式互访，并将网络电视电话作为常用交流手段，在跨职能部门层级间进行业务沟通和交流，弥补了双方因行业不同、技术差异对企业运营和管理产生的影响。在郑煤机的推动下更是提升了这种交流互访的频率。建立了双方多层次、多途径、更紧密的联系。对组织平等构建机制而言，郑煤机不但保留了郑煤机和Bosch SG两个品牌，并使其独立运营，不做过多干涉。同时，保持了Bosch SG这一海外子公司，在郑煤机集团内部的独特地位。因此，这种联系是更具有多方向、多层次的。此外，在郑煤机的大力支持下，由Bosch SG起草的日常管理规范和准则（并购双方共同遵守）可降低双方因文化、制度差异对运营产生的影响，保证了联系的通畅与高频率。与其他案例相似之处在于，郑煤机同样采取了整合销售体系、共享优质供应商、设立研发中心、产能基地的方式，帮助双方丰富联系渠道，拓宽联系范围，因此基于社会资本的结构维度特征，本案例研究证实，企业通过发展助推机制可对结构维度的形成产生促进作用。

5.2.1.2　案例总结

依次经过单案例探索研究和多案例复制研究发现，在创新资源寻求型跨国并购中，企业的知识治理能够明显促进并购双方间社会资本的形成与积累，主要表现为跨文化交流、组织平等构建、发展助推机制对双方间结构维度的形成与积累产生了积极影响。在具体影响路径上，跨文化交流机制正向促进了并购双方间联系途径的丰富程度、联系频率和联系层次；组织平等构建机制能够对双方联系频率和层次产生积极影响；而发展助推机制则丰富了双方联系途径。知识治理对并购双方间社会资本结构维度的影响路径如图 5－2 所示。

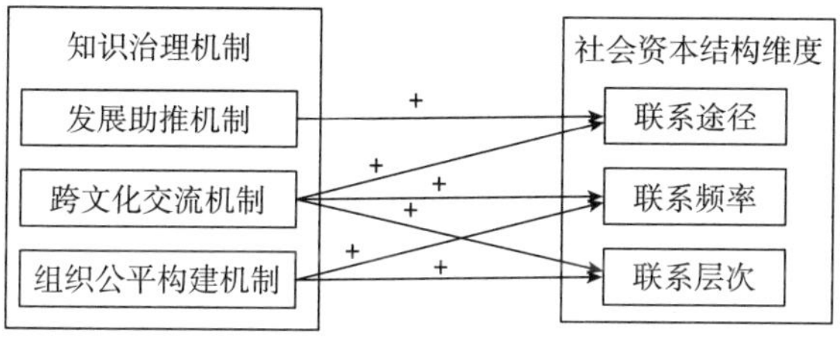

图 5－2　知识治理机制对结构维度的影响路径模型

注：+表示正向影响。

在中国企业对发达国家企业的创新资源寻求型跨国并购中，并购双方之间结构维度社会资本的形成与积累有如下特征：

第一，并购伊始，由于双方人员之间尚未建立联系，加之文化差异和地理距离的影响，双方人员缺乏必要的联系途径，更未能建立多层次的联系，因此，此时双方人员之间几乎不存在结构维度的社会资本。

第二，并购中，企业通过知识治理促使双方人员之间形成结构维度社会资本，具体而言，知识治理促使双方人员之间形成丰富的联系渠道、较高的联系频率以及多层次的联系；且随着知识治理措施的全面展开，双方人员之间结构维度的社会资本得以逐步积累。

第三，从过程视角看，双方人员结构维度社会资本的形成与积累贯穿于并购全过程，即在并购准备阶段双方就已经开始建立联系，形成互通、互联。

基于以上案例分析可得出以下命题。

命题 5.1　在中国企业对发达国家企业的创新资源寻求型跨国并购中，企业知识治理可对并购双方间社会资本的结构维度产生积极作用，表现为跨文化交流机制、组织平等构建机制以及发展助推机制对双方联系途径的丰富程度、联系频率与层次产生积极影响。

5.2.2 对社会资本认知维度的影响

在对案例开放式编码所形成的范畴进行主轴编码的过程中，依据“条件—行动/策略—结果”的逻辑范式模型，本书发现，在保持对目标方的尊重、承诺福利待遇、降低成本、直接投资、适应对方文化、目标方获得较大自由度、建立统一的管理和技术标准、目标方摆脱困境、绩效改善、相互认同、相互尊重、相互信任等18个范畴中，可以形成这样一条轴线：在并购方实施保持对目标方尊重、向目标方员工承诺不降低福利待遇、管理放权、建立统一的管理和技术标准、降低成本以及直接投资等多方面知识治理措施的条件下，并购双方适应了彼此的文化，并降低了文化差异以及地理距离给双方人员之间信任和认同带来的不利影响，同时，目标方还获得了较大的自由度，且绩效很快得到改善，这使双方人员之间形成了统一的语意体系，并使目标方员工，包括知识员工感受到并购方为实现双方共赢而做的努力，对并购方的战略和文化体系等形成了更深入的了解，从而对并购方人员形成了理解和认同。

根据社会资本理论，社会资本的认知维度是关系网络中不同主体对共同理解的表达、解释，可表现为语言、符号、文化习惯和默认知识等，它包含了各方在彼此认同的基础上能够提供共享的表述、解释和体系的资源集合（Wasko 和 Faraj，2005；周小虎和陈传明，2004）。在本书中，并购双方社会资本的认知维度是指并购双方企业及员工在彼此认同的基础上，能够提供共同表达、解释和体系的资源。通过梳理学者们对认知维度的理解发现，几乎所有学者均在表述中强调了认同和理解这两个关键要素，本书将用并购双方相互理解和认同程度来衡量认识维度的水平。从社会资本和知识治理理论视角出发，上述轴线所描述的现象可以被总结为：在对发达国家企业的创新资源型跨国并购中，中国企业的知识治理可以促使双方人员之间形成了统一的语意体，形成了相互理解和认同，从而形成了认知维度的社会资本。因此，这条轴线可以被总结为“形成了社会资本的认知维度”，具体包含联系的理解和认同两个方面。

以上研究发现仅来源于单案例，结论尚需在多个案例中得到验证（Eisenhardt，1991；Yin，2013）。遵循多案例研究的逐项复制法则（毛基业和李高勇，2014），需要将上述研究发现在其余五个案例中逐一进行复制，以检验在被选案例中并购双方人员之间是否均形成了认知维度的社会资本，具体从理解和认同两个方面进行检验。

5.2.2.1 多案例复制研究

（1）案例 A：京东方并购 Hydis。

在该案例中，人员凝聚、跨文化交流、组织平等构建与发展助推机制均对双方认知维度的形成产生了积极的影响。具体表现为：京东方对 Hydis 企业文化尊重、为 Hydis 韩籍员工配备翻译等措施。可减少双方的民族文化差异，使并购双方理解彼此语言表达；而对 Hdyis 文化保持尊重，则更有利于 Hydis 员工对京东方产生认同。京东与 Hydis 的跨文化交流机制，通过体验式研讨会和非正式聚会等为双方员工创造了讨论、协商工作和生活问题的平台，此外，京东方对 Hydis 在管理制度和生产技术各个方面的全面观摩、使双方人员有了更直接、更深刻的了解。在组织平等构建机制方面，双方通过建立统一的规则和制度，实现统一的思想，形成统一的行动纲领。而找准自身在新公司的定位，新公司专门聘请了中国科技大学管理学院专家担任公司高级顾问，建立统一的企业识别系统。实现了双方准确、及时的信息沟通，情感互动与认知理解。同样，京东方也与大多数成功实施跨国并购的中方企业一样，不仅为海外被收购企业带来了市场机遇、更优质廉价的供应商、更好的发展平台，更是借助并购整合卸下了 Hydis 员工的心理戒备，得到了对方员工的认同与信任。因此，基于案例分析可知，发展助推机制可对认知维度的形成产生明显的促进作用。

（2）案例 B：三一重工并购普茨迈斯特。

在跨国并购案例中，三一重工尊重普茨迈斯特既有管理体系和文化，在保留其原有管理团队的基础上，还向目标方发出号召，共同创造全球混凝土泵设备行业的新领导者，通过共同发展愿景的制定，彼此尊重与合作态度，双方有了更为清晰、统一的发展战略，继而增进了并购双方的信任感与认同感。因此，这种人员凝聚机制可对认知维度的形成产生明显的促进作用。跨文化交流机制方面，双方借助核心研发团队跨国度展开了不定期的技术交流与沟通，在帮助普茨迈斯特技术人员了解中国文化外，更使并购双方有了更直接、更深刻的交流渠道。借助普茨迈斯特既有文化体系与三一重工中国企业文化的融合，实现了企业间的信任与感情连接。此外，借助三一重工在国内市场的影响力，形成了双方差异化目标市场（普茨迈斯特继续作为独立高端品牌，主打国内外高端市场，三一重工则主打国内外大众化市场），明晰了普茨迈斯特的发展战略，同样令员工对企业未来发展有了完整认知，继而降低了紧张情绪，对三一重工逐渐产生好感。三一重工除实施以上两种知识治理机制外，还通过整合双方营销网络体系、降低市场进入难度，为被收购方提供了更宽松的市场环境与准备标准，帮助其扭转了现有的不利局面，最终通过一系列并购融合，令普茨迈斯特员工感受到了来自中国企业的诚意与友好。最终此类发展助推机制将对认知维度的形成产生明显的促进作用。

（3）案例 C：联想并购 IBM 的 PC 部门。

在该案例中，人员凝聚、跨文化交流、组织平等构建与发展助推机制均对双方认知维度的形成产生了积极影响。双方通过共商并购后新联想发展愿景，使彼此对企业的价值观和发展方向有了更清晰的认识，无论从直接或间接渠道向 PC 部门人员表达诚意，最终都使 IBM 对联想的并购战略有了更深刻的理解。因此，人员凝聚机制有利于双方人员间社会资本认知维度的形成与积累。同样，跨文化交流机制的实施，使双方展开了多种形式的文化交流和情感沟通，增进了彼此的认同与理解。并购后，联想将英语设定为并购后官方唯一语言，通过为双方建立统一的管理和技术标准，降低双方文化差异带来的技术理解与交流障碍。并购后，联想和 IBM PC 部门的采购体系和销售体系均实现了融合，双方在同一平台下与供应商议价、有利于双方获得更低价质优的原材料及产品。统一的系统、标准使双方人员间的配合更为紧密，因此合作默契；同时，这些措施降低了 IBM PC 部门的成本，有利于后者摆脱困境，其人员对联想也更易形成认同。

（4）案例 E：中国化工集团并购安迪苏。

中国化工在收购整合过程中向安迪苏展现了负责任、有担当的企业形象，更是对其员工给予了最大限度的包容与尊重。收购后，公布管理层和员工留用计划、发布新企业发展愿景等行为增加了对新股东的理解与认同。可以看出，人员凝聚机制可促进社会资本认知维度的形成。除此之外，郑煤机秉承文化共融原则，每年举行员工互访、技术交流活动增强了外方员工对中国文化、中国企业的了解。时任中国化工总经理的任建新曾多次向海外企业高管和员工介绍中国化工的企业理念、创业历程和发展远景，对收购的意图、举措和下一步规划表达清楚。这些措施降低了企业文化差异、民族差异带来的理解障碍，使并购双方有了更清晰的理解。而完整保留安迪苏既有文化体系更有助于双方认同感形成。企业实施组织平等构建机制，即郑煤机仅派出必要的监理人员参与安迪苏运行，在保留安迪苏品牌独立性的同时，更让海外工作人员收获了一份安心。中国化工还特意把由自身出资建设的南京安迪苏并入法国安迪苏，由对方全权负责运营管理，更加保证了安迪苏方面对中国化工的认同。在助力发展方面，中国化工在安迪苏最为困难时期并购，不仅挽救了整个品牌、保住了企业既有市场，更为其开辟了新的中国市场，中国化工通过整合营销体系、降低运营成本，制定长期发展战略，获得了目标方员工对中国企业的认同、尊重与认同。因此，在本案例中，发展助推机制可对认知维度的形成产生明显的促进作用。

（5）案例 F：郑煤机并购 Bosch SG。

在本案例中，人员凝聚机制包含了对安迪苏建立吸引。郑煤机通过与 Bosch SG 工会成员、核心员工共同实地调研，提升了被收购方对收购企业的了解程度。

双方基于尊重理解沟通，在忠诚、诚信和敬业等价值观方面取得了高度一致，即员工服务于企业而不是股东。基于文化、技术、运营层面的融合理解，Bosch SG 员工对郑煤机产生了认同、建立了革命感情，而此时人员凝聚机制促进了社会资本认知维度的形成。为加深双方文化渗透、技术交流和情感交流，郑煤机与 Bosch SG 采取多举措鼓励双方员工在部门、团队以及个体多个层次进行业务沟通和交流，例如，不定期地派员工进行正式和非正式互访，使双方逐渐形成一个统一体，继而产生相同的认知与理解。在组织平等构建机制方面，在郑煤机支持下，Bosch SG 起草了双方统一的日常管理规范和准则，形成了共同的内部语言体系，语言表达层面与认知层面达到了一致性。可以看出，在本案例中，组织平等构建机制对认知维度的形成产生了促进作用。同样起到提升作用的还有发展助推机制。郑煤机将 Bosch SG 技术引入中国，建立了成熟的全球销售体系，通过实施帮助 Bosch SG 重新在市场中获利等一系列措施，最终缓解了 Bosch SG 员工对企业发展的紧张心理，提升了对郑煤机的信任度与情感依赖。

5.2.2.2　案例总结

依次经过单案例探索研究和多案例复制研究发现，在创新资源寻求型跨国并购中，企业的知识治理能够明显促进双方间社会资本的形成与积累，主要表现为人员凝聚、跨文化交流、组织平等构建与发展助推机制均对双方认知维度产生了积极的影响。反映在具体的影响路径上，表现为人员凝聚、跨文化交流与组织公平构建机制能够同时促进双方理解与认同，而发展助推机制则直接提升双方认同。知识治理对并购双方社会资本认知维度的影响路径如图 5－3 所示。

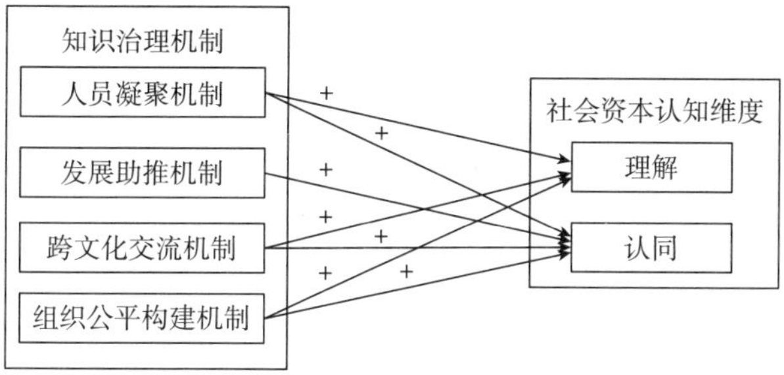

图 5－3　知识治理机制对认知维度的影响路径模型

注：+表示正向影响。

在中国企业对发达国家企业的创新资源寻求型跨国并购中，并购双方之间认知维度社会资本的形成与积累有以下特征：

第一，由于双方拥有完全不同的发展历史、企业文化，甚至是民族文化，双方人员之间缺乏形成理解与认同的基础，因此，在并购的早期阶段，双方人员之间几乎不存在认知维度的社会资本。

第二，在并购中，通过实施知识治理机制，双方人员之间开始形成认知维度的社会资本，具体而言，知识治理机制通过降低文化差异地理距离等带来的不利影响，促使双方人员之间可以相互理解，并建立认同；并且，随着知识治理措施的全面展开，双方人员之间认知维度的社会资本也得以逐步积累。

第三，从过程视角看，由于在并购准备阶段双方人员之间的联系较为有限，因此，双方人员之间认知维度的社会资本主要在并购交易阶段和并购整合阶段得以形成和积累。

基于以上案例分析和研究发现，得出以下命题：

命题 5.2 在中国企业对发达国家企业的创新资源寻求型跨国并购中，企业知识治理可对并购双方间社会资本的认知维度形成产生积极影响，具体表现为人员凝聚、跨文化交流、组织平等构建与发展助推机制对双方的理解和认同产生正向提升作用。

5.2.3 对社会资本关系维度的影响

在对案例开放式编码所形成的范畴进行主轴编码的过程中，依据“条件—行动/策略—结果”的逻辑范式模型，本书发现在建立吸引、保持对目标方的尊重、承诺福利待遇、承诺不裁员、文化渗透、降低成本、直接投资、相互尊重以及相互信任等 19 个范畴中，可以形成这样一条轴线：在并购方实施建立吸引、保持对目标方尊重、承诺不裁员、承诺福利待遇、管理放权、双品牌战略、文化渗透、情感交流项目、降低成本以及直接投资等多方面的知识治理措施的条件下，目标方员工尤其是知识员工面临的风险得到控制，同时，目标方还获得了较大的自由度，绩效也得到了明显改善，这使并购双方人员之间，尤其是目标方知识员工对并购方逐渐形成了充分的信任和情感支持。

根据社会资本理论，关系维度社会资本是指社会网络中不同主体间网络关系的质量，包括信任度、义务、期望与情感支持等，该维度重点关注如何通过创造和维持人际关系获取稀缺资源（周小虎，2007；Huysman 和 De Wit，2004）。在本书中，社会资本的关系维度体现为并购双方企业及员工之间关系的质量，包括彼此信任、期望和情感支持等。Inkpen 和 Tsang（2005）指出，若网络成员间在情感和态度（主要指是否信任）上存在差异，就会直接导致其行为的重大差异，情感支持和是否信任将是网络成员间关系质量的最直接体现。因此，本书将以并购双方相互信任和情感支持来衡量他们之间关系维度水平。从社会资本和知识治理理论视角出发，上述轴线所描述的现象可以被总结为：在对发达国家企业的创新资源型跨国并购中，中国企业的知识治理可以促使双方人员之间，尤其是目标方知识员工对并购方形成充分的信任，并在情感方面对并购方形成支持，从而形成关系维度的社会资本。因此，这条轴线可以被总结为“形成了社会资本的关系维度”，具体包含信任和情感支持两个方面。

以上研究发现仅来源于单案例，结论尚需在多个案例中得到验证（Eisenhardt，1991；Yin，2013）。遵循多案例研究的逐项复制法则（毛基业和李高勇，2014），需要将上述研究发现在其余五个案例中逐一进行复制，以检验在被选案例中并购双方人员之间是否均形成了关系维度的社会资本，具体从信任和情感支持两个方面进行检验。

5.2.3.1　多案例复制研究

（1）案例A：京东方并购Hydis。

在该案例中，人员凝聚、跨文化交流与发展助推机制均对双方间关系维度的形成产生了积极影响。具体表现为京东方向Hydis员工承诺不降低薪资福利、对既有企业文化尊重，为Hdydis韩籍员工配备汉语翻译等治理措施，令Hdyis员工深感京东方为实现共同发展的诚意和努力；同时也使Hydis员工体会到京东方对所并购企业的尊重，并最终选择放松戒备，信任京东方。以上方面均体现出人员凝聚机制对认知维度的形成产生的影响。为了让Hydis员工感到贴心，在京东方光电中专门开设韩国风味餐厅，让其感受到家的温暖。商业并购并未阻断企业对员工的人文关怀，反而是双方人员在感情上建立联系，进而体现在生活、工作中是一种更亲密的彼此情感支持。因此，跨文化交流机制可有效地促进社会资本的形成。此外，京东方不但帮助Hydis扭转困局、全面打开中国市场，谋求更好发展，更是通过整合双方销售网络与供应商体系，帮助Hydis降低成本。随着一系列发展助推机制的实施，Hydis实现扭亏为盈，令Hydis员工受到极大的鼓舞。同时，也证明了京东方为实现共赢做出的重要努力，得到了对方员工的情感认同，强化了Hydis员工对京东方的信任。因此，在本案例中，发展助推机制可对关系维度的形成产生明显的促进作用。

（2）案例B：三一重工并购普茨迈斯特。

三一重工实施的人员凝聚机制包含了对普茨迈斯特既有管理体系和文化的尊重，对普茨迈斯特员工的承诺（福利待遇不会降低，经营状况会提升）。三一重工还明确表示，并购是为了联手共同创造全球混凝土泵设备行业的新领导者。这些措施使普茨迈斯特员工感受到，三一重工实现双方共同发展的诚意，以及对普茨迈斯特企业与员工的尊重。也因此使他们放下了对三一重工的偏见或戒备，转而逐步走向认同、信任。人员凝聚机制正是对关系维度形成的重要来源。在建立双方情感联系方面，双方通过不定期互派工程师展开技术交流、论坛讲座等方式，使双方逐步建立情感联系，进而在工作中形成情感支持，即跨文化交流机制促进了社会资本关系维度的形成与积累。相比之下，三一重工实施的发展助推机制则通过帮助普茨迈斯特实现了更好的发展、打开全新业务渠道（中国市场）、整合了双方销售网络体系、借助优质供应商资源、帮助普茨迈斯特降低成本等措施，令普茨迈斯特迎来了新的发展机遇。而对普茨迈斯特员工而言，这是极大的安慰，迅速增加了对京东方的情感认同与信任。因此，在本案例中，发展助推机制可对关系维度的形成产生明显的促进作用。

（3）案例C：联想并购IBM的PC部门。

在该案例中，人员凝聚、跨文化交流与发展助推机制对双方间关系维度社会资本的形成产生了积极影响。并购前，联想高层已与IBM PC部门的高管进行了多次的深入交流，IBM PC部门的高层坦言，他们当时已逐步体会到联想管理层的诚意，感受到联想为促成双方的共赢所做的努力。并购后，联想对IBM PC部门既有文化十分尊重，保持了原部门的运行模式，维持了原管理层的人员架构基本不变，使PC部门员工对联想逐步产生了信赖与满意。跨文化交流机制中，包含了双方开展情感交流的内容，如联想的高管在工作之余经常与IBM PC部门的员工进行情感沟通，让他们了解中国、信赖联想，安抚他们初到中国的紧张情绪。联想员工与他们沟通经历和感受，使IBM人员逐渐对联想产生了共鸣，对联想产生了情感支持。此外，通过整合双方供应和采购体系，使IBM PC部门实现成本下降，同时，通过帮助IBM PC部门在中国拓展市场，使其销售额得到明显提升，这些都体现了联想发展IBM PC部门的诚意。可见，在本案例中，发展助推机制能够明显促进IBM PC部门人员对联想的信任，继而产生、积累了关系维度的社会资本。

（4）案例E：中国化工集团并购安迪苏。

在本案例中，中国化工采取非征服战略（不干预实际运营，仅把控战略方向，强调文化融合），促使双方形成利益共同体，实现真诚融合，并最终得到了安迪苏员工的信任与忠诚，助推安迪苏迸发出新活力。因此，人员凝聚机制可对关系维度的形成产生明显的促进作用。同样，并购过程中中国化工秉承文化共融原则，采取邀请国外员工及子女来中国参加夏令营、CEO设家宴款待等跨文化交流机制，进行多种形式的文化渗透、技术与情感交流，令安迪苏感受到来自中国化工的人文关怀，使其更快与中方员工建立情感支持。除此之外，中国化工帮助安迪苏在全球形成两大生产平台与七大研发中心的产研配置格局。通过整合双方销售网络体系、帮助安迪苏缩小了同类原材料价差，实现后者扭亏为盈，迸发生命活力。安迪苏员工见证了中国化工为实现双方共赢做出的努力，感受到中国企业的决心和能力，也因此从情感上接受并信任中国化工。可以看出在本案例中，发展助推机制可对关系维度的形成起到了明显的促进作用。

（5）案例 F：郑煤机并购 Bosch SG。

郑煤机在并购准备期便邀请 Bosch SG 工会成员与核心员工来郑煤机郑州总部参观考察，使其了解中方企业的实力和责任心。而收购后，双方员工都在为企业利益相关者创造价值，也令 Bosch SG 与郑煤机消除了利益分歧，形成了共同的奋斗目标。双方采取的人员凝聚机制增强了双方的接受度与信任度，从而对认知维度的形成产生了促进作用。在文化融合方面，并购双方建立了电视电话交流制度，借助频繁的双方正式、非正式互访讨论公司经营问题。郑煤机董事长也时常关心 Bosch SG 员工的心理动向，多次讨论并购后稳定员工的方案。促使 Bosch SG 员工感受到以友谊之情，继而实现了双方在工作、生活层面的情感纽带。除此之外，案例分析发现发展助推机制可促进社会资本认知维度的形成。具体表现在郑煤机为 Bosch SG 直接出资在海外（中国长沙）设立研发中心和生产基地，帮助后者迅速打开国内市场，并借助自身市场地位完善 Bosch SG 的全球销售体系。因此，Bosch SG 最终实现扭亏为盈也极大地鼓舞了外方员工，强化了其对郑煤机情感认同与信任。

5.2.3.2 案例总结

依次经过单案例探索研究和多案例复制研究发现，在创新资源寻求型跨国并购中，企业的知识治理能够明显地促进并购双方间社会资本的形成与积累，具体表现为，人员凝聚、跨文化交流和发展助推机制对关系维度社会资本产生正向影响。在具体的影响路径上表现为，人员凝聚机制能够明显促进双方之间形成信任，跨文化交流机制则有利于双方获得彼此的情感支持，而发展助推机制则同时有助于双方之间信任的建立和情感支持的获取。知识治理对并购双方间社会资本关系维度的影响路径如图 5 -4 所示。

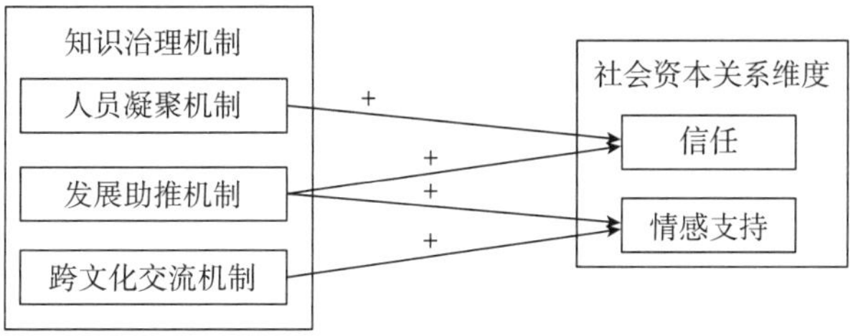

图 5 -4 知识治理机制对关系维度的影响路径模型

注：+表示正向影响。

在中国企业对发达国家企业的创新资源寻求型跨国并购中，并购双方之间关系维度社会资本的形成与积累有以下特征：

第一，由于并购属于发展中国家企业并购发达国家企业，并购伊始，目标方就对中国企业满怀质疑，目标方往往会担心中国企业实施并购仅是为了获取自身的技术，而不会真正为目标方长远的发展考虑。因此，在并购初期，并购双方之间关系维度社会资本的缺失，是中国企业对发达国家企业型跨国并购的典型特征，企业主要表现为目标方对并购方不信任、不支持。

第二，并购中，企业通过知识治理促使双方人员之间产生关系维度的社会资本，具体而言，知识治理促使目标方人员对并购方放下防备，产生信任与情感支持；并且随着知识治理措施的全面展开，双方人员之间的信任与情感支持越强，即关系维度的社会资本得以逐步积累。

第三，从过程视角看，双方人员之间关系维度社会资本的形成与积累主要发生在并购整合阶段，始于并购交易完成以后。

基于以上案例分析，本书得出以下命题：

命题 5.3 在中国企业对发达国家企业的创新资源寻求型跨国并购中，企业知识治理对并购双方间社会资本的关系维度的形成产生积极作用，具体表现为人员凝聚、跨文化交流、发展助推机制对双方信任的建立和情感支持的获取产生了正向影响。

5.3 社会资本对跨国并购中开发性技术创新的影响

根据案例编码分析发现，在对发达国家企业的创新资源寻求型跨国并购中存在以下具有逻辑关系的范畴：目标方员工面临的风险得到控制、目标方获得较大自由度、目标方摆脱困境且绩效得到改善、双方形成了共同的语意体系、相互认同、相互尊重、多层次的联系、丰富的联系途径、知识共享的动机、能力与途径，知识融合以及新知识创造。根据“条件—行动/策略—结果”的逻辑范式模型，这些范畴可以形成这样一条轴线：在目标方员工在跨国并购中面临的风险得到控制、目标方得到较大自由度、目标方摆脱困境且绩效得到改善、承诺不裁员、承诺福利待遇以及文化差异和地理距离的不利影响被降低等条件下，并购方双方形成了共同的语意体系，形成了认同、理解和信任，并建立了高频的多层次联系，由此并购双方知识员工，包括目标方知识员工获得了知识共享的途径、动力和能力，双方知识员工积极进行知识融合，并协同进行知识再创造，最终使跨国并购中的开发性技术创新得以顺利推进。

从知识治理理论、社会资本理论以及技术创新理论的视角出发，这条轴线所描述的现象可被概括为：跨国并购双方人员之间，尤其是知识员工之间社会资本的形成，对企业跨国并购中的知识共享、知识融合和知识再创造形成了明显的影响，最终使开发性技术创新得以顺利推进。因此，本书将这条轴线总结、提炼为创新资源寻求型跨国中“顺利推进开发性技术创新”。

以上研究发现仅来源于单案例。根据案例研究规则，结论需要在多个案例中得到验证，才可证明其普遍适用性（Eisenhardt，1991；Yin，2013）。因此，遵循多案例研究的逐项复制法则（毛基业和李高勇，2014），需要将上述研究发现在其余五个案例中逐一进行复制，以检验在被选案例中社会资本的形成是否均使开发性技术创新得以顺利推进，分别考察社会资本认知、关系和结构三个维度对开发性技术创新的知识共享、融合与再创造三个过程的影响。

5.3.1 社会资本对知识共享过程的影响

第3章中提炼出企业在并购中的开发性技术创新包括知识共享、知识融合与新知识创造三个首尾相接的不同阶段。其中，知识共享是双方进行开发性技术创新的起点；知识共享的内容可以包括人力资源、销售网络、既有技术以及供应商体系的共享。下面基于以上研究成果，验证社会资本与知识共享的关系。本节将对这一研究发现在其他案例中进行重复研究；同时，研究还将进一步探索社会资本对知识共享的具体影响路径。

5.3.1.1 多案例复制研究

（1）案例A：京东方并购Hydis。

由于地域距离文化差异、双方沟通交流不畅，融合困难重重。而随着整合中京东方实施知识治理机制，双方的联系增多，联系途径逐渐丰富，即形成了结构维度的社会资本。这为Hdyis向京东方共享知识提供了必要途径。这种多渠道、多层面的联系更使沟通频率维持在较高水平，继而保障了知识共享的时间与共享方式的多样性（基于联系途径的丰富程度）。例如，Hydis除向京东方输出大量（2400项）自有专利外；也培养了大批京东方技术人员。可见在本案例中，结构维度的社会资本对双方的知识共享起到了积极作用。回顾并购过程，韩籍员工始终对中方收购的目的产生怀疑（仅为获取技术），以致不愿进行技术或管理经验的交流。随着京东方实施知识治理措施，与Hydis建立了信任、获取了情感支持，也就在双方形成了关系维度的社会资本。然而，当双方一味支持和盲目信任，京东方获取Hydis专利、技术的信心与决心必然减弱，但信任不存在时，也会因Hydis知识员工的自利行为无法获取全部知识。因此，在一定范围内，关系维度社会资本的积累可以促进双方知识共享，但超过一定范围后，反而会对知识共享产生不良效果。因此，关系维度社会资本与知识共享关系不是线性的，而是倒“U”形的。

总的来看，在该案例中，并购双方社会资本的结构维度与关系维度对知识共享产生了明显影响。

（2）案例B：三一重工并购普茨迈斯特。

普茨迈斯特地处德国，而三一重工作为中国本土企业，与其有着巨大的文化差异与沟通障碍。通过三一重工的知识治理机制，双方通过人员互访，国际视频会议、技术融合等多层级、多角度、多方式的沟通，在深化治理进程的同时，双方的联系也越来越频繁，即搭建了沟通的渠道或网络，形成了社会资本的结构维度。而这种社会资本的积累同样促进了双方的知识共享。普茨迈斯特将部分技术有偿转让给三一重工，并帮助其提升员工技能，开展人力资源共享，管理层实现互相渗透，开放产品技术标准体系与销售服务网络；京东方则以投资助其建厂、共享供应商资源、拓展中国市场、独立运行海外子公司等措施，获得了普茨迈斯特的信任与情感支持。可见，在本案例中，社会资本的关系维度对双方的知识共享产生了积极作用。然而，所有的关系与信任都建立在合理的范围与区间内，当关系维度社会资本积累过多时，双方同样面临着知识共享的效果问题，过于信任彼此，有时并不会带来更高水平的技术、知识与资源的共享，此时，关系维度社会资本积累越多，反而会延长知识共享的过程，两者随之表现为一种倒“U”形关系。

（3）案例C：联想并购IBM的PC部门。

由于中美间存在较大的地理差距、文化差异，联想与IBM PC业务部门的并购融合过程更是历经风雨。当并购事件宣布后，由于不想去中国工作，员工对联想产生了排斥与不信任的心理，甚至对双方的沟通都持有怀疑态度，造成双方联系交往与沟通途径的缺失。随着联想知识治理的推进，双方逐渐形成了多层次、多渠道、高频率的联系。即双方结构维度的社会资本得以形成。基于此，双方知识共享才得以实施。双方开始从既有技术、人力资源、供应商体系和销售网络等多个方面进行知识共享。双方组建新联想，且新联想的总部设在美国，仅管理人员就各有90人进入新公司高层。IBM是一家国际性公司，其所建立的是全球性的供应商体系，在形成结构维度的社会资本后，IBM PC事业部将该体系向联想共享。可见，在本案例中，社会资本的结构维度对双方的知识共享起到了积极作用。同样，联想和IBM PC部门间人员的信任，尤其是知识员工之间的信任，能够明显提升双方知识共享的动力。虽然信任能够提升IBM PC部门人员向联想共享知识的动力，但联想对目标方员工盲目信任，最终对知识共享产生不利影响。

（4）案例 E：中国化工集团并购安迪苏。

并购前，由于地理隔绝、语言差异，双方高管层曾有过一定联系，但也被安迪苏置之不理。沟通交流的方式、渠道极为单调无效率。并购后，中国化工借助知识治理机制，促使双方建立多层次的联系，联系途径和频率都得到了保证，从而使双方之间形成了结构维度社会资本，真正开始进行知识共享。在正式发出并购申请前，中国化工曾与安迪苏寻求技术合作，但被无情拒绝。中国化工董事长任建新亲自给安迪苏高管写信，然而安迪苏方面非常谨慎，只是礼貌性地回复，不信任之感不言自明。但随着中国化工知识治理机制的推进，安迪苏给予中国化工较高的情感支持与信任。安迪苏员工的担心一去不复返，还很积极地去建设南京安迪苏，愿意将自身技术带到中国，也意味着双方社会资本的关系维度形成。而关系维度社会资本正对双方的知识共享起到了积极作用。当时，中国化工如果一味地给予安迪苏情感支持，后者便失去来华建立生产基地的动力；如果中国化工盲目信任，便不会监督南京安迪苏员工工作成效。以上假设一旦既成事实，势必会造成中国化工与安迪苏难以共享核心知识，引发知识整合与再创造失利，最终导致开发性技术创新目标无法实现。因此，达到临界点后，社会资本关系维度的积累，反而对知识共享带来不利影响。

（5）案例 F：郑煤机并购 Bosch SG。

随着郑煤机知识治理机制的实施，并购双方联系渐多，联系途径逐渐丰富，结构维度的社会资本逐渐形成。加之，双方联系的频率得到保证，知识共享的时间也就得到保证。具体的共享方式是，并购后 Bosch SG 在长沙建立 Bosch SG 汽车中国总部新工厂。该工厂主要技术人员均来自 Bosch SG，来自郑煤机的进驻人员仅承担辅助性工作，并向 Bosch SG 员工学习技术。可见，结构维度社会资本对双方的知识共享起到了积极作用。同样，在本案例中，关系维度社会资本也促进了双方的知识共享。具体表现在：随着郑煤机实施知识治理，降低了 Bosch SG 在并购过程中对郑煤机的怀疑态度。双方不但取得了感情支持，更是获得了彼此信任，意味着社会资本的关系维度形成。于是，Bosch 员工背井离乡来到中国，在长沙建立 Bosch SG 汽车中国总部新工厂，开展了更深层次的知识共享。但是，郑煤机如果一味地给予 Bosch SG 人员情感支持，寻求 Bosch 知识员工携带技术来华，投入长沙研发事业，反而会引起对方的警觉与反感，最终知识融合和知识再创造将难以实现。在信任方面，如果郑煤机盲目信任 Bosch SG，不设定相关机制去监督来华工作的 Bosch SG 员工，知识共享也很难保质保量完成。也就是说，双方之间关系维度水平过高时，对双方间的知识共享会产生不利影响。

5.3.1.2 案例总结

通过将单案例编码分析以及多案例复制研究发现，在创新资源寻求型跨国并购整合中，并购双方的社会资本在六个案例中均能够明显影响并购双方间的知识共享过程。除此之外，本节分析还发现，这种促进作用体现为双方社会资本在结构维度的积累将对其知识共享发挥积极作用，即产生正向影响。而关系维度与双方知识共享呈现倒“U”形关系。这一研究发现在六个案例中均得到直接的印证。并购双方间社会资本对知识共享的影响路径如图5-5所示。

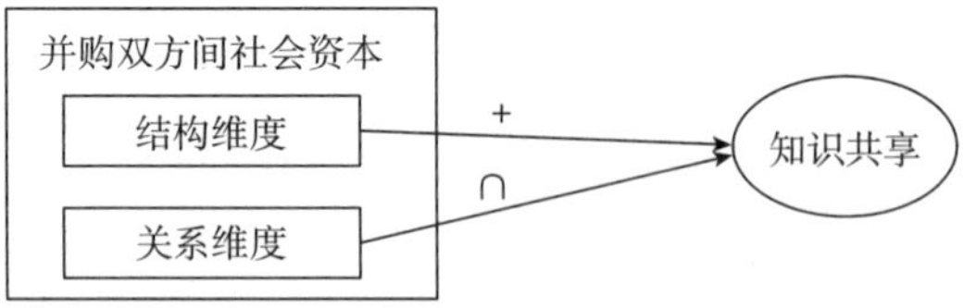

图5-5 并购双方间社会资本对知识共享的影响路径模型

注：+表示正向影响，∩表示倒“U”形影响。

基于以上案例分析和研究发现，本书得出以下命题：

命题5.4 在中国企业对发达国家企业的创新资源寻求型跨国并购中，并购双方间的社会资本会对知识共享产生明显影响，具体表现为结构维度将对知识共享产生正向影响；同时，关系维度与知识共享则呈现倒“U”形影响关系。

5.3.2 社会资本对知识融合过程的影响

基于多案例研究所得，企业在并购中的开发性技术创新包括知识共享、知识融合与新知识创造三个首尾相接的不同阶段。其中，知识融合是双方进行知识再创造的前提和基础；知识融合的内容可以包括任务设计、销售网络融合、既有技术融合、研发能力融合以及供应商体系融合。本节将对这一研究发现在其他案例中进行重复研究；同时，研究还将进一步探索社会资本对知识融合的具体影响路径。

5.3.2.1 多案例复制研究

（1）案例A：京东方并购Hydis。

在该案例中，并购双方间社会资本的结构维度与认知维度对知识融合产生了明显的影响。一方面，社会资本结构维度的形成，会成为双方进行知识融合的必要途径。会减少双方沟通与交流障碍，会使知识融合从个体、部门乃至整个企业层面得以展开。例如，在供应商体联系方面，Hydis摒弃了对元器件显示光源产品的外部采购模式，改为与京东方共同设计、由中方具体生产的方式供给货源。在研发部门联系方面，京东方将 Hydis 部分核心员工从韩国动员到北京并委以重任，这种联系使双方通过任务设计进行知识融合。另一方面，随着社会资本认知维度的形成，双方获得了理解彼此信息知识顺畅沟通的能力。正是基于对此种能力的相互认知、理解，双方研发人员才有协作的基础，协同研发才成为可能。正是基于认同，Hdyis 韩籍员工才愿意到北京帮助京东方建立新公司。类似的还有，正是双方建立了统一的技术标准，形成了共同的理解，京东方所生产的部件才可能为 Hdyis 所用，从而在供应体系上实现融合。由此可见，在本案例中，社会资本的认知维度对双方的知识融合产生了积极作用。

（2）案例 B：三一重工并购普茨迈斯特。

在本案例中，三一重工与普茨迈斯特以多渠道的沟通交流，高频率的互访学习，知识融合从个体、部门乃至整个企业层面均得以展开。德国企业以精益求精著称，造成德国普茨迈斯特在技术标准和技术流程上优于三一重工。双方技术部门的联系，使双方在以上两个方面实现了协同，使双方在供应商的选择上更具话语权，从而实现了供应体系协同。同样，双方销售人员的融合，使双方可以借助彼此销售网络而进入新市场，实现销售体系的融合。可见，在本案例中，结构维度社会资本对双方的知识融合产生了积极作用。另外，随着社会资本认知维度的形成，可缩减双方技术差距、消除语言、文化体系差异带来的理解障碍，增进双方技术流程与标准出台进而实现融合。也正因为普茨迈斯特研发人员对三一重工形成了认同，他们才愿意与三一重工的研发人员一道研发新产品，从而实现研发的协同。当然，这还需要相互理解彼此的技术语言为前提。由此可见，认知维度社会资本积累同样增进了双方知识融合。

（3）案例 C：联想并购 IBM 的 PC 部门。

随着联想在并购中持续推进知识治理，双方结构维度社会资本得以形成，这意味着双方有着多层次、多途径和高频率的联系。正是这些联系的建立使双方的知识融合得以进行。通过建立共同营销体系，双方将产品业务整合为全球产品新集团，负责 Lenovo 和 Think 品牌旗下产品的运营与销售融合。另外，组建新联想是双方组织层面的联系，双方新组成的有 90 名管理人员的新联想，更是吸纳了来自不同部门的研发人员，令人力资源得到融合。此外，联想借助 IBM PC 事业部的全球性销售网络体系推广 Lenovo 品牌及产品，IBM 则借助联想在中国的销售网络，全面推广 Think 旗下产品。可见，在本案例中，社会资本的结构维度对双方的知识融合产生了积极作用。此外，认知维度在知识融合中也起着重要作用。例如，双方人员共同运行新联想，需要双方以共同语言体系实现共同理解，需要彼此认同，才能协同工作实现融合。而在销售网络体系融合过程中，如双方不能理解、消化对方产品的特点与优势，不认同对方产品，就势必难实现互相推广产品，也就不可能完成销售体系的融合对接。因此，基于理解、融合即形成了认知维度的社会资本，而该要素正是并购双方进行融合的关键。

（4）案例 E：中国化工集团并购安迪苏。

随着社会资本结构维度的形成，中国化工和安迪苏获取了知识融合的必要途径。并购中，由中国化工出资、双方共建的年产 18 万吨液体蛋氨酸生产基地组建项目在南京启动。在这个项目中，技术人员主要来自安迪苏，管理人员来自双方。项目顺利实施与运行以双方人员在南京建立的深层次联系为基础，也标志着双方知识的有效融合。销售人员密切合作，也令双方销售体系得以形成协同，实现融合。可见，在本案例中，结构维度社会资本的积累促进了双方的知识融合。同样，认知维度在双方知识融合中发挥了重要作用。正是安迪苏人员对中国化工形成了认同，这些人员才愿意从法国来到中国，为了双方共同的目标，积极投身南京项目的建设中。在建设过程中，中法人员形成了共同的语言体系，从而实现了对彼此的理解，最终项目才得以顺利推进。由此可见，在本案例中，社会资本的认知维度对双方的知识融合产生了积极作用。

（5）案例 F：郑煤机并购 Bosch SG。

随着在并购中持续推进知识治理，郑煤机与 Bosch SG 之间社会资本结构维度得以形成，意味着双方有着多层次、多途径和高频率的联系。并购中，郑煤机与 Bosch SG 共同在长沙经开区共建索恩格汽车部件（中国）有限公司新工厂。项目的顺利推进和完工，是以双方技术人员、管理人员频繁的联系与沟通为基础的。这一项目投入运营，也是双方知识融合的体现。而双方销售体系人员的相互联系，使双方销售体系得以形成协同，实现融合。可见，在本案例中，社会资本的结构维度对双方的知识融合产生了积极作用。随着社会资本认知维度的形成，双方获得了理解彼此信息以及知识、进行顺畅沟通的能力。Bosch SG 员工不远千里从德国来到中国长沙，与郑煤机员工一道共建新厂区，这需要以 Bosch SG 员工对郑煤机形成认同为前提。此外，双方员工的协同与配合，离不开他们之间顺畅的交流以及准确的理解和消化，而这些均需要以认知维度的形成为前提。由此可见，在本案例中，社会资本的认知维度对双方的知识融合产生了积极作用。

5.3.2.2 案例总结

通过将单案例编码分析以及多案例复制研究发现，在创新资源寻求型跨国并购整合中，双方的社会资本在六个案例中均能够明显影响并购双方的知识融合。除此之外，更细致的多案例分析得出，这种促进作用具体体现为，双方社会资本的结构维度和认知维度对知识共享的积极作用，产生正向影响。这一研究发现在六个案例中均得到直接的印证。并购双方间社会资本对知识共享的影响路径如图5-6所示。

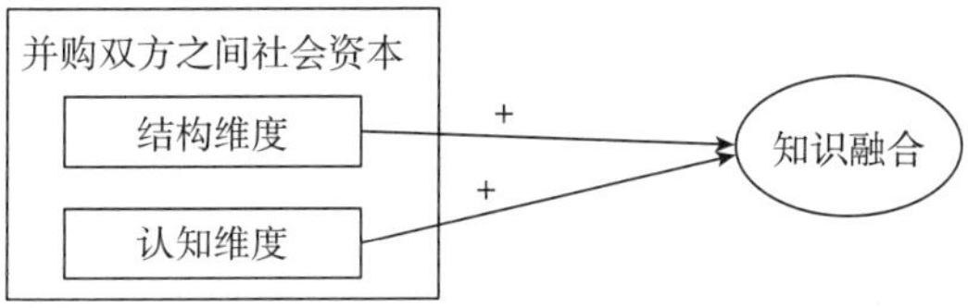

图5-6 并购双方间社会资本对知识融合的影响路径模型

注：+表示正向影响。

基于以上案例分析和研究发现，得出以下命题：

命题5.5 在中国企业对发达国家企业的创新资源寻求型跨国并购中，并购双方间的社会资本会对知识融合产生明显影响，具体表现为结构维度和认知维度对知识融合产生正向影响。

5.3.3 社会资本对知识再创造过程的影响

根据第3章研究发现，企业在并购中的开发性技术创新包括知识共享、知识融合与新知识创造三个首尾相接的不同阶段。知识再创造是双方进行开发性技术创新的最后阶段知识再创造，内容包括市场进入、已有产品的升级、产品质量提升以及产品系列的拓展。本节将继续通过多案例探索性研究分析，一方面对上述研究发现进行重复研究，另一方面进一步探索社会资本对知识融合的具体影响路径。

5.3.3.1 *多案例复制研究*

（1）案例A：京东方并购Hydis。

并购中，京东方和Hydis通过对已有产品升级和系列拓展进行知识的再创造。并购双方间社会资本的结构、认知和关系维度均对知识的再创造产生了明显影响。具体表现在：①通过并购Hydis，京东方获得了TFT-LCD的3代生产线（第2代、第3代和第3.5代）。京东方光电成立后直接开发、建设融合双方技术力量的TFT-LCD第5代线。双方技术人员和研发部门建立紧密的联系。正是基于结构维度社会资本的积累，实现了对原有产品的升级。②Hdyis技术人员来京与京东方技术人员一道，投身于京东方光电事业，这样的深化合作更加需要双方充分的理解与认同为前提。社会资本的认知维度也因此发挥了关键作用。③Hydis人员从对京东方持怀疑态度（担心技术被带走），到愿意来到中国传授技术，其中信任的形成功不可没。可以看出，关系维度也是不可或缺的。案例研究还表明，由于京东方的 TFT－LCD 技术较为薄弱，第 5 代线的研发是由 Hydis 方面主导。这就导致双方技术人员存在知识不对称。若在技术研发和质量把控方面，京东方对 Hydis 过度信任、一味支持，而不设置相应监督机制，将极易引发研发无效率，甚至研发成果被侵占等问题。由此可见，双方间关系维度在一定水平能对知识的再创造产生积极影响，而超过一定限度，便有可能产生副作用。

（2）案例 B：三一重工并购普茨迈斯特。

以品质提升为例，社会资本对知识再创造具有促进作用。相比三一重工，普茨迈斯特作为世界工程机械三大巨头之首，其产品在产品质量和耐久性方面有着明显的优势。整合中，在普茨迈斯特技术人员的帮助下，双方建立起一致的技术标准。借由反复沟通合作，不同企业员工间形成了更紧密的联系。而为确保三一重工能够将技术标准应用于生产流程，普茨迈斯特技术团队专门赶到三一流水线上进行技术指导。也同样体现了结构维度社会资本是不可或缺的。当然，并购双方技术人员在交流、指导过程中，必然需要准确理解、消化对方传递的信息，也需要对技术指导有足够的认同。此时，认知维度社会资本起到了关键作用。而基于双方间建立的足够信任，即形成的关系维度社会资本，普茨迈斯特知识员工毫无保留传授技术，多次来华指导研发工作，彼此间建立了深厚的友谊。但是，关系维度社会资本的积累并非越多越好。如果三一重工对普茨迈斯特员工盲目信任和一味支持，也可能带来不利后果。例如，双方曾就是否继续扩大在欧洲的生产规模产生分歧。一方认为市场过度饱和，而收购方则认为市场仍有继续挖潜可能，基于对普茨迈斯特的过度信任，三一重工最终无条件认同前者决策，而实际结果反映这一判断出现了偏差。关系维度对知识再创造并非一直有利。

（3）案例 C：联想并购 IBM 的 PC 部门。

在案例中，产品系列拓展主要表现为对 Lenovo 和 Think 两品牌产品的拓展。并购前，Lenovo 旗下并不生产笔记本电脑，并购整合之后，该品牌以研发出多款国内热销产品。事实上，在并购整合初期，联想笔记本技术几乎全部来自 IBM PC 部门的输出。正是基于双方技术研发层面的频繁技术沟通和交流，基于对 IBM 传递知识的充分理解和消化，即社会资本的结构维度的产生与积累，联想才获得了设计和生产笔记本电脑的能力。PC 部门的技术和管理人员之所以毫无保留地传授知识技术，也是基于对联想的认可和信任，因而社会资本的关系维度不可或缺。当然，联想也将在中国市场积累的数据和经验传授。帮助 IBM PC 部门调整了产品定位，推出了符合中国大众消费水平的产品。这个过程中社会资本发挥了同样的作用。诚然，联想和 IBM PC 部门间存在的信任，是后者愿意共享、传授知识，拓展产品系列的前提。但当信任水平超过一定限度也会带来不利影响。由于联想技术人员并不掌握 IBM 笔记本设计和生产的核心技术，过度信任的存在，反而会使联想产生“代理问题”，增加代理成本。也因此导致双方整合后期，出现了 IBM 既有员工离职现象。但这也恰恰说明，社会资本的关系维度是在一定范围内可对知识的再创造产生促进作用，超过了一定限度则会产生不利影响。

（4）案例 E：中国化工集团并购安迪苏。

并购后中国化工与安迪苏在南京设立蛋氨基酸生产基地，后者将技术带入中国，充分挖掘中国市场潜力。南京氨基酸生产基地从建设到运营，中间每个环节都是双方相互协作、频繁沟通的结果，这是个体、部门和企业层面的协作，形成了结构维度的社会资本。颇有意味的是，并购初期安迪苏人员对中国化工抱着怀疑警惕的心态，严密保护自身技术。但在南京生产基地开建时，这种担心已经不再有，安迪苏人员反而是积极投身基地的建设。引发态度变化的主要因素是长期交流沟通后产生的信任与认同。社会资本的关系维度在其中发挥着关键作用。同样，双方协同共建南京生产基地，意味着彼此理解对方传达的信息和知识，进行了有效沟通。而安迪苏人员不远万里来到中国，也体现其对中国化工的认同。此时认知维度不可或缺。因此，在本案例中双方若无信任，安迪苏几乎不可能尽相传授技术和管理经验。但倘若中国化工对其盲目信任，反而会造成安迪苏为求私利保留隐性知识，中国化工将难以掌握核心技术。此外，中国化工对其过分信任，也会导致“尾大不掉”，致使自身在发展方向上丧失主动权。因此，本案例中，关系维度社会资本与知识再创造的关系为倒“U”形。

（5）案例 F：郑煤机并购 Bosch SG。

并购后，双方共同建立长沙启动机、发电机技术研发中心，有利于各自技术知识实现了知识再创造。而由中德人员共同运营的研发中心，更加需要双方在多层面、多领域展开联系，因此，社会资本的结构维度在其中起着关键作用。结构维度积累越多，双方人员联系越紧密，联系途径越丰富，协同也就更融洽。当然，良好的协同还需建立在相互理解、彼此认同的基础上，此时认知维度的社会资本随即形成。Bosch SG 人员卸下了怀疑与不信任，转而与郑煤机人员一道工作，并向其共享传授自身知识。正是基于社会资本的关系维度加快了知识再创造进程。基于前文分析可知，市场进入也可进行知识再创造。例如，并购后，双方共同推动 Bosch SG 快速做大中国市场，实现起停电机和 48V BRM 等产品技术大规模本土化应用和推广；同时，郑煤机还大力支持 Bosch SG 在墨西哥、印度等海外市场的拓展。在以上过程中，社会资本的结构、认识和关系维度均发挥了积极作用。同样与前五个案例相似，过多的信任与认同，通常会令郑煤机与 Bosch SG 之间因“疏于监督”“代理问题”，令 Bosch SG 知识员工产生磨洋工、知识侵占等机会主义行为。因此，社会资本关系维度对知识再创造的影响并非线性的正向影响，而是呈现倒“U”形关系。

5.3.3.2 案例总结

通过将单案例编码分析以及多案例复制研究发现，在创新资源寻求型跨国并购整合中，双方社会资本在六个案例中均能够明显影响并购双方的知识融合。经过更细致的多案例分析，这种影响具体体现为，双方社会资本的结构维度和认知维度对知识再创造发挥了积极作用，产生了正向影响。同时，社会资本的关系维度对知识再创造的影响呈倒“U”形。并购双方间社会资本对知识再创造的影响路径如图5－7所示。

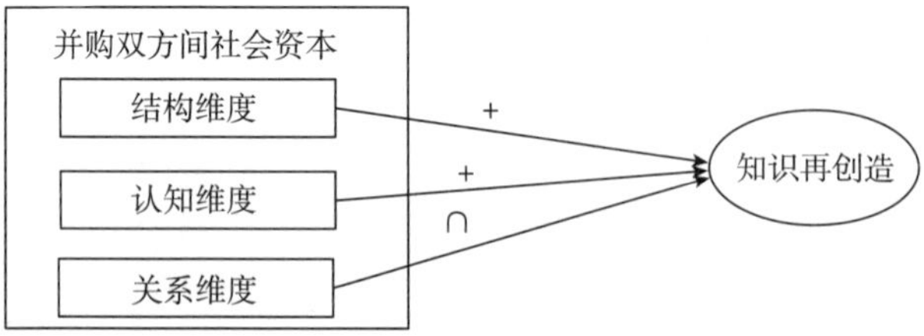

图5－7 并购双方间社会资本对知识再创造的影响路径模型

注：＋表示正向影响，∩表示倒“U”形影响。

基于以上案例分析和研究得出命题：

命题5.6 在中国企业对发达国家企业的创新资源寻求型跨国并购中，并购双方间的社会资本可以对知识融合产生明显影响，具体表现为结构维度和认知维度对知识再创造产生正向影响；同时，关系维度与知识再创造呈现倒“U”形影响关系。

5.4 社会资本对跨国并购中探索性技术创新的影响

根据案例编码分析以下发现，在对发达国家企业的创新资源寻求型跨国并购中存在以下具有逻辑关系的范畴：目标方员工面临的风险得到控制、目标方获得较大自由度、目标方摆脱困境且绩效得到改善、双方形成了共同的语意体系、相互认同、相互尊重、多层次的联系、丰富的联系途径、机会判别、知识获取以及新领域进入。根据“条件—行动/策略—结果”的逻辑范式模型，这些范畴可以形成这样一条轴线：在目标方员工在跨国并购中面临的风险得到控制、目标方得到较大自由度、目标方摆脱困境且绩效得到改善、承诺不裁员、承诺福利待遇以及文化差异和地理距离的不利影响被降低等条件下，并购双方形成了共同的语意体系，相互形成了认同、理解和信任，并建立了高频的多层次联系，这使并购双方知识员工在对市场机会判别时有了判别的动力和判别的方向，同时还有助于企业并购中获取进入新领域所需的知识，以及通过激发双方知识员工的工作热情和创新活力，促进在新领域建立产品开发、生产能力和新产品的生产，最终顺利推进探索性技术创新。

从知识治理理论、社会资本理论以及技术创新理论的视角出发，这条轴线所描述的现象可被概括为：跨国并购双方人员之间，尤其是知识员工之间社会资本的形成，对企业在跨国并购中判别新领域机会、获取进入新领域所需的知识以及在新领域中建立产品开发、生产能力并生产全新产品形成了明显的影响，最终使探索性技术创新得以顺利推进。因此，本书将这条轴线总结、提炼为创新资源寻求型跨国“顺利推进探索性技术创新”。

以上研究发现仅来源于单案例。根据案例研究规则，结论需要在多个案例中得到验证，才可证明其普遍适用性（Eisenhardt，1991；Yin，2013）。因此，遵循多案例研究的逐项复制法则（毛基业和李高勇，2014），需要将上述研究发现在其余五个案例中逐一进行复制，以检验被选案例中社会资本的形成是否均使探索性技术创新得以顺利推进，分别考察社会资本认知、关系和结构三个维度对探索性技术创新的机会判别、知识获取与新领域进入三个过程的影响。

5.4.1 社会资本对机会判别过程的影响

基于第4章的研究发现，企业在跨国并购中的探索性技术创新包括机会识别、知识获取与新领域进入三个首尾相接的不同阶段。其中，机会识别是并购中探索性技术创新的起点；机会识别的内容包括市场机会、技术机会判别。本节遵循多案例研究的逐项复制法则（毛基业和李高勇，2014），一方面对上述研究发现在其他案例中进行重复研究，另一方在进一步探索社会资本对机会识别的具体影响路径。

5.4.1.1 多案例复制研究

（1）案例A：京东方并购Hydis。

在本案例中，京东方和Hydis通对市场机会判别开展机会识别。并购双方间社会资本的结构、认知和关系维度均对机会识别产生了明显影响。市场机会的判别主要是为了探索未来具有成长性的领域，这就需要企业有足够的知识宽度在市场上搜寻信息做出判断。并购中双方增进联系，能够获取并拓展信息渠道和知识宽度。结构维度社会资本能够对机会的判别产生正向影响。由于Hydis长期致力于薄膜晶体管液晶显示技术的研发与制造，因此对 TFT 领域十分熟悉。京东方在与 Hdyis 沟通中，双方就 TFT - LCD 领域（高成长性领域）的前景达成共识。更符合双方发展战略与愿景。这正是将新领域与企业战略进行匹配，而匹配和判别过程，需要彼此具有足够的理解与认同，认知维度也就发挥着重要作用。此外，京东方作为企业未来进入新领域的判别者，更需要与 Hydis 建立信任，获得后者支持，也正是基于关系维度社会资本的不断积累，使京东方很快确定将 TFT - LCD 行业中的功能性显示领域作为双方共同探索领域。然而，当京东方在各个层面与 Hdyis 联系过于紧密后，会对机会判别产生不利影响，也会削弱对其对外部市场的关注度；同样这种关系也会降低 Hydis 按照自身的思路去搜寻和判别具有成长性的领域，限制 Hydis 的发展自由度。总体来看，在一定的限度下，结构维度对机会识别是有着积极的作用的，但是超过限度后就会产生阻碍，即结构维度与机会识别的影响关系应是倒“U”形的。

（2）案例 B：三一重工并购普茨迈斯特。

三一重工和普茨迈斯特在并购过程建立的多层次联系，实现了信息渠道和知识宽度的拓展，使双方在信息和知识方面互通有无。显然有利于双方搜索市场中潜在高成长性领域，社会资本结构维度将有利于并购中的机会判别。例如，并购后，双方认为中国的工业化和城镇化仍处在加快发展阶段，基础设施投资增加、房地产回暖，投资仍有很大空间。同时，全球都将加快推进军民深化融合。基于此背景双方决定进军建筑工业化和军工领域。三一重工是信息主要提供者（判断方），普茨迈斯特对信息的理解基于对三一重工的认同，也建立在双方关系维度社会资本积累的基础之上，认知维度发挥了积极作用。当然，双方决定相信对中国建筑领域和军工领域的判断，并进军这些领域，这需要以普茨迈斯特对三一重工有足够的信任，也需要双方对彼此的支持。由此可见，关系维度也会促进机会的识别。然而，当双方联系过于紧密时，双方对外部市场信息的关注度会被削弱。尤其对普茨迈斯特而言，来自三一重工的多向联系，将会阻碍其在市场中自主判断和选择未来成长性较好的新领域。因此，结构维度对并购中的机会识别是倒“U”形影响关系。

（3）案例 C：联想并购 IBM 的 PC 部门。

尽管联想与 IBM PC 部门的业务大多集中在个人电脑领域，但是这并不妨碍 IBM PC 部门为联想提供智能手机终端市场的相关信息。事实上，时任 IBM PC 部门的 CEO 阿梅里奥期初并不看好这一行业。但是，出于对联想的认可和尊重，阿梅里奥仍然派出 IBM 的核心团队去厦门（联想分公司/生产基地），到联想手机业务部门帮助诊断问题。显然，社会资本结构维度为并购后双方寻找新的市场机会产生了积极影响。与此同时，联想接受 IBM PC 部门对其展开的诊断性调查，并将他们的调查结果作为是否进入新领域的依据，基于以上案例分析，联想对IBM PC部门人员的信任、对判别是否新进入新领域产生了明显的影响。当然，IBM PC部门帮助联想去诊断和识别新领域中的机会，是基于对联想价值观和未来发展方向有清晰的把握和理解。因此，双方建立的社会资本具有增加并购双方的机会识别的作用。

（4）案例E：中国化工集团并购安迪苏。中国化工与安迪苏所处行业虽有较大差别。但双方建立的多层次、高频率联系，可共享信息与知识，从而识别判断市场中潜在新领域。因此，结构维度的社会资本在机会识别过程中起到了正向作用。并购双方认识到，中国虽是世界第二大饲料生产国，但不具有自主生产蛋氨基酸的能力，但在中国蛋氨基酸市场需求巨大，并且动物营养添加剂中的诸多其他领域，与中国化工总战略十分匹配，进而双方确定要进军该领域。在技术机会判别方面，中国化工认可安迪苏技术实力，具备了进军新行业的实力。从这些内容中，可得到两方面的信息：一是认知维度在其中发挥了积极作用。由于双方相互认同，并对互传信息有全面准确的理解。二是双方信任度高，尤其是中国化工给予了安迪苏足够的信任。由于安迪苏承担机会识别的主要任务，需对市场有足够的了解和敏锐判断。若中国化工与其产生过多联系，势必会令安迪苏的自由度和自主权受到干扰，不利于机会识别。因为，中国化工对动物营养剂添加领域不熟悉；过多纵向联系会束缚下级单位的自主空间。因此，结构维度对并购中的机会识别并非线性影响，两者之间应是倒“U”形关系。

（5）案例F：郑煤机并购Bosch SG。

并购整合中，郑煤机和Bosch SG相互联系，使双方对各自行业有了更清晰的了解。郑煤机也更加确信，新跨国公司不应再将主要精力放到煤机生产板块。而需投入具有广阔市场前景与需求的新能源汽车产业。并购双方就新领域发展潜力达成共识后，继而决定一致在新领域不断进行探索和技术创新。在技术可行性方面，郑煤机认为，Bosch SG作为德国汽车配件领域的隐性冠军，有优秀的研发团队，完全可以支撑双方共同的发展战略。首先，这些内容体现出，结构维度在机会识别发挥了积极作用，双方紧密联结是其搜寻判断机会的基础；其次，认知维度也产生了正向影响，彼此认同和相互准确全面理解，是其在机会识别中协同的必要条件；最后，关系维度在其中的作用也较为明显，郑煤机对Bosch SG的信任，是双方下决心进入汽车节能减排技术领域的底气所在。但其中结构维度并非会一直促进机会识别。对郑煤机而言，是汽车配件行业的“门外汉”，倘若与Bosch SG联系过于紧密，势必会使Bosch SG分散较多精力与郑煤机进行对接，然而，郑煤机对汽车配件行业的了解，更会由于命令性、强制性的信息束缚Bosch SG的自由发展，干扰其对行业的判断。因此，结构维度对并购中的机会识别更多呈现出倒“U”形。

5.4.1.2 案例总结

通过将单案例编码分析以及多案例复制研究发现，在创新资源寻求型跨国并购整合中，双方的社会资本在六个案例中均能够明显影响机会判别过程。这种影响具体体现为，双方社会资本的关系维度、认知维度对机会识别起到了积极作用（一种正向影响）。同时，社会资本的结构维度与机会识别并非线性影响关系，而是呈倒“U”形。这一研究发现在六个案例中均得到直接的印证。并购双方间社会资本对机会识别的影响路径如图 5－8 所示。

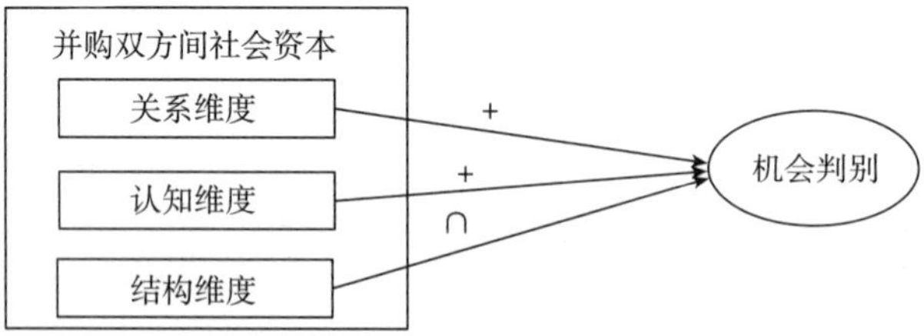

图 5－8 并购双方间社会资本对机会判别的影响路径模型

注：＋表示正向影响，∩表示倒“U”形影响。

基于以上案例分析得出以下命题：

命题 5.7 在中国企业对发达国家企业的创新资源寻求型跨国并购中，并购双方间的社会资本可对探索性技术创新中的机会识别过程产生明显影响，其中，关系、认知维度对机会识别产生正向影响；而关系维度与机会识别呈现倒“U”形关系。

5.4.2 社会资本对知识获取过程的影响

根据第 3 章研究发现，企业在跨国并购中的探索性技术创新包括机会识别、知识获取与新领域进入三个首尾相接的不同阶段。其中，知识获取是新领域进入的前提和基础；知识获取的方式包括外部知识学习和内部知识创造。本节遵循多案例研究的逐项复制法则（毛基业和李高勇，2014），一方面对上述研究发现在其他案例中进行重复研究，另一方面进一步探索社会资本对知识获取的具体影响路径。

5.4.2.1 多案例复制研究

（1）案例 A：京东方并购 Hydis。

并购后双方主要通过外部知识来获取探索性技术创新所需要的技术和管理经

验。借助并购前 Hydis 与韩国的庆熙大学、釜山国立大学、延世大学等合作进行技术研发，在合作过程中获取探索性技术创新所需要的知识。这些关系原属于 Hdyis 的外部关系，由于并购建立的多层次紧密联系，也令京东方获取创新所需知识。因此，关系维度是起到了积极作用的。此外，京东方依靠 Hdyis 关系网络获取外部知识，显然需获得 Hydis 的信任与支持。因此，关系维度发挥了同等作用。然而，结构维度的社会资本并非对知识获取一直有利。当结构维度水平超过一定限度后，反而可能阻碍知识的获取。如果京东方与 Hydis 联系过于紧密，一方面将使后者无暇维护外部关系，导致没有足够渠道从外部获取知识；另一方面过于紧密的联系（尤其是纵向联系），不利于 Hydis 自主与外部建立联系，联系对象的选择和联系紧密程度都将受到干扰。由此可见，结构维度与知识获取间呈现先促进，后抑制的特征，双方呈现倒“U”形关系。

（2）案例 B：三一重工并购普茨迈斯特。

并购后双方主要通过外部知识学习来获取探索性技术创新所需技术。具体而言，双方通过三一重工成立军工项目部，并与中国人民解放军国防科学技术大学机电工程与自动化学院共同组建“无人装备工程中心”，面向军方共同开发高智能装备技术产品。其中，普茨迈斯特承担了来自三一重工的产品研发与生产任务。然而，中国军工产品的生产有着极为严格的规定，需要双方建立足够联系，确保项目是严格保密的。并购双方进行涉密军工项目更需要建立足够的信任与支持。因此，结构维度和关系维度在其中发挥了重要作用。然而，案例研究得出结构维度并非对知识获取一直有利，当结构维度水平超过一定限度后，反而会阻碍知识的获取。过于紧密的联系会令三一重工无暇建立与外部企业的充分联系，难以建立获取外部知识的多种渠道；同样过于紧密的联系与纵向联系，反而会削减普茨迈斯特在获取知识过程的积极性和主动性。由此可见，结构维度与知识获取间呈现先促进后抑制特征，双方应呈倒“U”形关系。

（3）案例 C：联想并购 IBM 的 PC 部门。

并购后，双方之间紧密的联系是共同获取外部知识的重要基础。例如，双方共同参加电子大行业领域内的国际技术交流会和高峰论坛，在会议上协同合作，一起寻求与外部的技术合作；再如，为了更好地获取发达国家前沿的技术，双方共同在日本大和以及美国罗利设立了研发中心，以便于当地的技术结构进行合作，获取所需的技术。由此可见，关系维度对知识获取起着积极的作用。此外，并购后，联想自身还不断研究新的低成本和功耗小的芯片技术，并开发集多媒体处理、无线连接以及安全保护为一体的系统芯片，通过自主研发，获取生产系统芯片的能力，并将研发成果投入到双方部门，进行优化升级和推向市场，而并不担心 IBM 人员对技术的侵占或泄露。可见，信任在知识获取中同样起着关键作用。需要特别指出的是，双方关系维度水平并非越高越好，当双方联系（纵向联系）过于紧密，势必会对 IBM 人员在获取知识过程中的自主性和自由度产生削弱，造成知识获取中的明显倾向，反而不利于探索性的技术创新。由此可见，结构维度与知识获取之间呈现先促进、后抑制的特征，双方之间应是倒“U”形的关系。

（4）案例 E：中国化工集团并购安迪苏。

在该案例中，探索性技术创新主要由安迪苏方面负责。而探索的酶制剂、过瘤胃保护性蛋氨酸、有机硒和益生菌添加剂等领域对安迪苏而言是全新的，安迪苏通过与以上领域具有高水准的企业建立合作，或通过技术购买获取所需知识。而安迪苏与中国化工的联系，使其可借助后者的外部关系，接触到全新领域的技术机构。例如，2017 年 12 月经中国化工撮合，与四川农业大学在益生菌和有机硒的研发方面签订了合作协议。可见，双方的结构维度能够促进知识的获取。更加由于新知识探索与创造是一项风险较高的活动，来自中国化工的（母公司）信任与支持是安迪苏（子公司）敢于承担风险，积极探索的根本动力。因此，关系维度可明显促进知识获取。然而，当双方联系的紧密程度，尤其是纵向联系过高时，就会干扰安迪苏在新领域中的探索，使安迪苏的自主性和自由度遭到削弱。这些对探索性技术研发活动而言，往往是最具破坏力的。由此可见，结构维度与知识获取之间呈现先促进，后抑制的特征，双方之间应是倒“U”形关系。

（5）案例 F：郑煤机并购 Bosch SG。

并购以后，是由 Bosch SG 方面为主，开展探索性技术创新活动。在中国长沙为 Bosch SG 建立起一个规模达到 600 人的资深研发团队，并在全球完善和新建了 2 个全球研发中心和 8 个国家设立区域性研发中心。在这个过程中，郑煤机不但帮助 Bosch SG 从全球网络英才，更是在资金上进行了直接的支持。不得不说，双方各个层面的联系，是 Bosch SG 研发体系得以迅速壮大的直接支撑。当然，这也体现着郑煤机对 Bosch SG 方面人员的信任。也正是郑煤机的信任与支持，使 Bosch SG 方面人员在新领域积极探索、研发，挑战其中的巨大风险和不确定性。因此，关系维度明显地促进了知识获取。然而，需要特别注意的是，在本案例中，结构维度并非总能促进知识的获取，在双方联系过于频繁，或是来自郑煤机的纵向联系过多时，显然会对 Bosch SG 方面知识员工在研发中的自主性和自由度遭到削弱。而这些往往是不利于对探索性技术研发活动的。由此可见，结构维度与知识获取之间呈现先促进、后抑制的特征，双方之间应是倒“U”形关系。

5.4.2.2 案例总结

通过将单案例编码分析以及多案例复制研究发现，在创新资源寻求型跨国并购整合中，目标方与被并购方的社会资本均表现出对知识获取过程的明显影响。这种影响具体体现为，双方社会资本的关系维度对知识获取起到积极作用，产生了正向影响。同时，社会资本的结构维度与机会识别的关系是非线性的，即一种倒"U"形关系。这一研究发现在六个案例中均得到了直接的印证。并购双方间社会资本对机会识别的影响路径如图 5 -9 所示。

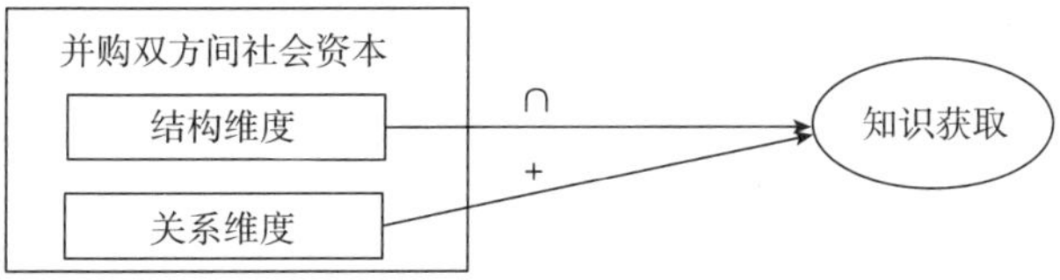

图 5 -9　并购双方间社会资本对知识获取的影响路径模型

注：+表示正向影响，∩表示倒"U"形影响。

基于以上案例分析和研究发现，本书得出以下命题：

命题 5.8　在中国企业对发达国家企业的创新资源寻求型跨国并购中，并购双方间的社会资本可对探索性技术创新中的知识获取过程产生明显影响，具体表现为，关系维度对知识获取产生正向影响；而结构维度与知识获取呈倒"U"形关系。

5.4.3　社会资本对新领域进入过程的影响

企业在跨国并购中的探索性技术创新包括机会识别、知识获取与新领域进入三个首尾相接的不同阶段。其中，新领域进入是探索性技术创新的最后阶段；新领域进入的具体方式可能是在新领域内的知识尝试、新产品开发和新产品推广。本节遵循多案例研究的逐项复制法则（毛基业和李高勇，2014），一方面对上述研究发现在其他案例中进行重复研究，另一方面进一步探索社会资本对新领域进入的具体影响路径。

5.4.3.1　多案例复制研究

（1）案例 A：京东方并购 Hydis。

在该案例中，京东方主要承担新技术领域的进入。具体表现为 2003 年 10 月成功地开发了 AFFS 技术，该技术具有环绕 180 度宽视角、高对比度、无色彩偏移、低能耗等特点，并及时申请了技术专利。在开发全新技术过程中，符合并购双方企业共同的利益，更符合并购后双方所建立的共同企业愿景。要做到这一点，就需要京东方与 Hydis 之间基于相互理解和认同。换言之，认知维度社会资本在其中发挥了积极作用。此外，京东方在开发这一技术过程中，融合了双方的资源，包括人力资源、外部关系资源等。创新成果被用以申请技术专利，而专利所有者是京东方，这表现出 Hydis 对京东方的极大信任。由此可见，在本案例中，关系维度对新领域进入也发挥了积极作用。

（2）案例 B：三一重工并购普茨迈斯特。

2016 年 2 月，三一重工取得了《武器装备科研生产许可证》，具备了从事许可范围内武器装备科研生产活动的资格。公司还与保利科技防务投资有限公司、中天引控科技股份有限公司签订《投资合作协议》并根据协议成立合资公司，从事武器装备材料方面的研发。三一重工在这样的新领域进行技术探索与尝试，需要获得企业内部的一致认同，这种尝试与探索也是符合并购双方共同利益，与企业总体的战略相匹配。认同与理解是社会资本认知维度的主要内容，显然三一重工推进新技术领域进入，建立在双方具有认知维度社会资本的基础之上。当然，三一重工在全新技术领域的探索离不开普茨迈斯特的支持与信任。这份支持使三一重工在推进技术探索的过程中更敢于放手；而这份信任，无疑为三一重工减轻了双方利益冲突的后顾之忧。可见，关系维度在新技术领域的进入中也发挥了积极作用。

（3）案例 C：联想并购 IBM 的 PC 部门。

在获取进入新技术领域的必要知识后，联想研究院在 2005 年 4 月开发出当时被誉为“中国安全第一芯”的“恒智”安全芯片；在手机市场方面，联想开发出 S 系列、K 系列、Z 系列的多款代表当时先进技术的智能手机；而双方共建的卡板设计中心也具备了为手机、掌上电脑、网络终端以及局端设备等提供相应的卡板设计、技术服务和解决方案的能力。联想在新领域进行技术探索与尝试，获得了 IBM PC 部门的充分理解与高度认同，IBM PC 部门的员工大多认为，这种尝试与探索是符合双方共同利益的，符合双方并购中所制定的共同发展战略。可见，来自 IBM PC 部门的认同与理解对联想进入这些新技术领域产生了正向影响。换言之，认知维度对新领域进入发挥了积极作用。

（4）案例 E：中国化工集团并购安迪苏。

在本案例中，新技术领域的进入主要由安迪苏负责。2014 年以来，安迪苏每年推出一款全新产品，例如，2014 年的有机硒添加剂 Selisseo、2015 年的非淀粉多糖酶罗酶宝 Advance、2016 年的益生菌产品 Alterion、2017 年推出的罗迪美 A－Dry＋。在这些新的技术领域进行开发的过程中，安迪苏保证了开发方向与并购双方共同制定的企业发展战略相一致。更为重要的是，这些新产品也得到了母公司中国化工的认同。显然，认知维度的相互理解和认同对安迪苏的新领域进入产生了积极影响。当然，这离不开双方的支持与信任，尤其是中国化工对安迪苏的信任与支持。因为企业在全新技术领域进行产品开发与推广是极具风险的。来自母公司的信任与支持，显然是安迪苏发展的动力之源，也让其免去了后顾之忧。

（5）案例 F：郑煤机并购 Bosch SG。

并购后，Bosch SG 在汽车节能减排方面的技术专利快速增加，其专利总数已从并购前的 900 项增加到当前的 1000 余项。此外，Bosch SG 还以历史悠久的技术积淀和强大的研发体系，深入探索电气化相关技术，正努力在该领域抢占一席之地。显然，在这一过程中，来自郑煤机的认同使 Bosch SG 在知识尝试过程中获得了更多支持。当然，Bosch SG 也需要确保尝试领域与努力方向，与并购方双方共同制定的发展战略相匹配。而战略认同与彼此理解属于认知维度范畴，即认知维度在其中发挥了积极作用。此外，作为郑煤机的海外子公司，Bosch SG 在新技术领域的尝试也面临较大压力。以及较高的风险与不确定性，但自郑煤机的信任与鼓励，使 Bosch SG 压力大大减轻，排除风险与困难后，Bosch SG 在新技术领域的征程中显得动力满满。

5.4.3.2 案例总结

通过将单案例编码分析以及多案例复制研究发现，在创新资源寻求型跨国并购整合中，双方社会资本均表现出对新领域进入过程的明显影响。经过更为细致的多案例分析，本书还发现，这种影响具体体现为，双方社会资本的关系维度与认知维度对新领域进入产生了正向影响，这一研究发现在六个案例中均得到了直接印证。因此，得出并购双方之间社会资本对机会识别的影响路径，如图 5-10 所示。

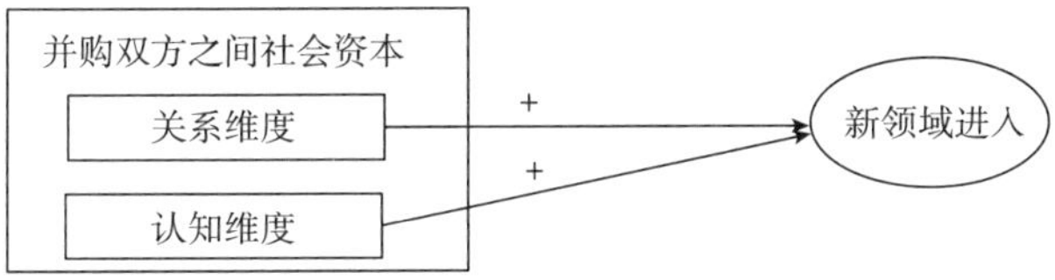

图 5-10 并购双方间社会资本对新领域进入的影响路径模型

注：+表示正向影响。

因此，本书得出以下命题：

命题 5.9 在中国企业对发达国家企业的创新资源寻求型跨国并购中，并购双方间的社会资本可对探索性技术创新的新领域进入过程产生明显影响，具体表现为，认知维度和关系维度对新领域进入产生了促进作用。

5.5 社会资本中介下知识治理对技术创新的影响路径模型

经过对单个案例的探索研究以及对其余五个案例的逐项复制研究，本书总结、提炼出，跨国并购中企业的知识治理对双方社会资本的形成能够起到明显的正向影响；同时，无论是对开发性技术创新，还是对探索性技术创新而言，并购双方之间社会资本的形成是企业整合双方资源、进行协同创新的前提和基础。由此，在创新资源寻求型跨国并购中，知识治理可对技术创新产生明显影响，即并购双方之间的社会资本在其中起着中介作用。

根据第3章、第4章的研究发现，并购中的知识治理包含人员凝聚、跨文化交流、组织公平构建与发展助推四个方面机制；从过程视角看，开发性和探索性技术创新也有其阶段特征。根据社会资本理论，社会资本也包含结构、认知和关系三个不同维度。在多案例中进行逐项复制的过程中，除了印证和检验单案例研究发现，还对知识治理、社会资本与技术创新之间的影响路径进行了总结和提炼。结果显示，不同知识治理机制对社会资本不同维度的作用并不完全相同。在技术创新的不同阶段，社会资本对技术创新的影响也有所不同。本书对此进行了系统梳理，得到了并购中的知识治理、社会资本分别与开发和探索性技术创新的具体影响路径。

5.5.1 社会资本中介下知识治理对开发性技术创新的影响路径模型

根据多案例研究结果，知识治理能够明显地正向影响开发性技术创新，且这种影响须由双方间的社会资本作为中介。但是，知识治理的四个方面具体机制对社会资本三个维度的影响并不一致；同时，社会资本三个维度对开发性技术创新三个过程影响也不一致。知识治理、社会资本以及开发性技术创新三者之间具体的影响路径如图5-11所示。

如图5-11所示，组织平等构建机制会对双方的社会资本结构维度、认知维度产生正向影响；发展助推机制和跨文化交流机制则对社会资本三维度均产生正向影响；而人员凝聚机制正向作用于认知维度与关系维度。同时，社会资本结构维度对开发性技术创新知识共享、知识融合产生正向影响；而关系维度则对知识共享、知识再创造过程产生明显影响，但关系维度与知识共享、知识再创造的关系并非线性，而是呈现倒“U”形，即对开发性技术创新而言，在一定的限度内，

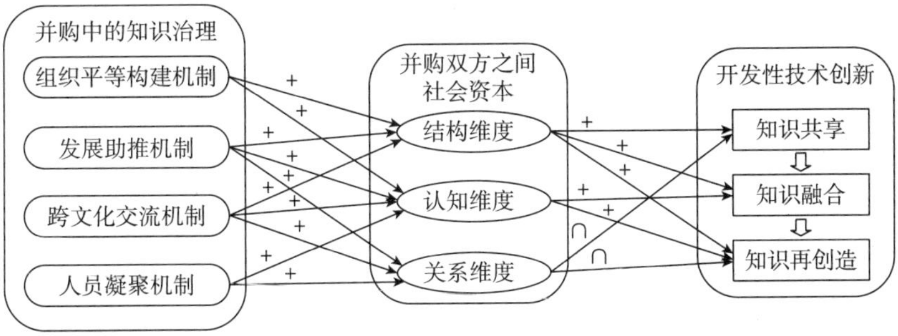

图 5－11　社会资本中介下知识治理对开发性技术创新的影响路径模型

注：＋表示正向影响，∩表示倒“U”形影响。

并购双方的信任和情感支持水平越高，越有利于知识的共享和再创造，但超过一定限度时，提升信任和情感支持则会产生不利影响。

5.5.2　社会资本中介下知识治理对探索性技术创新的影响路径模型

根据多案例研究结果，知识治理能够明显地正向影响探索性技术创新，且这种影响须由双方间的社会资本作为中介。但是，知识治理的四个方面具体机制对社会资本三个维度的影响并不一致；同时，社会资本三个维度对探索性技术创新三个过程影响也不一致。知识治理、社会资本以及探索性技术创新三者之间具体的影响路径如图 5－12 所示。

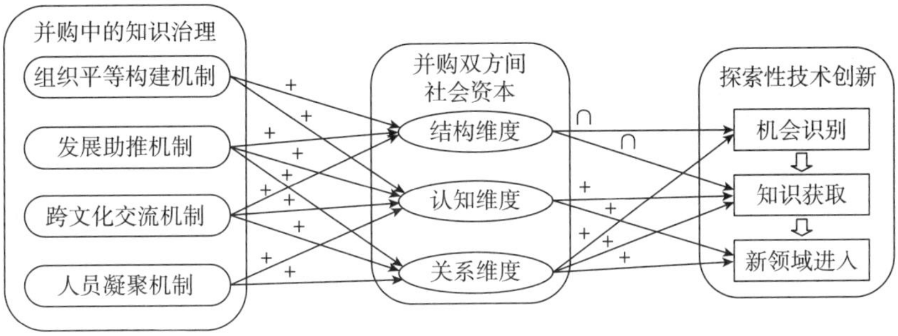

图 5－12　社会资本中介下知识治理对探索性技术创新的影响路径模型

注：＋表示正向影响，∩表示倒“U”形影响。

一方面，并购双方社会资本的结构维度受到组织平等构建机制、发展助推机制与跨文化交流机制明显的正向影响；而知识治理的四个方面机制则均会对认知维度的形成产生正向促进作用；关系维度受到发展助推机制、跨文化交流机制与人员凝聚机制明显的正向影响。另一方面，社会资本关系维度对探索性技术创新整个过程有正向影响，即结构维度在机会识别、知识获取与新领域进入的过程中发挥了积极作用；认知维度对知识获取和新领域进入产生了正向影响；结构维度则促进了机会识别和知识获取。但与认知维度、关系维度不同，结构维度与机会识别、知识获取过程的影响关系呈倒"U"形。对探索性创新而言，并购双方间的联系层次和联系途径的多样化，以及联系密度的提升有利于机会识别和知识获取，但是超过一定限度时，联系的紧密程度的提升，则会对机会识别和知识获取产生不利影响。

5.5.3 理论模型在不同案例中的具体表现：跨案例比较

在前两节中，分别提炼出了知识治理、社会资本与开发性技术创新和探索性技术创新的关系以及三者之间的影响路径。这种影响关系和影响路径是经过提炼和抽象的，是对所选的六个案例的总结和理论层面的升华。但是，一方面，在具体的案例中，企业并非只进行开发性或探索性机制创新中的一种，而是同时进行两种不同的创新。在实践中，企业实施了抢滩型、防守型和突围型三种不同的技术创新组合，即在两种技术创新中有所侧重。另一方面，根据第4章、第5章的研究结论可知，为了实现既定的技术创新战略，匹配不同的技术创新组合，企业在并购中实施了对应的知识治理模式，即在不同的治理机制中有所侧重。因此，知识治理、社会资本和技术创新的关系会因知识治理机制侧重的不同以及技术创新组合的不同，而在案例中具有不同的表现。本书分别对这些不同的表现进行了详细的阐述。

5.5.3.1 *在威权型知识治理模式下的表现*

基于本书已获得的研究结论，当企业在并购中选择抢滩型技术创新组合时，会对应实施威权型知识治理。即企业在并购中以开发性技术创新为主、探索性技术创新为辅；同时，选取正式治理机制为主、非正式治理机制为辅的组合。在案例A和案例B中，企业便选择了抢滩型技术创新组合以及威权型知识治理。此时，知识治理、社会资本与技术创新的关系表现如图5－13所示。

图5－13显示，正式治理机制对双方间社会资本的形成产生了高强度的正向影响，而非正式治理机制对双方间社会资本的正向影响程度较低；因此，双方间所形成的社会资本的结构维度、认知维度水平相对较高，同时关系维度水平相对中等；而高水平的结构维度对探索性技术创新的机会识别与知识获取产生了低程度的正向影响，高水平认知维度对机会识别和新领域进入产生了高强度的正向影

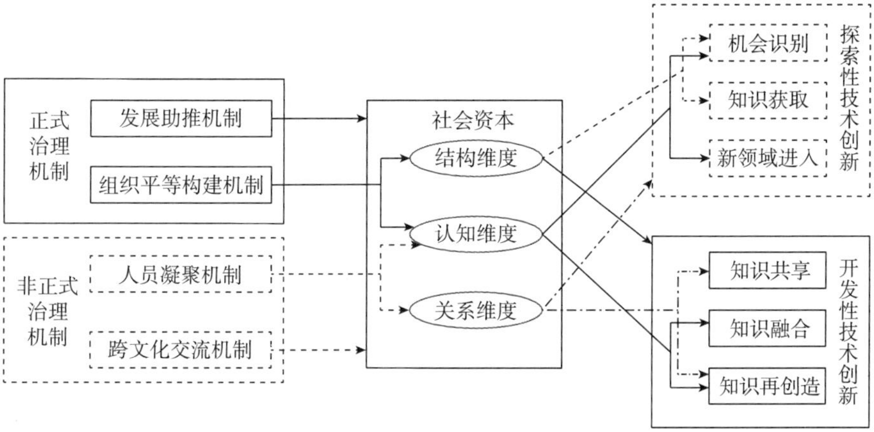

图 5-13 防守型治理模式下知识治理、社会资本对技术创新影响的具体表现

注：图中影响关系均为正向影响，不同的线表示不同强度，分别为：------▸低；-·-·-▸中；——▸高。

响，中等水平的关系维度对探索性技术创新的每个过程都产生了中等程度的正向影响；同时，高水平的结构维度对开发性技术创新的所有过程都产生了高强度的正向影响，高强度认知维度对开发性技术创新的知识融合和知识再创造产生了高强度的正向影响，而中等水平的关系维度对知识共享和知识再创造产生了中等强度的正向影响。

因此，本书得到了企业在并购中选择防守型知识治理机制组合的原因：在并购中，企业选择以开发性为主、探索性为辅的技术创新战略，由此企业需要更为重视开发性技术创新的顺利实现；企业实施治理机制的目的在于激励双方知识员工，尤其是目标方知识员工，以引导、规制、约束和激励他们的行为，从而最终促进技术创新的实现；而以正式治理机制为主、非正式治理机制为辅的机制组合所产生的影响效果是，通过促进双方形成了高水平的结构维度、认知维度社会资本，以及中等强度的关系维度社会资本，使开发性技术创新得到了高强度的正向影响，同时兼顾探索性技术创新。

5.5.3.2 在混合型知识治理模式下的表现

当企业在并购中选择防守型技术创新组合时，会对应实施混合型知识治理。即技术创新以开发性、探索性技术并举；同时，正式、非正式治理机制并重。在案例 C 和案例 D 中，企业便选择了防守型技术创新组合以及混合型知识治理。此时，知识治理、社会资本与技术创新的关系如图 5-14 所示。

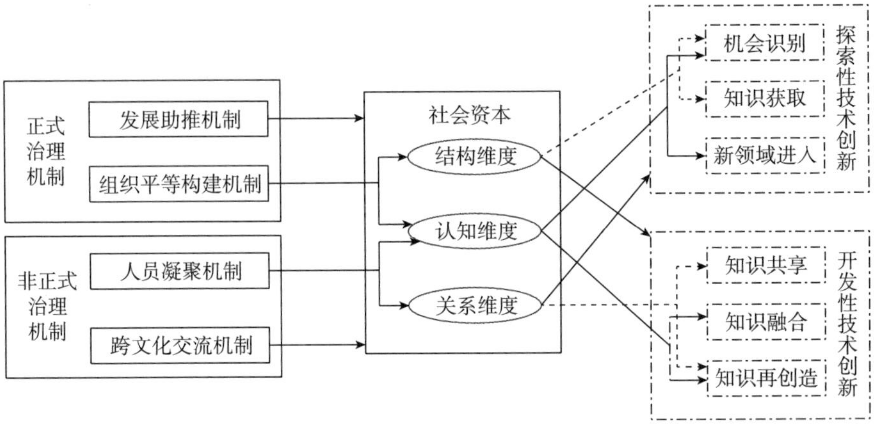

图5－14　混合型治理模式下知识治理、社会资本对技术创新影响的具体表现

注：图中影响关系均为正向影响，不同的线表示不同强度，分别为：------▸低；—·—·—▸中；——▸高。

图5－14显示，并购中，企业的正式治理机制和非正式治理机制对双方之间社会资本的形成产生了高强度的正向影响；因此，双方间所形成的社会资本的结构维度、认知维度和关系维度水平均较高；而高水平的结构维度对探索性技术创新的机会识别与知识获取产生了低程度的正向影响，高水平认知维度对机会识别和新领域进入产生了高强度的正向影响，高水平的关系维度对探索性技术创新的每个过程都产生了高强度的正向影响；同时，高水平的结构维度对开发性技术创新的所有过程都产生了高强度的正向积极影响，高强度认知维度对开发性技术创新的知识融合和知识再创造产生了高强度正向影响，而高水平的关系维度对知识共享和知识再创造产生了低强度的正向影响。

研究得出，在并购中，企业选择以探索性技术创新、开发性技术创新并举的战略，由此企业同时重视两种技术创新的顺利实现；而正式、非正式治理机制并购的机制组合所产生的影响效果是，通过促进双方形成了高水平关系维度、认知维度以及结构维度社会资本，使开发性和探索性技术创新均得到了高强度的正向影响。

5.5.3.3　在合作型知识治理模式下的表现

当企业选择突围型技术创新组合时，会对应实施合作型知识治理。即以探索性技术创新为主、开发性技术创新为辅；同时，选取非正式治理机制为主、正式治理机制为辅的组合。在案例E和案例F中，企业便选择了突围技术创新组合以及合作型知识治理。此时，三者关系如图5－15所示。

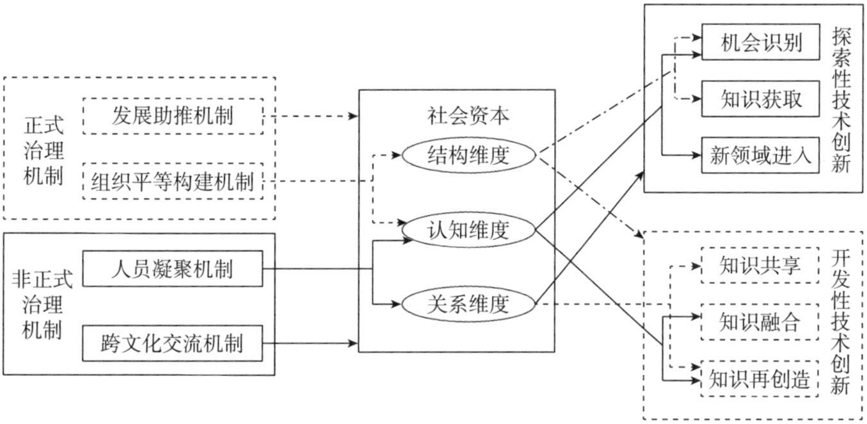

图 5－15　合作型治理模式下知识治理、社会资本对技术创新影响的具体表现

注：图中影响关系均为正向影响，不同的线表示不同强度，分别为：------► 低；—·—·► 中；——► 高。

图 5－15 显示，并购中，企业非正式治理机制对双方间社会资本的形成产生了高强度的正向影响，相比之下，正式治理机制的这种正向影响程度较低。因此，双方之间所形成社会资本的关系、认知维度水平相对较高，结构维度水平中等；因而结构维度对探索性技术创新的机会识别与知识获取仅产生了中等程度的正向影响，高水平认知维度对机会识别和新领域进入产生高强度的正向影响，而关系维度对探索性技术创新的每个过程都产生了高程度的正向影响；同时，中等水平的结构维度对开发性技术创新的全部过程产生了积极影响，高强度认知维度对开发性技术创新的知识融合和知识再创造产生了高强度的正向影响，而高水平的关系维度对知识共享和知识再创造产生了低强度的正向影响。

因此，本书得出了企业在并购中选择合作型知识治理机制组合的原因：在并购中，企业选择以探索性为主、开发性为辅的技术创新战略，由此企业需要更为重视探索性技术创新的顺利实现；而以非正式治理机制为主、正式治理机制为辅的机制组合所产生的影响效果是，通过促进双方形成高水平的关系维度、认知维度社会资本，以及中等强度的结构维度社会资本，使探索性技术创新得到高强度的正向影响，并同时兼顾了探索性技术创新。

5.6 本章小结

本章从社会资本视角出发，借助多案例研究方法，对创新资源寻求型跨国并购中，知识治理与技术创新的关系进行了检验，并识别出知识治理、社会资本与技术创新间具体的影响路径。研究表明，并购中知识治理对开发和探索性技术创新均有明显的正向影响，而社会资本在其中发挥了中介作用。其中，正式知识治理机制促进了并购双方社会资本结构维度与认知维度的形成，而非正式机制有助于形成社会资本的关系与认知维度。同时，由于开发性技术创新与探索性技术创新过程迥异，社会资本与两种技术创新过程的关系存在明显差异，其中，结构维度对探索性技术创新的机会识别与知识获取过程呈倒“U”形关系，关系维度对开发性技术创新的知识共享与新领域进入为倒“U”形关系。因此，当开发性技术创新在并购中成为主要技术创新时，企业会选择以正式治理机制为主、非正式治理机制为辅的组合；当以探索型技术创新为主要内容时，企业则选取以非正式治理机制为主、正式治理机制为辅的组合；当两种技术创新并举时，选取正式、非正式治理机制并重的组合。

6 研究结论及未来展望

6.1 主要结论

本书聚焦于我国企业创新资源寻求型跨国并购，以六家典型的成功案例为研究对象，基于技术创新理论、知识治理理论和社会资本理论等，运用扎根理论及案例研究方法，首先对企业并购中技术创新的类型、过程和模式进行了探索；其次对企业为实现既定技术创新战略而实施的知识治理机制和治理模式进行了总结和提炼；最后基于社会资本视角，探索了并购中知识治理对技术创新的影响机理和具体影响路径。基于规范的编码技术进行单案例探索，并在逐项和差异复制原则下，展开重复性多案例研究和跨案例对比研究，确保了研究质量。得到的主要结论如下：

6.1.1 并购中的技术创新类型、过程及组合方式

跨国并购已经成为中国企业获取创新资源、推动创新发展，实现创新能力跃升的重要手段。基于对所选六个案例中企业技术创新的总结、提炼，本书发现，在对发达国家企业实施的创新资源寻求型跨国并购中，我国企业主要开展开发性和探索性两种技术创新。基于知识视角，开发性技术创新包含知识共享、知识融合与知识再创造三个首尾相接的连续过程；同时，探索性技术创新也包含机会识别、知识获取和新领域进入三个首尾相接的连续过程。

通过对六个案例企业技术创新实践的跨案例比较，研究发现，受并购双方企业间技术创新互补性、企业内部资源有限性以及产业生命周期所处阶段的影响，在并购中形成了三种不同技术创新组合：抢滩型、防守型和突围型。其中，抢滩型组合以开发性技术创新为主、探索性技术创新为辅的组合方式开展技术创新，

目的在于在一个处于成长期的产业中迅速建立竞争优势，实现抢滩；防守型组合以开发性和探索性技术创新并举的组合方式，目的在于在一个处于成熟期产业中既能维持已建立的竞争优势，又能通过探索性技术创新在新兴产业中取得竞争优势，从而使企业立于不败之地实现防守；突围型组合则以探索性技术创新为主、开发性技术创新为辅的方式，实现从一个处于衰退期产业中逐步跳出，同时进入一个处于成长期的产业中，以实现对衰退产业的突围。

6.1.2 并购中企业的知识治理过程、机制和治理模式

为实现既定技术创新战略，企业在并购中通过知识治理机制对双方知识员工，尤其是目标方知识员工的行为进行引导、激励、约束和规制。基于过程视角，通过对6个案例企业知识治理过程的总结和提炼得出，企业在并购中实施了人员凝聚、跨文化交流、组织公平构建和发展助推四个方面的知识治理机制。人员凝聚机制实施于并购整个过程中，贯穿并购准备、交易和整合三个阶段，包含建立吸引、保持尊重、承诺待遇和建立愿景四个方面的治理措施；跨文化交流机制实施于并购整合阶段，包含文化渗透、情感交流和技术交流；组织平等构建机制实施于并购交易、整合阶段，包含承诺不裁员、管理放权、双品牌战略和统一管理、技术标准四个方面；而发展助推机制则实施于并购准备和整合两个阶段，包含分析困局、拓展市场、降低成本和直接投资。

此外，通过跨案例比较发现，受企业并购中技术创新组合方式的影响，从知识治理目标、机制两维度出发，企业在并购中形成了三种不同的治理模式，分别为防守型、混合型与合作型。在防守型知识治理模式下，企业以优化开发性技术创新为知识治理目标，兼顾探索性技术创新；机制组合选择以正式治理机制为主、非正式治理机制为辅。在混合型知识治理模式下，企业以同时优化两种技术创新为知识治理目标；同时选择并重正式和非正式两种治理机制。而在合作型知识治理模式下，企业以优化探索性技术创新为知识治理目标，兼顾开放性技术创新；同时，治理机制以非正式治理机制为主、正式治理机制为辅。

6.1.3 社会资本视角下知识治理与技术创新的影响路径

结合多案例与扎根理论的研究方法，本书对知识治理与技术创新的关系进行了检验，研究发现，知识治理对并购中的开发性技术创新与探索性技术创新均能产生明显的正向影响，同时，对并购双方人员（尤其是双方的知识员工）间形成的社会资本起着完全中介作用。由于并购中技术创新离不开企业间知识的流动，而知识尤其是隐性知识多由具体知识员工掌握。在双方知识员工尚未建立联系、彼此不理解、不认同、尚未形成信任时，双方无法进行知识创造、知识共享

和转移。换言之，双方知识员工间社会资本的缺失，势必导致并购中协同创新失败。而知识治理正是通过促进双方知识员工间社会资本的形成和积累，从而最终促进技术创新。

在具体的影响路径方面，组织平等构建机制对员工间社会资本的结构维度和认知维度形成与积累产生正向影响；发展助推和跨文化交流机制会对三个维度社会资本产生正向影响；而人员凝聚机制则会促进认知维度和关系维度的产生、积累。

首先，对开发性技术创新而言，结构维度社会资本对技术创新整个过程均能产生明显的正向影响；认知维度促进了知识共享和知识融合；而关系维度则对知识共享和知识再创造过程产生了明显的影响，但关系维度社会资本对知识共享、知识再创造的关系并非线性，而是呈倒“U”形。其次对探索性技术创新而言，关系维度社会资本能够明显地促进技术创新的整个过程；认知维度对知识获取和新领域进入产生明显的正向影响；结构维度明显地影响了机会识别和知识获取过程，但这种影响并非线性的，而是呈倒“U”形的相关关系。

6.2 管理启示

面对竞争复杂化的国际局势，企业获得、维持竞争优势越发困难；而经济全球化也带来更多机遇，企业可在全球范围内配置资源，获取先进的技术和管理经验以增强创新能力、推动创新发展，以建立自身竞争优势。对于后发国家企业而言，通过跨国并购可迅速获得发达国家企业的创新资源，实现跨越式发展。当前，具有远见卓识的中国企业通过跨国并购，实现了创新能力的迅速跃升，自身竞争优势得到加强，也使目标方焕发了新活力，取得了“双赢”的效果。对这些精彩案例进行总结，并提炼得出规律，上升到理论层面，可为中国企业后续的国际化和创新发展提供参考。本书成果具有以下实践启示：

首先，管理者应该充分意识到知识治理对创新资源寻求型跨国并购成功的重要意义。相较于一般性的国内并购，在对发达国家企业所实施的创新资源寻求型跨国并购中，中国企业所面临的整合更为复杂，难题更为突出。这是因为，一方面，并购双方面临着巨大的文化差异、地理距离，以及因这两方面因素而加剧的信息不对称，这加大了资源交互融合的难度，增加了双方员工相互理解与信任的难度，使双方的生产、研发等难以进行有效的协同，难以开展协同技术创新；另一方面，在中国企业对发达国家企业的创新资源寻求型跨国并购中，中国企业的技术水平、管理和经营能力在很多时候弱于目标方企业，因而在并购过程中可能会由于缺乏有效的治理手段或系统的治理机制，导致目标方员工尤其是知识员工难以对中国企业形成认同，难以在工作中保持足够的积极性，甚至导致知识员工大量流失，从而引发技术创新失败。因此，通过知识治理对目标方知识员工进行引导、激励和约束，以促使他们留任，并积极进行知识共享和创造，对中国企业在创新资源寻求型跨国并购中实现既定的技术创新战略至关重要。中国企业创新资源寻求型跨国并购中应不断积累海外投资经验，同时注重治理能力，尤其是知识治理能力的获取和提升，建立优秀的整合治理团队。

其次，创新资源寻求型跨国并购的管理者应高意识到，没有一种固定的知识治理模式适用于所有类型的创新资源寻求型跨国并购。企业在跨国并购中设定什么样的知识治理目标，选择什么样的治理机制组合，须与并购中的技术创新模式相匹配，否则反而会产生不利影响，不能一概而论。在创新资源寻求型跨国并购中，在选择知识治理模式时，管理者需要仔细甄别企业所要在并购中开展的技术创新的类型，以及企业组合不同类型技术创新的模式，并依此为依据选择与之匹配的知识治理模式。当在并购中以开发性技术创新为主时，企业的知识治理目标应以优化开发性技术创新为主，并选择以正式知识治理机制为主，辅之以非正式治理机制；当在并购中以探索性技术创新为主时，企业的知识治理目标应以优化探索性技术创新为主，并选择以非正式的知识治理机制为主，辅之以正式治理机制；当在并购中并举开发和探索性技术创新时，知识治理目标应同时优化两种技术创新，并同时并重正式和非正式治理机制。此外，在设计正式治理机制时，企业应从组织公平构建和发展助推两方面着重采取相应的治理手段，在设计非正式治理机制时，应在人员凝聚和跨文化交流方面采取相应的治理手段。

最后，企业通过创新资源型跨国并购来实现技术创新能力的跃升、推动技术创新发展，企业应根据技术创新的特点和内外部条件约束，决定技术创新的模式。一方面，开发性技术创新和探索性技术创新分别从短期和长期构成了企业竞争优势的来源，因此在创新资源型跨国并购中，企业应同时开展两种技术创新。另一方面，面临内部资源有限性的约束，企业应对开发和探索性技术创新进行协调，一种可能的协调方式是在两者中有所侧重。具体侧重开发性技术创新或者探索性技术创新，企业应依据自身所在产业的生命周期阶段进行选择。当所在产业处于成长期时，企业应在跨国并购中选择以开发性技术创新为主，以在这一具有长远成长空间领域的“抢滩”；当所在产业处于衰退期时，企业应在跨国并购中选择以探索性技术创新为主，以从衰退产业中脱离出来，进入其他的具有成长性的新兴产业，从而实现从既有产业中“突围”；当所在产业处于成熟期时，企业应同时注重开发和探索性技术创新，一方面维持在成熟期产业中既有的优势，另一方面未雨绸缪，在其他产业领域寻找扩展利润空间的机遇，从而实现对既有地位的“防守”。

6.3 研究局限与未来展望

6.3.1 研究局限

尽管文章对创新资源寻求型跨国并购中，企业技术创新过程、知识治理过程以及知识治理对技术创新的影响路径进行了详尽的探索，并通过反复提炼，构建了相应的理论模型，但是由于并购实践的复杂性，研究存在一定的局限和不足：

第一，研究结论未能经过大样本数据的检验。案例分析虽然贴近中国情景，体现中国本土化特色，但由于中国企业跨国并购行为并不普遍。案例数量较为有限。尽管研究所选案例具有一定的典型性，案例研究方法也十分适合回答本书所提的研究问题，但若能辅之以定量的实证分析，则可以进一步增强研究的信度和效度，提升研究结论的普适性。

第二，尚未开发并购情形下知识治理的评价量表。案例研究探索知识治理的维度构成，有助于该理论的发展以及知识治理概念本土化。但因数据获取和资源约束，本书并未构建知识治理的测量量表，使难以对其展开量化研究，这有待后续研究的持续进行。

第三，本书缺乏对技术创新成效的定量测量。并购中的技术创新是本书所要重点研究和解释的内容，虽然研究从案例分析角度对技术创新成效进行了描述，但这种描述如何找到合适的替代变量，并展开定量分析，仍属于尚未突破的研究难点。

6.3.2 未来展望

针对研究存在的局限与不足，以及中国企业创新资源寻求型跨国并购发展的现实难题，本书认为，未来研究可在以下几个方面加强研究：

第一，对跨国并购情形下的知识治理的各维度进行可操作化定义，为后续开展实证研究奠定基础。基于理论研究的发展规律，在细致完善理论框架以后，便可通过广泛的访谈和问卷调查，开发知识治理的测量量表，并在不断的检验过程中丰富和完善量表内容。

第二，多维度考察并购中技术创新的成效。对技术创新成效的考察，除了要重视技术创新的过程，还要对技术创新的成果进行衡量。良好的过程是技术创新取得实际成果的前提和基础，技术创新成果的取得以及技术创新被市场的接受程度体现着技术创新的质量。

第三，在完善案例研究和量表开发的基础上开展相应的实证研究。本书分析归纳所得的研究结论在较大程度上会受到所选案例数量有限的影响，因此未来基于统计性验证的逻辑，引入大样本实证检验的方法，对案例研究所探索的知识治理、社会资本与技术创新之间的关系和影响路径进行检验是必要的。

附　录

访谈提纲——跨国并购项目

访谈提纲结构		
1	访谈者的自我介绍	
2	被访谈者的自我介绍	
3	按并购整合过程的访谈内容	模块 1：并购准备过程
		模块 2：并购交易过程
		模块 3：并购整合过程
		模块 4：并购成效
4	按主题的访谈内容	模块 1：知识治理：资源 + 知识
		模块 2：社会资本：协调 + 沟通
		模块 3：技术创新：过程 + 结果
		模块 4：远景规划：未来 + 挑战

具体内容

Question/information 问题/信息	Expectation Content/期望获得的内容
Introduction 介绍	
Short introduction of the research background/ topic of the interview and project 简要介绍研究背景、访谈主题和项目	

续表

Question/information 问题/信息	Expectation Content/期望获得的内容
Personal information 个人信息	
Could you please introduce yourself. / Who are you? 被访谈对象的基本情况?	—Departments and positions 在公司中的部门和职位 —International work experience 国际工作经验 —Is it directly involved in or not 是否直接参与了跨国并购
Cross – border M&A – pre stage 并购准备阶段	
Are there any international alliances or joint ventures (JV) before the cross – border M&A? When did they start? 并购前贵公司是否已经参与了国际联盟或者建立跨国的合资企业? 是何时开始的?	—Number and names of alliances and JVs 国际联盟和跨国合资企业的数量 —Start of the alliance and JV 国际联盟和跨国合资企业开始的时间
What were the strategic intentions for the acquisition? Could these strategic intentions be realized? 您了解到的贵公司出于什么样的原因进行跨国并购的? 收购的战略目标是什么?	—Motivation of cross – border M&A 并购的最初动力（动机） —Strategic intentions 战略目标（意图）
How many acquisition candidates did your company have and how were those acquisition candidates identified? Is there any department at your company responsible for collecting information about acquisition candidate? 贵公司曾经打算收购的候选公司有多少个? 这些"收购候选公司"是如何挑选出来的? 贵公司是否有部门负责收集这些候选公司的信息?	—Number and names of acquisition candidates 候选公司的数量和名字 —Identification process 识别过程 —Information collecting unit 信息收集部门
Is there any department at your company responsible for screening those candidates? What were the criteria for selecting acquisition target? 贵公司是否有部门负责筛选这些候选公司? 筛选并购目标的标准是什么?	—Selection process 选择过程 —Selection criteria 选择标准
How does your company know that the target party will be sold? What are the reasons for being sold? Why your company has the confidence to run it? 贵公司怎么了解到目标方要被出售的消息? 对被出售的背景和原因做了哪些分析? 如何确定自身有能力经营一个被出售的企业?	—Time choosing 并购时机的把握 —The effects of time and reasons for being sold 出售的时机和出售的原因是否影响了并购决策

续表

Question/information 问题/信息	Expectation Content/期望获得的内容
Cross - border M&A - pre stage 并购准备阶段	
What kind of interaction did you have with the acquisition candidates and specially with the target company before the acquisition? 确定并购目标后，在并购进入正式并购程序之前贵公司与目标方有过哪些互动（交流）?	—Achieving process 意向达成过程 —The attitude of the target shareholders and your company's coping strategies 目标方股东对并购意向的态度及贵公司的应对策略 —Formal and informal communications 双方前期进行了哪些非正式的考察和沟通
Whether the target employees have a large number of resignation after receiving the news of M&A? How did your company respond? 您了解到的，目标方员工在得到并购消息后是否有大量离职的情况？贵公司是否采取了相应的措施?	—Target employees'attitude 目标方员工对并购意向的态度 —Respond of company 公司的应对策略
Cross - border M&A - trans stage 并购交易过程	
What is the final price of a deal and how is the price agreed? 并购最终以什么价格达成了交易？价格达成一致的过程如何?	—Description of the deal 并购交易的定价过程
How did the M&A process work from your point of view? Could you describe the negotiation process? Were there any difficulties during negotiation process? 你如何看待这次并购的交易过程，顺利与否？你能描述一下谈判过程吗？谈判过程中遇到过困难吗?	—Description of the negotiation process 描述谈判过程 —Difficulties during negotiation process 谈判过程中遇到的困难 —Personal reflection of the process 您个人对并购过程的反思
How about the negotiations on technology assets? Are technology patents can be transferable? 在技术资产方面的具体谈判细节如何？如技术专利的是否完全转让?	—Negotiations on technology assets 在技术资产方面的谈判 —The attitude of the seller on technical assets 出售方是否对技术资产的后期转让做了限制
What are the reactions or attitudes of the target employees during the negotiation process? How do you deal with it? 交易谈判过程中目标方员工有什么样的反应或者态度？贵公司如何应对的?	—The attitude of the employees 目标方员工在谈判中的表现

续表

Question/information 问题/信息	Expectation Content/期望获得的内容
Cross - border M&A - post stage 并购整合过程	
What was your role during the integration process of target company? 并购目标公司过程中，您的角色是什么?	—Attendance on the process 您参与并购整合的哪些过程
With whom and how do you communicate with the persons of target company? 您如何同目标公司的人员进行沟通? 和谁进行沟通?	—Kind and characteristics of the communication 沟通的类型和特点 —Communication routines/ habits 沟通惯例/习惯
What are the strategies and guiding principles for integration? 您了解到的贵公司进行并购整合的总体战略和指导思想是什么?	—Integration strategy 并购整合的目标 —Steps of integration process 并购整合过程的规划 —The role of target company in new organization 目标方在并购所形成的跨国公司中的地位或角色
Is there any department at your company responsible for managing integration process? 是否有部门专门负责管理并购整合阶段的工作?	—Unit for managing integration 管理整合负责的部门 —Team for managing integration 并购整合的团队构成
What is your company's placement plan for the target party? 贵公司在并购中对目标方人员的安置方案?	—Placement and integration of Managers 管理层的安置和整合 —Placement and integration of Tech. Workers 技术人员的安置和整合 —Placement and integration of other Workers 一般人员的安置和整合
Is there any communication mechanism or program aiming at increasing interactions between employees of your company and target company? 贵公司和目标公司在增加员工互动、促进信息和资源共享方面，建立了哪些沟通机制（或沟通方式）?	—Use of communication mechanism 沟通机制
Were there any difficulties in interacting with the top management of target company in the integration process? 并购整合中，您目标公司的高层管理者在互动的过程中是否存在过分歧，如何化解分歧?	—Difficulties top management target company after closing of the deal 并购整合中，与目标方高层管理者互动的困难

续表

Question/information 问题/信息	Expectation Content/期望获得的内容
Cross - border M&A - post stage 并购整合过程	
What were the challenges of the M&A process from your point of view? How did your company handle these challenges? 在你看来，并购过程中所面临的挑战是什么？贵公司是如何应对这些挑战的？	—Challenges 挑战 —Handling of the challenges 应对挑战
What did your company do to involve the employees (of your company and target company) during the M&A process? 贵公司在并购过程中是如何让员工（贵公司和并购目标）参与进来的？	—Involvement of employees 员工的参与
How did the exchange of knowledge for the M&A process take place? Who was involved in that process? 并购过程中，知识（管理经验、技术等）的交流是如何实现的？这个过程中，都有谁参与？	—Method 方法（交流的方式，场合） —Support (e. g. external support) 贵公司采取了哪些措施支持知识的交流 —Actors 参与者
What kind of help does your company provide to the target company to improve the performance of the target party? 并购整合过程中，贵公司给目标方企业提供了哪些帮助来提升目标方的绩效？	—Support for the target party 贵公司对目标方的支持
Are there some conflicts between your company and target company once in a while? 贵公司和目标公司之间会偶尔产生冲突吗？贵公司是如何处理这些冲突的？	—Example of a situation/ conflicts 情形和冲突例子
Cross - border M&A - post 并购成效	
Which expectations of the M&A could be realized? Which could not? 哪些并购预期实现了？哪些没有？	—Expectations 预期
Where do you see the strengths and weaknesses of your company during the M&A process? Which steps went well and which should be made different? 你认为在并购过程中，公司的优势和弱势在哪里？哪些步骤做得好？哪些步骤尚有优化空间？	—Evaluation (positive and negative) 评价（积极和消极）

续表

Question/information 问题/信息	Expectation Content/期望获得的内容
Cross – border　M&A – post　并购成效	
Which influence does the M&A of target company have on your company's structure and organization, the employees and the partners of your company? 并购目标公司对贵公司在结构和组织、员工管理、企业运营方面带来哪些有益的启迪?	—Inspiration from target company 目标公司对贵公司在管理方面的启迪
What did your company learn from the M&A process of target company? 除此之外，公司还从并购目标公司中学到了什么?	—Learning experience 学习经验
知识治理：Resources　+　knowledge 资源 + 知识	
Do the engineers from your company and target company have different knowledge? What are the differences and which knowledge is useful for your company? 目标公司的工程师是否拥有贵公司的工程师不具备的知识? 这些知识具体分布在什么技术领域?	—Knowledge Differences 知识差异 —Benefit for acquiring company 目标方核心人员的知识优势
Which products contain target company's technology? 并购后，主并购公司的哪些产品融合了目标公司的技术?	—Technical knowledge or management experience from target company 目标方具体提供的技术知识或管理经验 —The integration of knowledge in new products 并购方在新产品的推出中对这些知识的融合
What does your company need to do to ensure the long – term use of the knowledge of target company? 为了持续获取目标公司的知识，贵公司需要做哪些事情?	—Type of strategy 策略类型
Is there any program aiming at providing adequate worker training and improving management skills? What are those programs in detail? 公司是否为双方员工提供了足够的学习和交流途径，例如，有哪些管理技能交流项目? 这些项目都有什么内容? 请详细描述一下。	—Description of communication programs of tech 技术方面的学习和交流项目概况 —Description of communication programs of experience 管理经验方面的学习和交流项目概况

续表

Question/information 问题/信息	Expectation Content/期望获得的内容
知识治理：Resources + knowledge 资源+知识	
Do your company and target company have complementary new products development skills? Are the skills from target company useful to your company for improving existing products or developing new products? 在开发新产品方面，你的公司和目标公司是否存在能力互补？目标公司的能力是否有助于贵公司开发新产品？	—Strength of the acquiring company and target company in terms of new products development 在新产品开发方面主并购公司与并购目标的优势 —Benefit from the acquisition for products 收购对（开发新）产品的好处
How these new products are accepted by the markets 新产品在市场上的表现如何？	—The reaction of the market on new products. 市场对新产品的接受和反应
The impact of knowledge integration process on employees, corporate innovation and performance? 知识整合的过程对员工、公司创新和绩效的影响？	—The impact on employee motivation and organizational commitment (loyalty and retention) 知识整合对双方员工激励和组织承诺（忠诚和留任）的影响 —The impact on innovation 知识整合对企业创新的作用 —The impact on running the company 知识整合对企业经营过程的改善
How about the extent of the knowledge and technological integration between your company and target company, and what problems have occurred in the integration process? 目前贵公司和目标公司知识整合过程中遇到了哪些障碍？	—The difficulties in the process 知识整合的困难和障碍
社会资本：Coordination + communication 协调+沟通	
How long did it take till you had the feeling that you know the colleagues of target company? What have you done for it? 你用了多长时间了解（熟悉）你的外国同事？你做了哪些努力？	—Time till you know the German colleagues and work till you reached that point 你熟悉德国同事所用时间。为达到这个熟悉程度，你做了什么。
How does the coordination with target company work? 贵公司同目标公司的协作或合作是如何进行的？	—Description of coordination 合作描述

续表

Question/information 问题/信息	Expectation Content/期望获得的内容
社会资本：Coordination + communication 协调 + 沟通	
How far are operational procedures between your company and target company standardized? 在工作程序（操作流程）标准化方面，主并购公司和目标公司达到什么程度？	—Description and characteristics of the procedures 程序描述与特征
How do the Chinese and target business procedures of your company and target company differ? What are barriers between the Chinese and German business procedure at your company and target company? 中国企业和目标方企业在商务流程上有一些不同，这些不同是否在贵公司和目标公司的商务互动中有何体现？在商务程序上双方遇到过哪些困难？	—Differences 差异 —Barriers/ difficulties 障碍/困难
What role do connections/ relationships to people play in your daily private live? Are there any connections between the people of your private live and your business activities at your company? 关系/人脉在你的日常生活中扮演着怎样的角色？在贵公司，你的私人生活中的关系网络与工作网络是否有交集？	—Description of private networks 描述私人关系网络 —Connection private and business networks (e. g. friend and business partner at the same time) 私人关系和商业网络（如同时是朋友和商业伙伴关系）
How did your company' s managers and other employees build trust with target company' s employees, and how about the result? 贵公司的管理层及其他员工如何与目标公司方面建立信任的，效果如何？	—Trust Building 信任的建立
How valuable are networks for your work at your company in China on one side and in target company on the other side? What are the existing networks? 总体来说，在中国的母公司工作，与目标方员工建立私人关系是否对您有所帮助？或有哪些影响？	—Influence the company' s recognition 对获得公司上下认可的帮助或影响 —Influence on work efficiency 对工作效率的帮助或影响
What are the obstacles encountered in the process of communication, trust, recognition and vision? 双方员工间联系、信任和认同以及取得愿景一致过程中遇到了哪些障碍？	—The difficulties in the process 员工关系整合中的困难和障碍

续表

Question/information 问题/信息	Expectation Content/期望获得的内容
技术创新：Innovation process + results 过程 + 结果	
What is the company's innovation strategy before merger and acquisition? Is cross – border mergers and acquisitions a strategic step to achieve the established strategy? 在并购整合前，贵司在创新方面的战略是怎样的？跨国并购是否是实现既定创新战略的步骤？	—Innovation Strategy (Orientation of Innovation, Choice of Innovation Ways, Innovation Resources, Innovation Input) 创新战略（创新的方向、创新方式的选择、创新资源、创新投入）
In order to realize the company's established innovation strategy, how does the company mobilize the existing technology of both sides and how to achieve the synergy of these technologies in the process of M&A integration? 为了实现企业既定的创新战略，在并购整合中，贵公司如何调动双方的既有技术，如何实现这些技术的协同？	—Mobilize the existing technology 既有技术的调动 —The synergy of these technologies 技术的协同
In order to promote technological innovation, how does the company absorb knowledge from the target company, digest and integrate it into your own knowledge system, so as to enhance your ability in merger and acquisition integration? 为了推动技术创新，并购整合中贵公司如何从目标公司汲取知识，如何消化并整合到自身知识体系中，从而提升自身能力的？	—Absorb knowledge from the target company 获取目标方知识 —Integration of Knowledge Systems (Digestion and integration) 知识体系的融合（消化和融合）
In order to promote technological innovation, how does the company integrate the R&D system of both sides in M&A integration? How to achieve the collaboration of R&D system? 为了推动技术创新，并购整合中贵公司如何整合双方的研发体系？如何实现研发体系的协同？	—Integration the R&D system 研发体系的融合与协同
The impact of cultural integration on knowledge transfer, innovation, new knowledge creation process on both sides? 文化整合对知识转移、产品创新、新知识创造过程是否产生了影响，产生了哪些影响？	—The impact on knowledge transfer 文化整合对知识转移的影响 —The impact on new product 文化整合对产品创新的作用 —The impact on new knowledge creation process 文化整合对新知识创造过程的影响

续表

Question/information 问题/信息	Expectation Content/期望获得的内容
技术创新：Innovation process + results 过程 + 结果	
What efforts does the company made and what are the strategies for human resource integration in order to motivate both employees' innovation passion and action most effectively in M&A integration? 为了在并购整合中最有效地激励双方员工的创新激情和创新行动，贵公司做了哪些努力，人力资源整合的策略是怎样的？	—Measures to motivate employees to innovate 激励员工进行创新的措施
What help has M&A integration provided for the company in product innovation? Does M&A bring new designs or innovations to the company? New changes in other areas? 截至目前，并购整合为企业产品创新提供了哪些帮助？并购整合是否为企业带来了新的设计，或新的创意？在其他方面带来的新变化？	—Product innovation provided by the target company 目标方提供的产生创新 —New changes in designs or innovations or other areas 新的设计、新创意或其他方面的新变化
Does M&A integration bring about the improvement of innovation ability of the company? What areas does it reflect? 截至目前，并购整合是否带来企业创新能力的提升？体现在哪些方面？	—Improvement of innovation ability 企业创新能力的提升
What other established pace of innovation has not yet been implemented? What other innovation strategies have not been completed? Why? 截至目前，企业还有哪些既定的创新步骤尚未实施？还有哪些创新战略未能完成？为什么？	—Innovation steps have not yet been implemented 尚未实施的创新步骤
远景规划：Future of the whole company 未来 + 挑战	
What is the next step? What are the future plans? 下一步工作是什么？未来有哪些计划？	—Future direction 未来方向
In the future, will your company and its target make innovative adjustments? What adjustments will be made? Why? 未来，贵公司与目标方是否会在创新方面做出调整？会进行怎么的调整？为什么？	—Innovative adjustments 创新方面可能的调整
Which future challenges will come up for you personally and for target company? 对你自身和目标公司来说，未来要面临哪些挑战？	—Challenges 挑战

参考文献

[1] Adler P S, Kwon S W. Social Capital: Prospects for A New Concept [J]. Academy of Management Review, 2002, 27 (1): 17 -40.

[2] Ahlstrom D. Innovation and Growth: How Business Contributes to Society [J]. Academy of Management Perspectives, 2010, 24 (3): 11 -24.

[3] Akhavan P, Mahdi Hosseini S. Social Capital, Knowledge Sharing, and Innovation Capability: An Empirical Study of R&D Teams in Iran [J]. Technology Analysis & Strategic Management, 2016, 28 (1): 96 -113.

[4] Aklamanu A, Degbey W Y, Tarba S Y. The Role of HRM and Social Capital Configuration for Knowledge Sharing in Post - M&A Integration: A Framework for Future Empirical Investigation [J]. The International Journal of Human Resource Management, 2016, 27 (22): 2790 -2822.

[5] Alvesson M, Kärreman D. Constructing Mystery: Empirical Matters in Theory Development [J]. Academy of Management Review, 2007, 32 (4): 1265 -1281.

[6] Antonelli C. The New Economics of the University: A Knowledge Governance Approach [J]. The Journal of Technology Transfer, 2008, 33 (1): 1 -22.

[7] Baker W E, Faulkner R R. Social Networks and Loss of Capital [J]. Social Networks, 2004, 26 (2): 91 -111.

[8] Bartels J, Douwes R, De Jong M, et al. Organizational Identification during a Merger: Determinants of Employees' Expected Identification with The New Organization [J]. British Journal of Management, 2006, 17 (S1): S49 -S67.

[9] Batjargal B. Social Capital and Entrepreneurial Performance in Russia: A Longitudinal Study [J]. Organization Studies, 2003, 24 (4): 535 -556.

[10] Beckman C M, Haunschild P R, Phillips D J. Friends or Strangers? Firm - specific Uncertainty, Market Uncertainty, and Network Partner Selection [J]. Organization Science, 2004, 15 (3): 259 -275.

[11] Benner M J, Tushman M L. Exploitation, Exploration, and Process Management: The Productivity Dilemma Revisited [J]. Academy of Management Review, 2003, 28 (2): 238-256.

[12] Berg B L. Qualitative Research Methods for the Social Sciences [M]. Boston: Pearson, 2004.

[13] Beugelsdijk S. Strategic Human Resource Practices and Product Innovation [J]. Organization Studies, 2008, 29 (6): 821-847.

[14] Bolino M C, Turnley W H, Bloodgood J M. Citizenship Behavior and The Creation of Social Capital in Organizations [J]. Academy of Management Review, 2002, 27 (4): 505-522.

[15] Bourdieu P, Nice R. The Production of Belief: Contribution to An Economy of Symbolic Goods [J]. Media, Culture & Society, 1980, 2 (3): 261-293.

[16] Braga H, Willmore L. Technological Imports and Technological Effort: An Analysis of Their Determinants in Brazilian Firms [J]. The Journal of Industrial Economics, 1991, 39 (4): 421-432.

[17] Brass D J, Krackhardt D. The Social Capital of Twenty-first Century Leaders [J]. Out-of-the-box Leadership: Transforming the Twenty-first-century Army and Other Top-performing Organizations, 1999 (6): 179-194.

[18] Capaldo A. Network Structure and Innovation: The Leveraging of a Dual Network as a Distinctive Relational Capability [J]. Strategic Management Journal, 2007, 28 (6): 585-608.

[19] Cefis E, Marsili O. Crossing the Innovation Threshold through Mergers and Acquisitions [J]. Research Policy, 2015, 44 (3): 698-710.

[20] Chen M H, Chang Y C, Hung S C. Social capital and Creativity in R&D Project Teams [J]. R&d Management, 2008, 38 (1): 21-34.

[21] Chesbrough H W, Appleyard M M. Open Innovation and Strategy [J]. California Management Review, 2007, 50 (1): 57-76.

[22] Chesbrough H W. Open Innovation: The New Imperative for Creating and Profiting from Technology [M]. New York: Harvard Business Press, 2006.

[23] Chua A, Lam W. Why KM Projects Fail: A Multi-case Analysis [J]. Journal of Knowledge Management, 2005, 9 (3): 6-17.

[24] Cicourel A V. The Role of Cognitive-linguistic Concepts in Understanding Everyday Social Interactions [J]. Annual Review of Sociology, 1981, 7 (1): 87-106.

[25] Cloodt M, Hagedoorn J, Van Kranenburg H. Mergers and Acquisitions: Their Effect on the Innovative Performance of Companies in High - tech Industries [J]. Research Policy, 2006, 35 (5): 642 - 654.

[26] Coase R H. The Tature of The Firm [J]. Economica, 1937, 4 (16): 386 - 405.

[27] Cole A. Distant Neighbours: The New Geography of Animated Film Production in Europe [J]. Regional Studies, 2008, 42 (6): 891 - 904.

[28] Coleman J S. Social Capital in The Creation of Human Capital [J]. American Journal of Sociology, 1988 (94): S95 - S120.

[29] Cooke P, Clifton N. Spatial Variation in Social Capital among United Kingdom Small and Medium Enterprises [M]. Cardiff: CardiffUniversity Press, 2002.

[30] Corbin J M, Strauss A. Grounded Theory Research: Procedures, Canons, and Evaluative Criteria [J]. Qualitative Sociology, 1990, 13 (1): 3 - 21.

[31] De Moor A, Smits M T. An Indicator Wizard for the Knowledge Governance Framework [R]. Progress Report of The METIS Project, Tilburg University, 2005.

[32] Deng P, Yang M. Cross - border Mergers and Acquisitions by Emerging Market Firms: A Comparative Investigation [J]. International Business Review, 2015, 24 (1): 157 - 172.

[33] Deng P. What Determines Performance of Cross - border M&As by Chinese Companies? An Absorptive Capacity Perspective [J]. Thunderbird International Business Review, 2010, 52 (6): 509 - 524.

[34] Desouza K C, Awazu Y. Knowledge Management at SMEs: Five Peculiarities [J]. Journal of Knowledge Management, 2006, 10 (1): 32 - 43.

[35] Dhanaraj C, Parkhe A. Orchestrating Innovation Networks [J]. Academy of Management Review, 2006, 31 (3): 659 - 669.

[36] Donate M J, Peña I, Sanchez de Pablo J D. HRM Practices for Human and Social Capital Development: Effects on Innovation Capabilities [J]. The International Journal of Human Resource Management, 2016, 27 (9): 928 - 953.

[37] Drori I, Honig B. A Process Model of Internal and External Legitimacy [J]. Organization Studies, 2013, 34 (3): 345 - 376.

[38] Duncan R B. The Ambidextrous Organization: Designing Dual Structures for Innovation [J]. The Management of Organization, 1976 (1): 167 - 188.

[39] Edelman L F, Bresnen M, Newell S, et al. The Benefits and Pitfalls of Social Capital: Empirical Evidence from Two Organizations in the United Kingdom [J].

British Journal of Management, 2004, 15 (S1): S59 - S69.

[40] Eisenhardt K M. Better Stories and Better Constructs: The Case for Rigor and Comparative Logic [J]. Academy of Management Review, 1991, 16 (3): 620 - 627.

[41] Faulkner W. Conceptualizing Knowledge Used in Innovation: A Second Look at the Science - technology Distinction and Industrial Innovation [J]. Science, Technology & Human Values, 1994, 19 (4): 425 - 458.

[42] Felin T, Foss N J. A Field in Search of Micro - foundations [J]. Strategic Organization, 2005 (4).

[43] Fey C F, Birkinshaw J. External Sources of Knowledge, Governance Mode, and R&D Performance [J]. Journal of Management, 2005, 31 (4): 597 - 621.

[44] Foss N J, Husted K, Michailova S. Governing Knowledge Sharing in Organizations: Levels of Analysis, Governance Mechanisms, and Research Directions [J]. Journal of Management Studies, 2010, 47 (3): 455 - 482.

[45] Foss N J, Husted K, Michailova S. Governing Knowledge Sharing in Organizations: Levels of Analysis, Governance Mechanisms, and Research Directions [J]. Journal of Management Studies, 2010, 47 (3): 455 - 482.

[46] Foss N J. The Emerging Knowledge Governance Approach: Challenges and Characteristics [J]. Organization, 2007, 14 (1): 29 - 52.

[47] Fukuyama M F. Social Capital and Civil Society [M]. Washington: International Monetary Fund, 2000.

[48] Gabbay S M, Leenders R T A J. CSC: The Structure of Advantage and Disadvantage [M]. Boston: Springer, 1999.

[49] Gargiulo M, Benassi M. The Dark Side of Social Capital [M]. Springer: Boston, 1999.

[50] Gay B, Dousset B. Innovation and Network Structural Dynamics: Study of the Alliance Network of a Major Sector of the Biotechnology Industry [J]. Research Policy, 2005, 34 (10): 1457 - 1475.

[51] Gibbons M, Johnston R. The Roles of Science in Technological Innovation [J]. Research Policy, 1974, 3 (3): 220 - 242.

[52] Gibson C B, Birkinshaw J. The Antecedents, Consequences, and Mediating Role of Organizational Ambidexterity [J]. Academy of management Journal, 2004, 47 (2): 209 - 226.

[53] Glaser B G. Basics of Grounded Theory Analysis: Emergence vs Forcing

[M] . Oxford: Sociology Press, 1992.

[54] Grandori A. Governance Structures, Coordination Mechanisms and Cognitive Models [J] . Journal of Management & Governance, 1997, 1 (1): 29 -47.

[55] Grant R M. Toward A Knowledge - based theory of The Firm [J] . Strategic Management Journal, 1996, 17 (S2): 109 - 122.

[56] Grolik S, Kalmring D, Lehner D, et al. Analysis of Interrelations Between Business Models and Knowledge Management Strategies in Consulting Firms [J] . ECIS 2003 Proceedings, 2003: 71.

[57] Gulati R. Alliances and Networks [J] . Strategic Management Journal, 1998, 19 (4): 293 - 317.

[58] Gupta A K, Govindarajan V. Knowledge Flows within Multinational Corporations [J] . Strategic Management Journal, 2000, 21 (4): 473 -496.

[59] Gupta A K, Tesluk P E, Taylor M S. Innovationand Across Multiple Levels of Analysis [J] . Organization Science, 2007, 18 (6): 885 -897.

[60] Chesbrough H, Vanhaverbeke W, West J. Open Innovation: Researching a New Paradigm [M] . Cambridge: Oxford University Press on Demand, 2006.

[61] Hambrick D C, Mason P A. Upper Echelons: The Organization as a Reflection of Its Top Managers [J] . Academy of Management Review, 1984, 9 (2): 193 - 206.

[62] Hansen M T. The Search - transfer Problem: The Role of Weak Ties in Sharing Knowledge Across Organization Subunits [J] . Administrative Science Quarterly, 1999, 44 (1): 82 - 111.

[63] Hardy C, Phillips N, Lawrence T B. Resources, Knowledge and Influence: The Organizational Effects of Inter - organizational Collaboration [J] . Journal of Management Studies, 2003, 40 (2): 321 -347.

[64] He Z L, Wong P K. Exploration vs. Exploitation: An Empirical Test of the Ambidexterity Hypothesis [J] . Organization Science, 2004, 15 (4): 481 -494.

[65] Hennart J F. Explaining The Swollen Middle: Why Most Transactions are a Mix of "Market" and "Hierarchy" [J] . Organization Science, 1993, 4 (4): 529 - 547.

[66] Herriott R E, Firestone W A. Multisite Qualitative Policy Research: Optimizing Description and Generalizability [J] . Educational Researcher, 1983, 12 (2): 14 - 19.

[67] Hirotaka T, Nonaka I. The Knowledge - Creating Company [M] . Oxford:

Oxford University Press, 1995.

[68] Husted K, Michailova S, Minbaeva D B, et al. Knowledge – sharing Hostility and Governance Mechanisms: An Empirical Test [J]. Journal of Knowledge Management, 2012, 16 (5): 754 – 773.

[69] Huysman M, De Wit D. Practices of Managing Knowledge Sharing: Towards a Second Wave of Knowledge Management [J]. Knowledge and Process Management, 2004, 11 (2): 81 – 92.

[70] Inkpen A C, Tsang E W K. Social Capital, Networks, and Knowledge Transfer [J]. Academy of Management Review, 2005, 30 (1): 146 – 165.

[71] Ju Choi C, Cheng P, Hilton B, et al. Knowledge Governance [J]. Journal of Knowledge Management, 2005, 9 (6): 67 – 75.

[72] Junni P, Sarala R M. The Role of Cultural Learning and Collective Teaching Initiatives in M&A Knowledge Transfer [J]. European Journal of Cross – Cultural Competence and Management, 2012, 2 (3/4): 275 – 298.

[73] Kannabiran G, Pandyan C. Enabling Role of Governance in Strategizing and Implementing KM [J]. Journal of Knowledge Management, 2010, 14 (3): 335 – 347.

[74] Kerssens – Van Drongelen I C, De Weerd – Nederhof P C, Fisscher O A M. Describing the Issues of Knowledge Management in R&D: Towards A Communication and Analysis Tool [J]. R&D Management, 1996, 26 (3): 213 – 230.

[75] Klepper S. Entry, Exit, Growth, and Innovation over The Product Life Cycle [J]. The American Economic Review, 1996: 562 – 583.

[76] Knoke D. Organizational Networks and Corporate Social Capital [M]. Boston: Springer, 1999.

[77] Krackhardt D. The Strength of Strong Ties: The Importance of Philos in Organizations [M]. Boston: Harvard Business School Press, 1992.

[78] Lebedev S, Peng M W, Xie E, et al. Mergers and Acquisitions in and Out of Emerging Economies [J]. Journal of World Business, 2015, 50 (4): 651 – 662.

[79] Lee C, Lee K, Pennings J M. Internal Capabilities, External Networks, and Performance: A Study on Technology – based Ventures [J]. Strategic Management Journal, 2001, 22 (6 – 7): 615 – 640.

[80] Lee K, Malerba F. Catch – up Cycles and Changes in Industrial Leadership: Windows of Opportunity and Responses of Firms and Countries in The Evolution of Sectoral Systems [J]. Research Policy, 2017, 46 (2): 338 – 351.

[81] Lee L T S, Sukoco B M. The effects of Entrepreneurial Orientation and

Knowledge Management Capability on Organizational Effectiveness in Taiwan: The Moderating Role of Social Capital [J] . International Journal of Management, 2007, 24 (3): 549.

[82] Li X, Chen W. Facebook or Renren? A Comparative Study of Social Networking Site Use and Social Capital among Chinese International Students in the United States [J] . Computers in Human Behavior, 2014, 35 (2): 116 - 123.

[83] Lin C, Chang C C. A Patent - based Study of the Relationships among Technological Portfolio, Ambidextrous Innovation, and Firm Performance [J] . Technology Analysis & Strategic Management, 2015, 27 (10): 1193 - 1211.

[84] Lin N. Social Networks and Status Attainment [J] . Annual Review of Sociology, 1999, 25 (1): 467 - 487.

[85] Lin - Hi N, Blumberg I. The Relationship between Corporate Governance, Global Governance, and Sustainable Profits: Lessons Learned from BP [J] . Corporate Governance: The International Journal of Business in Society, 2011, 11 (5): 571 - 584.

[86] Lubatkin M, Florin J, Lane P. Learning together and Apart: A Model of Reciprocal Inter - firm Learning [J] . Human Relations, 2001, 54 (10): 1353 - 1382.

[87] Lucks K, Meckl R. Strukturierung von M&A - Projekten - Der Prozessorientierte Ansatz [J] . M&A - Review, 2002 (10): 494 - 501.

[88] Maier R. Knowledge Management Systems: Information and Communication Technologies for Knowledge Management [J] . Computing Reviews, 2005, 46 (1): 24.

[89] March J G. Exploration and Exploitation in Organizational Learning [J] . Organization Science, 1991, 2 (1): 71 - 87.

[90] Marshall C, Rossman G. How to Conduct The Study: Designing Qualitative Research [M] . Maryland: Sage Publications, 1989.

[91] Maurer I, Bartsch V, Ebers M. The Value of Intra - organizational Social Capital: How It Fosters Knowledge Transfer, Innovation Performance, and Growth [J] . Organization Studies, 2011, 32 (2): 157 - 185.

[92] Moorman C, Miner A S. The Impact of Organizational Memory on New Product Performance and Creativity [J] . Journal of Marketing Research, 1997, 34 (1): 91 - 106.

[93] Mumford M D, Licuanan B. Leading for Innovation: Conclusions, Issues, and Directions [J] . The Leadership Quarterly, 2004, 15 (1): 163 - 171.

[94] Nadolska A, Barkema H G. Good Learners: How Top Management Teams

Affect The Success and Frequency of Acquisitions [J]. Strategic Management Journal, 2014, 35 (10): 1483 - 1507.

[95] Nahapiet J, Ghoshal S. Social Capital, Intellectual Capital, and The Organizational Advantage [J]. Academy of Management Review, 1998, 23 (2): 242 - 266.

[96] O'Reilly III C A, Tushman M L. Organizational Ambidexterity: Past, Present, and Future [J]. Academy of Management Perspectives, 2013, 27 (4): 324 - 338.

[97] Paldam M. Social Capital: One or Many? Definition and Measurement [J]. Journal of Economic Surveys, 2000, 14 (5): 629 - 653.

[98] Paoli M, Prencipe A. Memory of The Organisation and Memories within The Organisation [J]. Journal of Management and Governance, 2003, 7 (2): 145 - 162.

[99] Patel P, Pavitt K. National Innovation Systems: Why They Are Important, and How They Might Be Measured and Compared [J]. Economics of Innovation and New Technology, 1994, 3 (1): 77 - 95.

[100] Peltokorpi V, Tsuyuki E. Knowledge Governance in A Japanese Project - based Organization [J]. KnowledgeManagement Research & Practice, 2006, 4 (1): 36 - 45.

[101] Pemsel S, Wiewiora A, Müller R, et al. A Conceptualization of Knowledge Governance in Project - based Organizations [J]. International Journal of Project Management, 2014, 32 (8): 1411 - 1422.

[102] Peng M W. The Global Strategy of Emerging Multinationals from China [J]. Global Strategy Journal, 2012, 2 (2): 97 - 107.

[103] Pennar K, Mueller T. The Ties that Lead to Prosperity [J]. Business Week, 1997, 15 (1): 153 - 154.

[104] Podolny J M, Castellucci F. Choosing Ties from The Inside of a Prism: Egocentric Uncertainty and Status in Venture Capital Markets [M]. Boston: Springer, 1999.

[105] Portes A. The Economic Sociology of Immigration: Essays on Networks, Ethnicity, and Entrepreneurship [M]. New York: Russell Sage Foundation, 1995.

[106] Putnam R D. Bowling alone: America' s Declining Social Capital [M]. New York: Palgrave Macmillan, 2000.

[107] Raider H J, Burt R S. Boundaryless Careers and Social Capital [J]. The Boundaryless Career: A New Employment Principle for a New Organizational Era, 1996, 42 (2): 187 - 200.

[108] Raisch S, Birkinshaw J, Probst G, et al. Organizational Ambidexterity:

Balancing Exploitation and Exploration for Sustained Performance [J]. Organization Science, 2009, 20 (4): 685-695.

[109] Rosenthal E. Social Networks and Team Performance [J]. Team Performance Management: An International Journal, 1997, 3 (4): 288-294.

[110] Rothaermel F T, Hess A M. Building Dynamic Capabilities: Innovation Driven by Individual, Firm, and Network-level Effects [J]. Organization Science, 2007, 18 (6): 898-921.

[111] Rottig D. The Role of Social Capital in Cross-cultural M&As: A Multinational Corporation Perspective [J]. European Journal of International Management, 2011, 5 (4): 413-431.

[112] Rowley J. Is Higher Education Ready for Knowledge Management? [J]. International Journal of Educational Management, 2000, 14 (7): 325-333.

[113] Sarala R M, Junni P, Cooper C L, et al. A Social Cultural Perspective on Knowledge Transfer in Mergers and Acquisitions [J]. Journal of Management, 2016, 42 (5): 1230-1249.

[114] Schafft K A, Brown D L. Social Capital and Grassroots Development: The Case of Roma Self-governance in Hungary [J]. Social Problems, 2000, 47 (2): 201-219.

[115] Schroeder A, Pauleen D, Huff S. KM Governance: The Mechanisms for Guiding and Controlling KM Programs [J]. Journal of Knowledge Management, 2012, 16 (1): 3-21.

[116] Schumpeter J A. The Theory of Economic Development [M]. Cambridge, MA: Oxford University Press, 1912.

[117] Sirmon D G, Hitt M A, Ireland R D, et al. Resource Orchestration to Create Competitive Advantage: Breadth, Depth, and Life Cycle Effects [J]. Journal of Management, 2011, 37 (5): 1390-1412.

[118] Son J, Lin N. Social Capital and Civic Action: A Network-based Approach [J]. Social Science Research, 2008, 37 (1): 330-349.

[119] Strati A. Organizational Symbolism as a Social Construction: A Perspective from The Sociology of Knowledge [J]. Human Relations, 1998, 51 (11): 1379-1402.

[120] Subramaniam M, Youndt M A. The Influence of Intellectual Capital on the Types of Innovative Capabilities [J]. Academy of Management Journal, 2005, 48 (3): 450-463.

[121] Tang Q, Zhou Z, Chen Z. Innovation and Discovery of Graphene-like

Materials Via Density - functional Theory Computations [J]. Wiley Interdisciplinary Reviews: Computational Molecular Science, 2015, 5 (5): 360 - 379.

[122] Teece D J. Explicating Dynamic Capabilities: The Nature and Micro - foundations of (sustainable) Enterprise Performance [J]. Strategic Management Journal, 2007, 28 (13): 1319 - 1350.

[123] Thursby J, Fuller A W, Thursby M. US Faculty Patenting: Inside and Outside The University [J]. Research Policy, 2009, 38 (1): 14 - 25.

[124] Tjosvold D, Weicker D. Cooperative and Competitive Networking by Entrepreneurs: A Critical Incident Study [J]. Journal of Small Business Management, 1993, 31 (1): 11 - 17.

[125] Torre A. On The Role Played by Temporary Geographical Proximity in Knowledge Transmission [J]. Regional Studies, 2008, 42 (6): 869 - 889.

[126] Tsai W, Ghoshal S. Social Capital and Value Creation: The Role of Intrafirm Networks [J]. Academy of Management Journal, 1998, 41 (4): 464 - 476.

[127] Tsai Y T, Hsieh L F. An Innovation Knowledge Game Piloted by Merger and Acquisition of Technological Assets: A Case Study [J]. Journal of Engineering and Technology Management, 2006, 23 (3): 248 - 261.

[128] Van Wijk R, Jansen J J P, Lyles M A. Inter - and Intra - organizational Knowledge Transfer: A Meta - analytic Review and Assessment of Its Antecedents and Consequences [J]. Journal of Management Studies, 2008, 45 (4): 830 - 853.

[129] Wagner M. To Explore or to Exploit? An Empirical Investigation of Acquisitions by Large Incumbents [J]. Research Policy, 2011, 40 (9): 1217 - 1225.

[130] Wang H C, He J, Mahoney J T. Firm - specific Knowledge Resources and Competitive Advantage: The Roles of Economic and Relationship - based Employee Governance Mechanisms [J]. Strategic Management Journal, 2009, 30 (12): 1265 - 1285.

[131] Wasko M M L, Faraj S. Why Should I Share? Examining Social Capital and Knowledge Contribution in Electronic Networks of Practice [J]. MIS Quarterly, 2005, 29 (1): 35 - 57.

[132] Weber Y, Tarba S Y, Reichel A. A model of The Influence of Culture on Integration Approaches and International Mergers and Acquisitions Performance [J]. International Studies of Management & Organization, 2011, 41 (3): 9 - 24.

[133] West J, Gallagher S. Challenges of Open Innovation: The Paradox of Firm Investment In Open - source Software [J]. R&D Management, 2006, 36 (3): 319 - 331.

[134] West J, Lakhani K R. Getting Clear about Communities in Open Innovation [J]. Industry and Innovation, 2008, 15 (2): 223 - 231.

[135] Williamson O E. The Mechanisms of Governance [M]. New York: Oxford University Press, 1996.

[136] Woolcock M, Narayan D. Social Capital: Implications for Development Theory, Research, and Policy [J]. The World Bank Research Observer, 2000, 15 (2): 225 - 249.

[137] Wu J. Cooperation with Competitors and Product Innovation: Moderating Effects of Technological Capability and Alliances with Universities [J]. Industrial Marketing Management, 2014, 43 (2): 199 - 209.

[138] Wu W. Dimensions of Social Capital and Firm Competitiveness Improvement: The Mediating Role of Information Sharing [J]. Journal of Management Studies, 2008, 45 (1): 122 - 146.

[139] Yadav M S, Prabhu J C, Chandy R K. Managing the future: CEO Attention and Innovation Outcomes [J]. Journal of Marketing, 2007, 71 (4): 84 - 101.

[140] Yin R K. Case Study Research: Design and Methods [M]. London: Sage Publications, 2013.

[141] Yli - Renko H, Autio E, Sapienza H J. Social Capital, Knowledge Acquisition, and Knowledge Exploitation in Young Technology - based Firms [J]. Strategic Management Journal, 2001, 22 (6 - 7): 587 - 613.

[142] Zaheer A, Venkatraman N. Relational Governance as An Interorganizational Strategy: An Empirical Test of The Role of trust in Economic Exchange [J]. Strategic Management Journal, 1995, 16 (5): 373 - 392.

[143] Zahra S A, George G. Absorptive Capacity: A Review, Reconceptualization, and Extension [J]. Academy of Management Review, 2002, 27 (2): 185 - 203.

[144] Zhang L, Cheng J, Wang D. The Influence of Informal Governance Mechanisms on Knowledge Integration within Cross - functional Project Teams: A Social Capital Perspective [J]. Knowledge Management Research & Practice, 2015, 13 (4): 508 - 516.

[145] Zyngier S, Venkitachalam K. Knowledge Management Governance: A Strategic Driver [J]. Knowledge Management Research & Practice, 2011, 9 (2): 136 - 150.

[146] 包凤耐，彭正银. 网络能力视角下企业关系资本对知识转移的影响研

究［J］. 南开管理评论，2015，18（3）：95－101.

［147］边燕杰，丘海雄. 企业的社会资本及其功效［J］. 中国社会科学，2000（2）：87－99.

［148］曹兴，王栋娜，张伟. 战略性新兴产业自主技术创新影响因素及其绩效分析［J］. 科学决策，2014（12）：35－51.

［149］曹勇，向阳. 企业知识治理，知识共享与员工创新行为［J］. 科学学研究，2014，32（1）.

［150］陈芳，鲁萌. 市县乡领导机关正职岗位能力模型研究——基于扎根理论的编码与提炼［J］. 财政研究，2013（10）：39－42.

［151］陈菲琼. 民营企业海外并购整合研究［M］. 杭州：浙江大学出版社，2013.

［152］陈劲，陈钰芬. 开放创新体系与企业技术创新资源配置［J］. 科研管理，2006，27（3）：1－8.

［153］陈劲，张方华. 社会资本与技术创新［M］. 杭州：浙江大学出版社，2002.

［154］陈立勇. 产业技术创新战略联盟知识治理研究［D］. 湖南大学博士学位论文，2012.

［155］陈丽哲. 并购情境中上向信任的前因及对人力资源整合的影响研究——基于社会身份理论［D］. 浙江大学博士学位论文，2018.

［156］陈爽英，井润田，廖开容. 社会资本、公司治理对研发投资强度影响——基于中国民营企业的实证［J］. 科学学研究，2012（6）：118－124.

［157］陈钰芬，陈劲. 开放度对企业技术创新绩效的影响［J］. 科学学研究，2008，26（2）：419－426.

［158］崔月慧，葛宝山，董保宝. 双元创新与新创企业绩效：基于多层级网络结构的交互效应模型［J］. 外国经济与管理，2018（8）：45－57.

［159］丁魁礼. 创新集群知识治理机制研究［D］. 华中科技大学博士学位论文，2010.

［160］费钟琳. 集群知识治理研究：基于治理机制的视角［D］. 东南大学博士学位论文，2015.

［161］傅家骥. 面对知识经济的挑战，该抓什么？——再论技术创新［J］. 中国软科学，1998（7）：36－39.

［162］高振明，庄新田，黄玮强. 社会网络视角下的并购企业文化整合研究［J］. 管理评论，2016，28（9）：218－227.

［163］郭文臣，代容，孙韶声. 中国管理案例研究的现状与趋势刍议［J］.

管理学报，2016，45（5）：664－670.

［164］韩子天，谢洪明，王成．结构和关系维度的内部社会资本对绩效影响的实证研究［J］．科学学与科学技术管理，2008，29（8）：151－155.

［165］侯楠，杨皎平，戴万亮．团队异质性、外部社会资本对团队成员创新绩效影响的跨层次研究［J］．管理学报，2016，13（2）：212－220.

［166］胡雅蓓，霍焱．网络嵌入、治理机制与创新绩效——以高科技产业集群为例［J］．北京理工大学学报（社会科学版），2017，19（5）：80－88.

［167］花磊，王文平．不同创新类型下的有效创新网络结构［J］．管理工程学报，2014，28（3）：110－119.

［168］黄江明，李亮，王伟．案例研究：从好的故事到好的理论——中国企业管理案例与理论构建研究论坛（2010）综述［J］．管理世界，2011（2）：118－126.

［169］贾旭东，衡量．基于“扎根精神”的中国本土管理理论构建范式初探［J］．管理学报，2016，13（3）：336－346.

［170］蒋瑜洁．中国企业跨国并购后的整合模式——以吉利集团并购沃尔沃汽车为例［J］．经济与管理研究，2017（7）：126－132.

［171］孔德议．知识转移与跨国并购绩效——基于文化和留任的调节效应［J］．亚太经济，2017（2）：121－127.

［172］李飞，王高，杨斌等．高速成长的营销神话——基于中国10家成功企业的多案例研究［J］．管理世界，2009（2）：138－151.

［173］李高勇，毛基业．案例选择与研究策略——中国企业管理案例与质性研究论坛（2014）综述［J］．管理世界，2015（2）：133－136.

［174］李浩．社会资本视角下的网络知识管理框架及进展研究［J］．管理世界，2012（3）：158－169.

［175］李宏贵，谢蕊，陈忠卫．多重制度逻辑下企业创新合法化战略行为——基于阿里巴巴案例分析［J］．经济与管理研究，2017，38（7）：133－144.

［176］李宏贵，熊胜绪，谢峰．社会资本与企业创新能力关系研究——一个理论分析框架［J］．科技进步与对策，2011，28（23）：108－113.

［177］李剑力．探索性创新、开发性创新与企业绩效关系研究——基于冗余资源调节效应的实证分析［J］．科学学研究，2009，27（9）：1418－1427.

［178］李婧，贺小刚．股权集中度与创新绩效：国有企业与家族企业的比较研究［J］．商业经济与管理，2012，1（10）：40－51.

［179］李路路．社会资本与私营企业家——中国社会结构转型的特殊动力［J］．社会学研究，1995（6）：46－58.

［180］李庆华，王文平．企业间知识分割与产业集群演化研究［J］．技术经济，2006，25（7）：34－40.

［181］李胤奇，李柏洲．企业知识治理与社会技术能力耦合机制及影响因素研究［J］．科技进步与对策，2017，34（6）：132－138.

［182］李悦，王怀勇．双元创新行为与心理脱离：矛盾式领导风格的调节作用及其边界条件［J］．科学学与科学技术管理，2018，39（10）：157－170.

［183］李志刚，李国柱．农业资源型企业技术突破式高成长及其相关理论研究——基于宁夏红公司的扎根方法分析［J］．科学管理研究，2008，26（3）：111－115.

［184］李自杰，梁屿汀，李卓璠．跨国并购中的知识转移——沈阳机床并购德国希斯的案例研究［J］．国际商务：对外经济贸易大学学报，2014（1）：14－22.

［185］梁祺，雷星晖，苏涛永．知识治理研究综述［J］．情报杂志，2012（12）：74－80.

［186］林筠，张敏．转制科研院所双元创新路径探析——以西北有色金属研究院为例［J］．科学学研究，2017，35（4）：600－610.

［187］凌鸿，赵付春，邓少军．双元性理论和概念的批判性回顾与未来研究展望［J］．外国经济与管理，2010，32（1）：132－136.

［188］刘博，张多蕾，刘海兵．高管团队社会资本断裂与企业创新能力关系研究——CEO 权力的调节作用［J］．华东经济管理，2018，32（7）：152－158.

［189］刘刚，于晓东．高管类型与企业战略选择的匹配——基于行业生命周期与企业能力生命周期协同的视角［J］．中国工业经济，2015（10）：115－130.

［190］刘清华．企业网络中关系性交易治理机制及其影响研究［D］．浙江大学博士学位论文，2003.

［191］刘婷，郭海．渠道情境下企业间社会资本对知识获取的影响——基于权变视角的研究［J］．科学学研究，2013，31（1）：115－122.

［192］刘婷，王震．关系投入、治理机制、公平与知识转移：依赖的调节效应［J］．管理科学，2016，29（4）：115－124.

［193］刘新梅，赵旭，陈玮奕．流程正式化一定妨碍创造力吗——知识治理与环境不确定性的作用［J］．科学学研究，2017，35（2）：189－196.

［194］刘焰．行业生命周期、企业生命周期与混合并购绩效的实证研究［J］．中南财经政法大学学报，2017（4）：46－57.

［195］刘志阳，孔令丞，梁玲．基于产业生命周期的战略性新兴产业创新获利影响因素分析［J］．研究与发展管理，2017，29（1）：95－105.

［196］陆成裕．促进知识流动的产业集群治理探讨［J］．沿海企业与科技，

2008 (2): 14 -15.

[197] 陆奇岸. 动态环境下企业可持续竞争优势的战略选择 [J]. 工业技术经济, 2004, 23 (5): 61 -64.

[198] 罗明新. 企业高管政治关联影响技术创新的作用机理研究 [D]. 东北大学博士学位论文, 2014.

[199] 吕鸿江, 付正茂, 王道金等. 网络一致性对双元创新能力的权变平衡 [J]. 外国经济与管理, 2017, 39 (7): 65 -79.

[200] 马胜, 陈纪文, 周思伟. 企业开放式创新理论探析 [J]. 学术交流, 2013 (7): 119 -122.

[201] 毛基业, 李高勇. 案例研究的 "术" 与 "道" 的反思——中国企业管理案例与质性研究论坛 (2013) 综述 [J]. 管理世界, 2014 (2): 111 -117.

[202] 毛凯军. 技术创新: 理论回顾与探讨 [J]. 科学学与科学技术管理, 2005, 45 (10): 55 -59.

[203] 苗红娜. 社会资本书: 分类与测量 [J]. 重庆大学学报 (社会科学版), 2015, 21 (6): 123 -131.

[204] 木子西. 社会资本理论综述 [J]. 马克思主义与现实, 2000 (2): 41 -46.

[205] 牛力娟. 基于知识治理机制视角的华为技术创新路径分析与启示 [J]. 科学管理研究, 2016 (4): 17 -20.

[206] 彭本红, 武柏宇. 平台企业的合同治理、关系治理与开放式服务创新绩效——基于商业生态系统视角 [J]. 软科学, 2016, 30 (5): 78 -81.

[207] 彭四平, 伍嘉华, 马世登, 张义先. 创新创业基础 [M]. 北京: 人民邮电出版社, 2018.

[208] 彭新敏, 郑素丽, 吴晓波等. 后发企业如何从追赶到前沿? ——双元性学习的视角 [J]. 管理世界, 2017 (2): 142 -158.

[209] 彭正龙, 王海花, 王晓灵. 开放式创新与封闭式创新的比较研究——基于资源共享度 [J]. 研究与发展管理, 2011, 23 (4): 35 -41.

[210] 普莱斯·普利切特. 并购之后: 成功整合的权威指南 [M]. 李文远译. 杭州: 浙江大学出版社, 2017.

[211] 乔健, 康友兰. 东方遇到西方联想国际化之路 [M]. 北京: 中国机械工业出版社, 2015.

[212] 秦宇, 李彬, 郭为. 对我国管理研究中情境化理论建构的思考[J]. 管理学报, 2014, 11 (11): 1581.

[213] 盛亚, 单航英. 利益相关者与企业技术创新绩效关系: 基于高度平衡

型利益相关者的实证研究 [J]. 科研管理, 2008, 29 (6): 30-35.

[214] 石军伟, 胡立君, 付海艳. 企业社会资本的功效结构: 基于中国上市公司的实证研究 [J]. 中国工业经济, 2007 (2): 84-93.

[215] 宋文娟. 社会资本、组织创新能力互动下的组织绩效优化 [J]. 统计与决策, 2016 (6): 185-188.

[216] 苏敬勤, 李召敏, 吕一博. 管理创新决策的三层面——三维度关系分析 [J]. 科学学与科学技术管理, 2011, 32 (3): 50-56.

[217] 苏启林. 广东省软件和信息服务业发展 2008—2010 [M]. 北京: 经济科学出版社, 2011.

[218] 孙冰, 尚青岩. 适合我国企业的技术创新方式——二次创新 [J]. 科学管理研究, 2003, 21 (2): 20-22.

[219] 孙华, 丁荣贵, 王楠楠. 研发团队共享领导力行为的产生和对创新绩效的作用: 基于垂直领导力的影响 [J]. 管理科学, 2018, 31 (3): 17-28.

[220] 孙华鹏, 苏敬勤, 崔淼. 中国民营企业跨国并购的四轮驱动模型 [J]. 科研管理, 2014, 35 (10): 94-100.

[221] 孙凯. 在孵企业社会资本对资源获取和技术创新绩效的影响 [J]. 中国软科学, 2011 (8): 165-177.

[222] 孙善林, 彭灿, 杨红. 高管团队社会资本对企业开放式创新能力的影响研究——以资源获取与资源整合为中介变量 [J]. 研究与发展管理, 2017, 29 (2): 71-81.

[223] 唐国华, 孟丁. 企业知识产权战略的维度结构与测量研究——基于中国经济发达地区的样本数据 [J]. 科学学与科学技术管理, 2015, 36 (12): 52-61.

[224] 陶厚永, 李燕萍, 骆振心. 山寨模式的形成机理及其对组织创新的启示 [J]. 中国软科学, 2010 (11): 123-135.

[225] 王朝晖. 战略人力资源管理与组织双元的关系研究述评 [J]. 外国经济与管理, 2016, 38 (3): 44-60.

[226] 王大洲. 企业创新网络的进化与治理: 一个文献综述 [J]. 科研管理, 2001, 22 (5): 96-103.

[227] 王海. 中国企业海外并购经济后果研究——基于联想并购 IBMPC 业务的案例分析 [J]. 管理世界, 2007 (2): 94-106.

[228] 王海绒, 苏中锋. 整合独立研发与合作研发: 基于知识治理观点的研究 [J]. 科学学与科学技术管理, 2018, 39 (5): 65-75.

[229] 王珺. 论企业竞争优势的动态演进与创新突破 [J]. 商业经济研究,

2010（25）：83－84.

［230］王璐，黄敏学，肖櫓等．社会资本、知识利用与共有协同创新绩效［J］．科研管理，2018，39（11）：82－90.

［231］王瑞花，吕永波．师徒制知识共享敌意的治理机制研究［J］．图书馆学研究，2015（21）：96－100.

［232］韦影．企业社会资本对技术创新绩效的影响：基于吸收能力的视角［D］．浙江大学博士学位论文，2005.

［233］魏涛．中国企业海外并购促进无形资源优化升级问题研究——以海尔集团海外并购的实践为例［J］．宏观经济研究，2017（5）：160－168，177.

［234］魏亚平，闫婧怡，刘建准．企业社会资本、知识管理与技术创新能力提升的集成框架模型研究［J］．情报科学，2013（9）：29－33.

［235］吴波．开放式创新范式下企业技术创新资源投入研究［D］．浙江大学博士学位论文，2011.

［236］吴建祖，陈丽玲．高管团队并购经验与企业海外并购绩效：高管团队薪酬差距的调节作用［J］．管理工程学报，2017，31（4）：8－14.

［237］吴士健，孙专专，刘新民．知识治理、组织学习影响组织创造力的多重中介效应研究［J］．中国软科学，2017（6）：174－183.

［238］吴先明．我国企业知识寻求型海外并购与创新绩效［J］．管理工程学报，2016，30（3）：54－62.

［239］吴晓云，李辉．内向型开放式创新战略选择与创新绩效匹配研究［J］．科学学与科学技术管理，2013，34（11）：94－102.

［240］夏文俊．网络组织下企业知识租金的获取：开放式创新及知识治理研究［D］．西南财经大学博士学位论文，2011.

［241］谢洪明，陈盈，章俨，李哲麟．跨国并购研究知识基础及其研究前沿的演进历程［J］．管理学季刊，2017（2）：69－97.

［242］谢永平，孙永磊，张浩淼．资源依赖、关系治理与技术创新网络企业核心影响力形成［J］．管理评论，2014，26（8）：117－126.

［243］熊捷，孙道银．企业社会资本、技术知识获取与产品创新绩效关系研究［J］．管理评论，2017，29（5）：23－39.

［244］徐淑英，刘忠明．中国企业管理的前沿研究［M］．北京：北京大学出版社，2004.

［245］许继琴．关于技术创新与企业竞争优势关系的探讨［J］．中国科技论坛，2004（1）：56－58.

［246］许庆瑞．研究发展与技术创新管理［M］．北京：高等教育出版

社，2000.

［247］知识管理——《哈佛商业评论》精粹译丛［M］．杨开峰等译．北京：中国人民大学出版社，2004.

［248］姚洁，孟雪，刘研．浅析技术创新、制度创新及其相互关系［J］．工业技术经济，2006，25（3）：49－50.

［249］姚志坚，程军，吴翰等．技术创新 A—U 模型研究进展及展望［J］．科研管理，1999，20（4）：8－14.

［250］姚志坚，马庆国．企业技术创新过程的整体观［J］．科研管理，1999，20（3）：51－56.

［251］张大鹏，孙新波，周舜怡等．组织智力资本与组织创新氛围对员工创造力影响的跨层次研究［J］．工业技术经济，2017，36（2）：66－72.

［252］张大鹏，孙新波．平台型商业生态系统中整合型领导力对企业协同创新绩效的作用机制研究［J］．上海管理科学，2018，40（1）：67－76.

［253］张方华．企业社会资本与技术创新绩效：概念模型与实证分析［J］．研究与发展管理，2006，18（3）：47－53.

［254］张光曦，方圆．技术并购后整合对被兼并方创新能力的影响：社会资本的视角［J］．科技进步与对策，2014（9）：80－86.

［255］张红娟，谭劲松．联盟网络与企业创新绩效：跨层次分析［J］．管理世界，2014（3）：163－169.

［256］张明亲．企业社会资本概念模型及运作机理研究［J］．西安交通大学学报（社会科学版），2006，26（4）：31－34.

［257］张琦．产业集群中企业间关系、关系治理与创新绩效：产业相似度的调节作用［J］．系统工程，2014（6）：78－84.

［258］张其仔．社会资本论［M］．北京：社会科学文献出版社，1999.

［259］张生太，王亚洲．知识治理对个体知识共享行为影响的跨层次分析［J］．科研管理，2015，36（2）：133－144.

［260］张文宏．社会资本：理论争辩与经验研究［J］．社会学研究，2003（4）：23－35.

［261］张学伟．并购动机与中国企业的并购绩效：基于 DEA 和 TSFA 的研究［J］．管理现代化，2015，35（2）：87－89.

［262］张珣，徐彪．企业并购情境下群际冲突对员工合作意愿的影响——一个有中介的调节模型［J］．南大商学评论，2017，39（3）：152－172.

［263］张韵君．基于专利战略的企业技术创新研究［D］．武汉大学博士学位论文，2014.

［264］张子刚，周永红，刘开军．知识管理对企业技术创新过程的能动效应及其机理分析［J］．科学学与科学技术管理，2004，48（3）：45－49.

［265］赵红梅．基于 SECI 模型的企业技术学习成本探析［J］．财会通讯，2010（8）：122－123.

［266］赵息，李文亮．知识特征与突破性创新的关系研究——基于企业社会资本异质性的调节作用［J］．科学学研究，2016，34（1）：99－106.

［267］赵旭，刘新梅．社会型知识治理促进组织创造力的机理研究［J］．科学学与科学技术管理，2015（6）：94－103.

［268］郑方，彭正银，杜丹阳．新企业社会资本跨层次契合的研究述评与展望［J］．外国经济与管理，2017（8）：32－35.

［269］周斌，李艳军，孙丽等．企业社会资本对技术创新绩效的影响——农业企业的实证研究［J］．科技管理研究，2009（5）：136－139.

［270］周建，王鹏飞，李文佳等．创新型企业公司治理结构与绩效关系研究——基于中国创业板上市公司的经验证据［J］．经济与管理研究，2012（4）：106－115.

［271］周立群，刘根节．由封闭式创新向开放式创新的转变［J］．经济学家，2012（6）：53－57.

［272］周小虎，陈传明．企业社会资本与持续竞争优势［J］．中国工业经济，2004（5）：90－96.

［273］朱朝晖．基于开放式创新的技术学习协同与机理研究［D］．浙江大学博士学位论文，2007.

［274］朱霞，路正南．KIBS 企业嵌入强度对科技型小微企业技术创新绩效影响研究［J］．科技进步与对策，2014（15）：142－146.

［275］朱雪春，陈万明．知识治理、失败学习与低成本利用式创新和低成本探索式创新［J］．科学学与科学技术管理，2014（9）：78－86.

［276］朱亚丽，勾晓宇，梅琳．研发团队多维社会资本对创新绩效的影响——知识捐赠和收集意愿的中介作用［J］．科技管理研究，2019，27（2）：44－56.